导向育人功能的
3S课程建设

◎ 李文华 编著

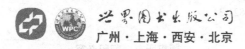

世界图书出版公司

广州·上海·西安·北京

图书在版编目（CIP）数据

导向育人功能的 3S 课程建设 / 李文华编著. —广州：世界图书出版广东有限公司，
2019.10（2025.1重印）

ISBN 978-7-5192-6821-3

Ⅰ.①导⋯　Ⅱ.①李⋯　Ⅲ.①课堂教学–教学研究–小学　Ⅳ.①G622.421

中国版本图书馆 CIP 数据核字（2019）第 230255 号

书　　　名	导向育人功能的 3S 课程建设
	DAOXIANG YUREN GONGNENG DE 3S KECHENG JIANSHE
编 著 者	李文华
责任编辑	冯彦庄
装帧设计	刘志涛
责任技编	刘上锦
出版发行	世界图书出版广东有限公司
地　　址	广州市海珠区新港西路大江冲 25 号
邮　　编	510300
电　　话	(020)84452177
网　　址	http://www.gdst.com.cn/
邮　　箱	wpc_gdst@163.com
经　　销	新华书店
印　　刷	悦读天下（山东）印务有限公司
开　　本	787mm×1092mm　1/16
印　　张	12.5
字　　数	260 千字
版　　次	2019 年 10 月第 1 版　　2025 年 1 月第 2 次印刷
国际书号	ISBN 978-7-5192-6821-3
定　　价	58.00 元

编 委 会

主 编

李文华

副主编

邱承军　　吴雅玲　　李　洁　　谈莉萍

参与编写人员

罗惠琴	周银林	余泽斌	曾　青	彭　军	刘　玲
沈丽莎	田　洁	雷　春	刘捷飞	刘宇红	熊　俊
邱　欢	王　丹	程　嫚	吴世武	王爱玲	翁杨宇
赵　雯	王　昕	张亚丹	杨婷婷	王　晶	张　莉
盛丽君	晏　昭	赵依恒	张扬峰	幸文静	鄂　敏
杨　锐	杜晓燕				

校 稿

曾　珊　　丁　岑　　张　寻　　尹　璐

CONTENTS 目录

■ **第一章　"3S"特色课程的缘起**

002 | **第一节　时代发展背景**
002 | 一、对立德树人根本任务的聚焦
005 | 二、对培养学生核心素养的回应
008 | 三、对适应师生发展的内在需求
010 | **第二节　学校发展背景**
010 | 一、学校发展理念的深化必然趋势
011 | 二、学校课程改革的深入必由之路
012 | 三、学校办学特色的凸显发展趋势
013 | **第三节　学生发展背景**
014 | 一、学生发展的理念追求
016 | 二、学生发展的现实诊断

■ **第二章　"3S"特色课程的体系构建**

019 | **第一节　课程体系建立的基本理念**
020 | 一、横向整合，融会贯通学科素养
020 | 二、纵向衔接，构建垂直教育体系
020 | 三、整体推进，同步实施课程改革
021 | 四、分级测评，完善质量评价标准
022 | **第二节　课程目标设计的基本构想**
022 | 一、育人目标指向学生未来发展
023 | 二、课程结构促进学生自主成长
023 | 三、课程供给满足学生个性需求
023 | 四、学科融合培养学生创新意识
023 | 五、课程评价关注学生全面素养
024 | 六、社会实践提高学生综合能力
024 | **第三节　课程内容选择的基本方向**

Contents

024 一、核心素养为课程内容的确定提供了重要依据

025 二、课程内容对学习者经验的不断选择

026 三、课程内容对社会需求的研究

027 四、课程内容的选择应基于对学科本身的研究

■ 第三章 "3S"特色课程结构的设置

029 **第一节 课程目标设计**

029 一、回应"同成教育"办学特色

030 二、基于学生学习需求建构特色课程目标

032 三、科学萃取课程生长点

033 **第二节 课程内容设计**

034 一、课程内容的选择:以学习者为中心

036 二、课程内容的确定:量身定制知识与文化

037 三、课程内容的加工:"减法"思维整合课程资源

039 **第三节 "3S"特色课程体系搭建**

039 一、"3S"特色课程体系的课程价值

039 二、"3S"特色课程的课程结构

■ 第四章 "3S"特色课程资源的开发

042 **第一节 美德课程资源的开发**

043 一、美德教育视角下合唱课程资源的开发

046 二、在生活与文化中开发美术教育资源

049 三、舞蹈课程的开发和探析

050 四、健体课程资源的开发与利用

053 五、英语剧团课程开发的实践探索

056 **第二节 创想课程资源的开发**

056 一、"1+N"悦读创想课程实践探索

059 二、语文拓展性阅读课程资源的研究

062 三、云平台玩转数学新课堂

066 四、数学日记写出数学新思维

Contents

070 | 五、科技小制作课程的创想氛围营造
072 | 六、航空模型课程的多种资源整合
075 | 七、航海模型课程资源的开发与利用
078 | 八、建筑模型课程中的资源利用
081 | 九、车辆模型课程资源的开发与利用
084 | 十、3D 打印课程资源的开发与利用
086 | **第三节 社会实践课程资源的开发**
087 | 一、穿越武汉课程资源开发与利用
089 | 二、"走进社区，关爱残疾人"教育实践探索

■ **第五章 "3S"特色课程的组织实施**

094 | **第一节 "3S"特色课程的实施路径**
094 | 一、全方位实施准备
095 | 二、线上选课与走班制教学
096 | 三、无边界学习
098 | 四、构建学习共同体
100 | **第二节 "3S"特色课程的评价与管理**
100 | 一、定期监测，追踪学生关键能力发展
103 | 二、评价变革，旨向教师教学水平提升
106 | 三、平台建构，完善学校课程评价体系
108 | **第三节 "3S"特色课程的保障机制**
108 | 一、多方面人员配合，形成课程整合的变革意识
109 | 二、全方位资源联动，构建课程整合的实施情境
112 | 三、开放化管理机制，强化课程整合的制度保障

■ **第六章 "3S"特色课程的课堂案例**

117 | **第一节 美德课例展示**
117 | 一、美育课例
119 | 二、美感课例

Contents

122 | 三、美术课例

124 | 四、美景课例

133 | **第二节　创想课例展示**

133 | 一、悦读创想课例

136 | 二、数学创想课例

147 | 三、造物创想课例

149 | **第三节　社会实践课例展示**

149 | 一、穿越武汉课例

151 | 二、智慧农场课例

■ 第七章　"3S"特色课程的初步成效

156 | **第一节　学生核心素养的显著效应**

156 | 一、"3S"特色课程助推学生核心素养的培育

157 | 二、"3S"特色课程实现学生核心素养的提升

158 | **第二节　教师专业化程度明显提高**

158 | 一、管理团队创新出成效

159 | 二、校长领导力领航学校发展

161 | 三、专业发展：教育价值初显成效

162 | **第三节　学校办学水平的整体提升**

163 | 一、多维联动，开发"3S"课程体系

163 | 二、异境同成，情境育人润物无声

164 | 三、拓展学习，重构校园空间文化

165 | 四、追求卓越，持续优质高位发展

■ 附　　录

168 |

■ 后　　记

187 |

他 序

教育高质量发展的课程支撑

在加快教育现代化建设和发展素质教育的战略背景下，切实落实立德树人根本任务，探索学科育人、文化育人、社会育人、活动育人、实践育人和创新育人的人才培养体系，促进基础教育高质量发展，是摆在基础教育工作者面前的现实任务。而完成这一任务的最重要的着眼点之一就是学校的课程建设。我一直觉得，从课程的角度看，全面深化基础教育改革，中小学面临着四个方面的挑战：校长的课程领导、教师的课程意识、学校的课程制度、学生的课程履历。这四个方面体现了学校的课程能力。因此，提升学校的教育品质，关键是提升学校的课程能力。

多年来，国内有一些中小学尝试在课程建设上有所作为，如上世纪 90 年代以来有的学校提出了"学科课程+活动课程+隐性课程"的课程结构，有的学校提出了"国家课程+特色课程+个性化课程"的课程结构，有的学校提出了"必修课程+活动课程+创新课程"的课程结构等等。这些表述都存在明显的类型交叉的逻辑错误。近几年来，有的学校提出了"全课程"的课程模式，看似有新意，实则不科学。全者，无外乎表达了课程的丰富性和广阔性，但没有表明基于学校教育理念和教育标准的课程边界，难以体现在当前社会背景下学校教育需要解决的人才培养的重点和难点问题。还有类似的"立人课程""树人课程""和谐课程"等，不一而足，皆同此误。课程结构或课程模式的真正基础是教育理念和教育价值观，是学校对人才的素质形象的追求和定位，是学校对时代挑战的回应。究竟如何来建构学校的课程理念和课程模式？这的确是值得谨慎对待的问题。

在全面深化基础教育课程改革的背景下，武汉市育才第二小学提出了"3S"课程的理念与模式，并开展了扎实的课程建设与开发的实践。我觉得"3S"课程的研究与建设实践，比较充分地回答了学校课程建设的方法论问题。

第一，学校课程建设应回应时代发展对教育的挑战，以及对人才培养的重大需求，具有时代性。发展学生的综合素质，实现课程育人功能，是当前我国社会发展的现实要求。落实立德树人根本的任务，全面提高教育质量，必须促进学生的核心素养和关键能力的发展。育才二小的"3S"课程，把学生的美德素养、科学与创新素养、社会实践与个性发展素养作为课程的价值定位，尤其明确了新时代背景下学生必备的关键能力，构设了育才二小学生的关键能力和素质形象，以文化传承为基础，以美的素养为灵魂，以科学创新和社会实践素养为重点，以学生个性特长为突破口，明确课程的价值取向，具有鲜明的时代感和教育的责任感。

第二，学校课程建设应彰显学校的教育理念，回归教育的育人本质和育人功能。学校课程结构或课程模式是以学校的教育理念为指导，是对学校教育理念的具体化，并以此为基础，建立学校的课程哲学。十多年来，武汉市育才第二小学秉承"同成教育"的办学理念，以促进师生共同成长为宗旨，以育人为本，把为学生终身发展奠基作为教育方向，实现课程的育人功能。"3S"课程的课程价值观、课程目标较好地体现了"成人"这一基础。

第三，学校课程建设应处理好不同层次、不同类型课程之间的关系，以整合的方式，构建并优化育人体系。学校的课程结构或课程模式的创新不是为了达到"人无我有"的目的。十多年来，中小学校本课程开发层次过低，难以体现学校在育人体系上的追求。课程在本质上是"育人蓝图"，是学生成长的"跑道"，课程预示着学生成长的路径。从理论上说，学校的课程模式应体现学校的育人路径，在学科育人、文化育人、社会育人、活动育人、实践育人等方面有所追求，并且从课程性质、课程理念、课程目标、课程结构、课程实施、课程资源开发与课程评价等方面体系化开发学校课程纲要。育才二小的"3S"课程及其具体课程门类，一方面较好地处理好了国家课程与校本课程的关系，打通和整合了不同层次课程之间的关系；另一方面又突出了文化传承、实践育人、创新素养与个性发展等多维度需要，建构起了比较完善的育才二小的课程模式。

第四，学校课程建设需要充分开发各类课程资源，扎根文化、面向时代，克服应试教育的局限，秉持开放的课程理念，让多样化的教育资源进入校园、进入课程、进入学生的成长过程。在课程资源上，挖掘和利用文化资源、科技资源、红色资源、自然资源、体育资源等，丰富与优化学生的成长环境。育才二小"3S"课程在课程资源的挖掘上下了功夫，特别是在传统文化、科技创新、课程融合、个性培育，以及社会资源的开发上，充分体现了开放性，达到了课程资源开发的充分广度和充分深度。其中，给我印象最深的是"家长课程"的开发。学校课程资源的开发与课程实施，对促进学校、社会、家庭之间的良性互动的体制机制建设发挥了积极的作用。同时，育才二小的课程开发与课程实施充分发挥了学校的教育信息化优势，深度融合信息技术，多样化地呈现课程，在德育课程的可视化、科技创新课程的有效实施，以及学生发展评价等方面，切实体现了信息技术与课程的深度融合。

深化基础教育改革，促进教育高质量发展，需要提升学校的课程能力。武汉市育才二小的"3S"课程模式的研究、开发与实践做得实、研得深，是一个很好的范例。

【简　介】
郭元祥：华中师范大学教育学院二级教授、博士生导师；教育部基础教育课程改革专家组核心成员、国家基础教育课程教材专家工作委员会委员、国家教师教育专家工作委员会委员、教育部华中师范大学基础教育课程研究中心常务副主任；2014年国家级教学成果一等奖获得者。2018年国家级教学成果二等奖获得者。

自 序

培育核心素养的核心课程——"3S"特色课程

核心素养培育需要核心课程。武汉市育才第二小学（以下简称"育才二小"）走在教育改革发展的时代潮头，精心研制与实施了培育核心素养的核心课程——"3S"特色课程，经过三年多的艰苦探索与生动实践，让"立德树人"这一根本任务落地生根，取得了阶段性的显著成效。

"3S"特色课程，是育才二小基于培养学生核心素养独创的课程模式与课程体系，其根本指导思想是立德树人、能力为重、全面发展。

纵观国内外核心素养培育，应该说育才二小独具匠心、特色鲜明。学校不仅在宏观战略理论研究上开拓创新，而且在微观战术实践操作上精耕细作，具体深入。研究领域之宽，研究范围之广，研究层次之深，研究力度之大，在众多学校研究中可谓首屈一指，在核心素养培育的研究与实践中开创了一片新天地。

首先，专家引领，理论支撑。学校就先后邀请华中师范大学郭元祥博士生导师、湖北大学教育学院靖国平院长、华中师范大学副教授吴砥、毛齐明等专家参与课题研讨，依托专家引领，一批教授、研究生经常深入学校进行调查研究，提供具体指导。强有力的理论支撑，让学校"3S"特色课程如鱼得水、如虎添翼，逐渐实现了由"知识教育"到"人的教育"的巨大蜕变。

其次，精心部署，课程再造。2016年6月，学校承担了武汉市重点课题"基于核心素养的小学'3S'特色课程建设理论与实践研究"后，立即对原有课程进行再造，确立聚焦在立德树人根本任务与目标的指导思想，对"3S"特色课程的体系构建、课程目标的设计、课程内容的选择、课程资源的开发、课程的组织实施、课程的评价系统等，进行统领与整合，既有对新课程的开发，又有对旧课程的再造，还有对学科之间的整合，更有无边界的学习，形成了比较全面、系统、科学的"3S"特色课程。

再次，全员参与，整体联动。"3S"特色课程不是具体几门课程，而是对所有课程的再造。育才二小在"3S"特色课程构建中，不是少数教师在研究，而是全体教师在参与；不是少数学科在研究，而是所有课程渗透在行动；不是少数课堂在研究，而是贯穿于全部课堂之中，贯穿于教育教学过程之中。学校实行整体联动，让核心素养培育得到了全面有效的落实。

最后，传承创新，不断探索。育才二小1989年创校以来，从"十一五""十二五"再到现在的"十三五"一路走来，历经了三个重要发展阶段：一是明目标，1998年成功跨入省级示范学校的行列；二是立校魂，2002年在全市率先开展"创新教育"研究，一跃成为省、市知名学校；三是创特色，2006年形成了以"营造优质环境，促进师生共同成长；开拓生命体验，促进师生协同成人；追求卓越发展，促进师生志同成功"为核心的"同成教育"特色，逐步成为在全国有一定影响的名校，发展到现在创建"3S"特色课程，始终站在教育改革发展的前沿，契合先进的教育思想，实现学校新近提出三级发展目标：学校层面——时空有真爱、教师有梦想、学生有未来；教师层面——心情好、身体好、工作好；学生层面——健身心、敢担当、乐创造。

可以说，育才二小将核心素养培育提升到一个新境界，开拓了核心素养教育的新途径，这样的努力、坚守其成就，并不多见，是核心素养培育领域一个值得关注和研究的典型。这个典型在湖北，乃至全国具有符号表征和样本标识的意义。

李文华

2019年9月

【简 介】

李文华：武汉市育才第二小学校长、中学高级教师、教育部中小学督导评估专家、武汉市督学、中国教育科学研究院协作体参事、湖北省骨干教师、湖北省优秀品德教师、武汉市学科带头人、湖北省首届教育科研之星、武汉市"五一"劳动奖章获得者。

■第一章

"3S" 特色课程的缘起

【核心提要】

　　"立德树人"作为 21 世纪中国社会主义接班人、新时代中国人的教育任务和目标，对于学科育人的方式和维度提出了新的要求，同时也导向学校的课程再造过程。"3S"特色课程的提出不仅是基于对落实立德树人根本任务的深度理解，而且是对培养学生核心素养的回应，更是对学校发展理念的高度提炼，是武汉市育才第二小学在新时代背景下所做出的课程答卷。

　　"3S"特色课程，是武汉市育才第二小学（以下简称"育才二小"）基于培养学生核心素养独创的课程模式与课程体系。"3S"是指三大系统，即美德课程（spirit）、创想课程（stem）、社会实践课程（social practice）。

　　"3S"特色课程，旨在发展学生的核心素养和关键能力，优化课程结构，进一步从课程建设的角度实践我校的"同成教育"理念，秉承"时空有真爱、教师有梦想、学生有未来"的发展目标，实现由"知识教育"向"人的教育"转变，落实"立德树人"根本任务，让学生们在丰富、多元、自主、开放的"3S"特色课程实践中，谱写美好的童年故事，赢在起跑线上，成就优秀的自己！

第一节　时代发展背景

一、对立德树人根本任务的聚焦

　　"立德树人"，是教育家办学的初心，是教育本真的智慧实践。"立德"一词，取树立德业之意，语出《左传·襄公二十四年》："太上有立德，其次有立功，其次有立言，虽久不废，此之谓不朽。""树人"一词，取培育人才之意，出自《管子·权修》："一年之计，莫如树谷；十年之计，莫如树木；终身之计，莫如树人。"

　　"立德树人"作为21世纪中国社会主义接班人、新时代中国人的教育任务和目标，需要的正是以中国文化中厚重的德行养成、美德教化为历史根基，延承至面向未来的社会和全球挑战。立德，就是坚持德育为先，通过正面教育来引导人，感化人，激励人；树人，就是坚持以人为本，通过合适的教育来塑造人，改变人，发展人。

　　从原有学校课程看，国家小学德育课程只有三、四年级品德与生活，五、六年级品德与社会，学科只有语文、数学及自然等，部分教材内容陈旧，多少年没有改变，既缺少新时代"立德树人"的元素，也缺乏先进的政治思想、科学技术知识等。在此基础上，落实"立德树人"的根本任务几乎是不可能的，这深深引起了我们对课程的反思。

　　改革开放四十多年来，学校对教育改革热衷于造概念、建模式，鲜有真正在课程面前有所作为的。缺少了真正意义上的学校课程，总是在教育模式和教学模式上动脑筋，而没有在学校课程再造上下功夫。基础教育课程改革十多年来，中小学人才培养方式的同质化现象没有从根本上得到改观，其根本原因是对学校课程建设与重构的忽视，课程的同质化必然导致人才培养体系的同质化。十多年的新一轮基础教育课程改革日益窄化为对课堂教学方式的改良，而且技术主义取向课程改革盛行。技术主义的课堂变革表现为课堂教学价值观的扭曲，尤其是那些以追求知识占有和考试分数的所谓高效教学，"重智轻德，单纯追求分数和升学率，学生的社会责任感、创新精神和实践能力较为薄弱"，不关注学生内在核心素养和关键能力的变化和发展，以牺牲课堂的教育涵养和发展性品质为代价，追求教育的"GDP"，是最为典型的技术主义取向的课堂教学改革。在教学过程中，学生理解的断层、学科能力、学科思想、学科经验以及情感态度价值观念等目标的"结构性沉默"等问题却普遍存在。缺乏发展性的课程和课堂大多是仅仅重视知识训练的单面课堂，教学目标单一。应试教育之风从课外训练逐步向课堂侵蚀，应试训练普遍导致课堂的发展性品质日渐低落，与发展学生的核心素养和关键能力的根本要求渐行渐远。

2016年6月，学校承担了武汉市重点课题"基于核心素养的小学'3S'特色课程建设理论与实践研究"后，就立即着手对原有课程进行再造，确立聚焦在立德树人根本任务与目标的指导思想。

1. 立德树人是人才成长的根本规律

党的十八大以来，以习近平同志为核心的党中央，始终把立德树人作为学校教育的根本任务。人无德不立，国无德不兴。习近平在坚持立德树人，丰富、完善和发展党的教育方针方面提出了一系列新思想、新主张。

一是强调扣好人生的第一粒扣子。2014年5月4日，习近平在北京大学考察时指出，青年的价值取向决定了未来整个社会的价值取向，而青年又处在价值观形成和确立的时期，抓好这一时期的价值观养成十分重要。这就像穿衣服扣扣子一样，如果第一粒扣子扣错了，那么剩余的扣子都会扣错。人生的扣子从一开始就要扣好。

二是加强社会主义核心价值观教育。2014年5月30日，习近平参加北京市海淀区民族小学庆祝"六一"国际儿童节活动时指出，让社会主义核心价值观在少年儿童中培育起来，家庭、学校、少先队组织和全社会都有责任。学校要把德育放在更加重要的位置，全面加强校风、师德建设，坚持教书育人，根据少年儿童特点和成长规律，循循善诱，春风化雨，努力做到每一堂课不仅传播知识，而且传授美德，每一次活动不仅健康身心，而且陶冶性情。习近平在全国高校思想政治工作会议上指出，要把思想政治工作贯穿教育教学全过程，引导广大师生做社会主义核心价值观的坚定信仰者、积极传播者、模范践行者。

三是强调理想信念教育。2013年5月4日，习近平在同各界优秀青年代表座谈时指出，广大青年一定要坚定理想信念。2015年6月1日，习近平会见中国少年先锋队第七次全国代表大会代表时指出，要从小学习立志……一个人可以有很多志向，但人生最重要的志向应该同祖国和人民联系在一起，这是人们各种具体志向的底盘，也是人生的脊梁。

四是加强劳动教育。习近平在同中华全国总工会新一届领导班子成员集体谈话时强调，加强对广大青少年的教育，让劳动最光荣、劳动最崇高、劳动最伟大、劳动最美丽的观念蔚然成风。

五是加强中华优秀传统文化教育。教育应当继承和弘扬中华民族优秀的历史文化传统，吸收人类文明发展的一切优秀成果。

习近平同志的上述思想，是对新时期中国特色社会主义教育育人规律的深刻把握和最新成果，深刻回答了如何培养人的重大问题。

2. 立德树人是人民满意教育的根本要求

1978 年改革开放以来，党和国家在确立教育优先发展战略地位，深刻回答培养什么人、如何培养人的同时，也不断回答为谁培养人的重大问题。

全心全意为人民服务，是中国共产党的根本宗旨。党的十八大以来，以习近平同志为核心的党中央，在坚持教育优先发展战略地位的同时，更加重视贯彻以人民为中心的发展思想。2012 年 11 月 15 日，习近平在当选中共中央总书记后首次与中外媒体的见面会上，表达了他对人民的感情："人民对美好生活的向往，就是我们的奋斗目标。"习近平还在其他不同场合表达过这样的情感："中国梦归根到底是人民的梦""让老百姓过上好日子是我们一切工作的出发点和落脚点""把人民放在心中最高位置""办好人民满意的教育"……"十三五"规划指出，必须坚持以人民为中心的发展思想。"十三五"教育规划指出"把立德树人作为教育的根本任务"，深刻体现了以人民为中心的发展思想。"立德树人"既是人民满意教育的根本要求，也是人民满意教育的根本标准，进一步回答了为谁培养人的重大问题。

教育具有为人生奠基的重大意义，人民群众对教育的综合利益诉求可以概括为以下五个方面：一是只有有利于满足人的学习需求的教育才是人民满意的教育，即"成学之教"。不断扩大优质教育机会，不断开拓人民接受教育机会的新途径，仍然是我国教育改革和发展面临的重要挑战。不过，满足人的学习机会的需求，绝不等同于人人都能上重点大学，而是为每个人提供适合的教育机会；二是只有有利于满足人的成人需求的教育才是人民满意的教育，即"成人之教"。让每个学生都成为身心健康的人，都成为遵纪守法的人，都成为诚实守信的人，都成为积极向上的人；三是只有有利于满足人的就业谋生需求的教育才是人民满意的教育，即"成业之教"。教育要唤醒人的职业意识，要为人的就业谋生奠定坚实的基础；四是只有有利于满足人的终身发展需求的教育才是人民满意的教育，即"成己之教"。教育要为人的终身发展奠基，要引发、培育、呵护人的职业兴趣；五是只有有利于满足人的终身幸福生活需求的教育才是人民满意的教育，即"幸福之教"。教育要为人生幸福奠基。

3. 立德树人是培育核心素养的根本目的

党的十八大以来，习近平多次强调，要深化教育改革，推进素质教育，创新教育方法，提高人才培养质量，努力形成有利于创新人才成长的育人环境。2016 年 9 月 9 日，习近平在视察北京市八一学校时指出："素质教育是教育的核心。"

坚持立德树人，实施素质教育，必须系统推进以下几方面的改革：必须建立协调各方的共同育人观。习近平强调，基础教育是全社会的事业，需要学校、家庭、社会密切配合。立德树人包含在德育、体育、美育之中，包含在各门课程之中，包含在课内课外活动之中。

必须建立育人为本的教师职业观。习近平反复强调教师的职业道德建设，教师的工作是塑造灵魂、塑造生命、塑造人的工作。他要求广大教师必须把立德树人作为自己的根本任务，要做"四有"好教师，要做"四个引路人"。

必须建立育人为本的学科教育观。人类早期教育是与社会生活实践融为一体的，教育的功能也是与知识、技能、做人教育融为一体的。只是伴随着人类社会生产力的提高，特别是现代工业社会的出现，学校才逐渐从社会生产实践中独立出来，并随着科学的发展，形成了日益鲜明的分科教育。就教育本质而言，任何学科都是教育的工具，都是以学科为载体培养人的，而不是把学科知识传承作为学科教育的主要任务。从这个意义上讲，每位教师都必须树立育人为本的学科教育观，在承担学科知识传承任务的同时，担负起学科教师育人的基本职责。

必须统筹推进学生的全面发展。一是加强德育。习近平强调，要用好课堂教学这个主渠道，思想政治理论课要坚持在改进中加强，提升思想政治教育亲和力和针对性，满足学生成长发展需求和期待，其他各门课都要守好一段渠、种好责任田，使各类课程与思想政治理论课同向同行，形成协同效应。二是改进智育。要注重学思结合。要勤学，下得苦功夫，求得真学问；要坚持知行合一；要注重因材施教；要注重运用现代信息技术，构建网络化、数字化、个性化、终身化的教育体系，建设"人人皆学、处处能学、时时可学"的学习型社会。三是强化体育。身体是人生一切奋斗成功的本钱，少年儿童要注意加强体育锻炼，家庭、学校、社会都要为少年儿童增强体魄创造条件，让他们像小树那样健康成长，长大后成为建设祖国的栋梁之材。四是重视美育。美育是审美教育，也是情操教育和心灵教育。党的十八届三中全会强调："改进美育教学，提高学生审美和人文素养。"加强劳动教育和文化育人。习近平强调，劳动是人类的本质活动，劳动光荣、创造伟大是对人类文明进步规律的重要诠释。要教育学生从小热爱劳动、热爱创造，通过劳动和创造播种希望、收获果实。与此同时，习近平特别强调要更加注重以文化人、以文育人，加强中华优秀传统文化和革命文化、社会主义先进文化教育。

在课程再造中，我们把立德树人作为主线，将美德课程放在"3S"特色课程之首，并且在其他课程中贯穿立德树人教育。

二、对培养学生核心素养的回应

中国教育经历关注"双基"的1.0时代，重视"三维目标"2.0时代，正进入以"核心素养"时代，即3.0时代。在此背景下，如何让"核心素养"落地？如何最终实现教育的终极目标？重构课程、再造学程无疑是学校教育改革深化最有效的途径。

20世纪90年代我国提出"素质教育"以来，教育要培育的"素质"究竟是什么？哪些是核心素养或关键素质？其实从国家到地方，再到学校层面都没有清晰的答案。应该说，当前确立发展核心素养的方向并试图明确回答并建构核心素养的内在要素和结构，无疑是非常有价值的。我们认为，核心素养是人与自然世界、社会世界和精神世界的交互作用中所应体现出来的能力、人格、个性等方面的关键性品质。核心素养是整合性的、基础性的、适应于不同情境的、统领性的素质或品质。

核心素养是由两个部分组成的：一是作为社会化的人应该具备的基础性品质（如健全的人格和美德素养）；二是作为个性化的人适应不同情境的关键性能力。前者是"根"，是内隐的，决定着一个人的方向；后者是"本"，是表现性的，影响着一个人的状态。以北京师范大学林崇德教授为首席专家的学生核心素养研究课题组认为，学生核心素养总框架的建构应包括社会参与（公民道德、社会责任、国家认同、国际视野）、自主发展（身心健康、自我管理、学会学习、问题解决与创新）和文化修养（语言素养、数学素养、科技与信息素养、审美与人文素养）三个领域十二项核心素养指标。

学生的核心素养不是随着知识的增加自然而然地形成的，而是需要以课程为载体，加以系统的引导和培育。只有建构起基于核心素养的新课程体系，才能有力保证学生核心素养的培养落到实处。无论是对学科思维的强调，还是对个性化教育、综合素质的强调，在本质上都反映了学生核心素养培养过程中教育理念由"结果"向"过程"的转变，由"知识教育"向"人的教育"转变，是教育改革的新抓手、新生长点。

课程再造，就是对培养学生核心素养作出明确回应，让学生核心素养落地。因此，学校在课程再造中，我们认真把握、突出体现以下几个方面：

1. 核心素养：再造学校课程的落脚点

2016 年 9 月发布的《中国学生发展核心素养体系》有着明确的目标指向和积极的价值导向。面对这一体系，我们必须着重思考两个问题：一是如何在我们的教育教学中贯彻核心素养内容；二是如何把核心素养落到实处。在仔细研读国内外关于落实核心素养的研究报告后，我校结合自己的办学思想、办学理念进行了反复思考。我们认为，教育的首要目标不仅仅是让学生在学校中表现出色，更是为了帮助他们在走出校园后的可持续发展，这是提出核心素养的根本目标。对学校而言，除了国家规定的课程外，更应关注学校特色课程的建设，开展跨学科主题教育教学活动，将相关学科的教育内容有机整合，让核心素养落地生根。

育才二小 1989 年创校以来，历经了三个重要发展阶段：一是明目标；二是立校魂；三是创特色。2006 年形成了"同成教育"特色。

现在，育才二小是武汉市办学规模最大的学校之一，但是教师学研动能不足。学生学业质量全市一流，但是缺少个性才能。这一切亟待通过课程再造来进一步完善。

2. 教育信息化：引领发展的着力点

教育信息化是信息技术在教育教学过程中的深度融合，教育云工程建设的最终目的应该指向教师的"教"和学生的"学"服务。现代化教育手段日新月异，我校在网络学习空间的教学应用与管理应用方面开展了有益的实践。我们的建设思路：以教师空间应用为主体，以促进资源开发与教学方式转变为核心，以骨干教师空间建设范例为引领，以班级空间和学生空间建设拓展延伸，逐步推进空间建设与资源规模化应用的深度融合。

近几年，学校在推进教育现代化、打造智慧课堂的进程中，从 2009 年数字课堂建设到 2013 年同步课堂建设、网络协同教研，到现今网络学习空间人人通，我校智慧课堂"异步同成"教学模式已经深入人心。信息技术给智慧课堂注入了新鲜血液，基于大数据分析动态学习评价和"云+端"信息技术平台的运用，增进师生互动和协作交流，使"教"与"学"相互渗透、融为一体。信息技术融入常态教学，从而掀开了学校课堂教学改革新的一页。与此同时，学校加紧通过教师空间建设加快资源的开发聚合，建立学校资源库，并且率先发起组织"同成"网络学区，发挥优质资源的辐射带动作用，积极推进均衡教育，逐步推进实现学校、学区的教育信息化，为教育、教学、管理等各方面工作搭建现代化交流平台，达成学校内部以及校际之间的资源共享、优势互补、协同发展。"同成"网络学区依托武汉市教育资源公共平台，在云技术的支持下，打破时空界限，为学区教师、干部互动交流沟通，整体提升素质，共享优质资源发挥了重要作用。其设四个板块：① "空间展示"汇集了各校骨干教师的个人空间，大家可随时分享他们的简介、经验、论文、案例随笔等；② "网络教研"运用远程网络视频会议系统、多媒体在线视频点播系统、网络论坛等技术，让各校在线交流互动；③ "公共资源"将各校精心打造的优质教学视频汇集，供教师们学习借鉴，并且服务于学区七校近万名学生的学习；④ "校长论坛"为管理者开辟一个交流办学思想、协调管理事务的专用区域，为校际之间沟通管理信息，服务学校协同发展起到了积极作用。基于互联网的智能校园，有力推动了教师们自我角色的转变，由单一的知识传授者变为资源调动者、情景制造者以及课堂重构者，由被动管理者变为自我引导者、自觉前行者、自发行动者，让教师们切身感受到教育信息化带来的价值。

学校特色建设是一个自我完善、自我发展的过程，是学校将各个方面的工作进行综合外显和整体优化的过程。目前，我校特色建设初见成效，形成稳定框架和发展思路，如何凸显办学特色、促进学校发展，成为值得研究的课题。校本课程的开发与建构便是重要一环。"异步同成"教学、"异境同成"德育、"异建同成"课程等已有教学资源为校本课程开发提供了基础与条件，"共担同成"管理及信息化、现代化技术为校本课程开发提供了保障及支持，在此基础上的课程研究水到渠成。课程开发渗透在学校特色建设的各个环节，紧扣同成、凸显主线，紧贴校本、彰显个性。

3. 资源整合：形成特色课程的活力点

（1）家长群体：课程建设的新生力量

我们倡导"每一位家长都是课程开发的参与者、组织者、实施者"。为此，传统的家长学校授课方式主要是学校领导讲话和专家讲座，家长们完全是被动接受。育才二小积极创新，以菜单点课的方式满足家长不同的学习需求。每次家长学校开学前，学校便将本期家长学校的上课时间、地点、上课内容等以"致家长一封信"的方式告知家长，让家长自己点课，学校按照家长的选择同时在几个场地邀请不同的专家、学者、教师或优秀的家长以讲座、沙龙研讨、个别咨询等方式进行授课，尽可能及时解决学生家庭教育中出现的"个性"问题，有效提升家庭教育指导的专业性和针对性。苏联著名教育家苏霍姆林斯基说过："若只有学校而没有家庭，或只有家庭而没有学校，都不能单独地承担起塑造人的细致、复杂的任务。"只有家庭和学校形成科学、完善的育人网络，发挥家长和教师的共同作用，才能更好地巩固学校教育的成果。

学校还以"理念共识、资源共享、优势互补、品牌共建"为宗旨，开展的"家长学院"更让家长走进教室成为学生，走上讲台成为教师。家长们乐于把自己的时间、精力、专长献给学校和学生们，学校专业指导+家长专业知识，生成了学生们超级喜欢的"家长责信德育讲堂"，小小理财家、收纳小达人、法律小讲堂、保护我们的牙齿等缤纷多彩的趣味德育课程为学生们开启了一个个全新的视窗。

（2）实践基地：课程实施的最佳场所

学校是儿童成长的乐园。在校本特色课程建设中，学生是课程参与的主体。如何利用学校校本课程基地，提供最佳的场所与环境，让学校的每一个角落都能为学生的素养提升服务。我们在农学院基地主题活动课上做了尝试，要求语文教师创造学生与大自然亲密的机会，改变他们的学习方式：一是观察，即带领学生在种植、植物生长与收获的过程中进行深入细致的观察；二是阅读，阅读与植物、节气、种植相关的农谚、古诗、童谣，丰富知识；三是写作，引导学生说说自己的发现与收获，并指导学生通过各种形式记录自己的所见、所闻、所感，遇到不懂的，还可以通过网络学习、调查访问等方式再学习。我们希望充分利用实践基地，让少年军校、少年书画院都成为课程实施的最佳场所。

（3）课程内涵：重构校园空间文化

学校在课程开发中，不仅局限于学科与教材，而是既重视结果又突出过程，扩宽课程资源的范围，重视组织结构、学校文化、社区环境等，从空间结构上走向立体化和动态化。我校以活跃的空间文化布局诠释"空间即课程"的深刻内涵。在打造现代化学校进程中，学校对空间功能进行再造和巧妙运营，将课程理念转变为看得见的空间课程，让空间最大程度满足不同学生的多元发展需要。首先，让"空间好玩"。玩是学生的天性，学校根据儿童的实际，设计适合他自己的独特的"世界图景"，除了活动场地、活动设施儿童化外，还增设了棋类等娱乐益智场所，让空间真正回归学生生活。其次，让"空间好学"。在校园改造过程中，学校重塑空间价值观念，提升课程领导力。结合语文拓展性阅读研究，学校开设了"悦读天地""电子悦读空间"，最大限度地让校园空间成为学生生长的有机组成部分。结合数学的思维与创想课程，学校改建了"数学广场"，关注学习方式的多变性与场景性，让学生们用学习作品的形成、展示、发布、分享成为校园里最美丽的景观，让空间展示出生命成长的气息与活力。再次，让"空间好大"。学校最大限度地让每一个物理空间释放教育能量，增设了"海报区"，让空间资源化、宜学化，使每一张海报都释放出生命的情愫，使沉睡的文字得以唤醒，让学生们在校园转角遇见另一种美丽。

三、对适应师生发展的内在需求

武汉市育才二小 1989 年创校以来，历经了三个重要发展阶段：一是明目标，1998 年成功跨入省级示范学校的行列；二是立校魂，2002 年在全市率先开展"创新教育"研究，一跃成为省、市知名学校；三是创特色，2006 年形成了以"营造优质环境，促进师生共同成长；开拓生命体验，促进师生协同成人；追求卓越发展，促进师生志同成功"为核心的"同成教育"特色，逐步成为在全国有一定影响的名校。

现在，育才二小是武汉市办学规模最大的学校之一，然而由于基础教育阶段教师编制饱和，十多年来未能及时补充新鲜血液，学校教师队伍呈现老龄化趋势，教师学研动能不足。学生学业质量全市一流，但是缺少个性才能，没有鲜明的标识。这一切亟待通过新课程研发来弥补、改变。

我们认为，学校是课程生长的地方。课程再造就是让课程更适应学生的发展、更焕发教师的个性。我们以生命哲学为基础，切近学生生活实际，以课程整合和校本化为抓手，致力"基础型""拓展型"和"体验型"三位一体课程体系的再造，培养学生终身所需的各种素养。

"三位一体"课程体系包括基础型课程、拓展型课程及体验型课程等三类课程，充分体现了基础性、选择性与体验性等基本特征。基础型课程包括语文、数学、英语、科学、体育、音乐、美术等。拓展型课程由综合实践、地方及校本课程整合而来，是对基础型课程的延伸和补充，包括一手硬笔好字、一身文雅气质、一种探究习惯、一门兴趣爱好、一项健身技能，一切指向学生的个性化发展。体验型课程由品德与生活、品德与社会及班队活动整合而来，包括主题体验活动及校园节文化。其中主题体验活动一至六年级分别是我与己、我与家、我与人、我与国、我与地、我与天六大主题体验活动，指向"我是谁""我要到哪里去""我如何去"等内容。

在这种极具生命力的课程体系映照下，教师群体可以实现生态化发展。所谓教师生态发展，就是以教师的自主发展、群体发展和诗意发展为基本理念，全面实施俱乐部策略、招投标策略、自驾游策略、领头雁策略和脚手架策略……于是，每位教师除了本身的学科专业外，渐渐也都拥有了多种技艺和才能。

1. 教师从"一个人飞"到"一群人走"

在课程再造中，我校大力建设以特级教师领衔的"名师工作室"，以优秀教研员领衔的"学科中心组"和以优秀教师领衔的"学科备课组"三种类型的教师团队，不同教师发展团队任务不同，发展重心各有差异，但都指向教师发展、学科发展和教学改进的目标。目前，学校呈现出每个学段都有名师工作室、每个学科都有学科中心组、每个年级都大力建设学科备课组的良好局面。令人欣喜的是，一批由教师自发组织的"民间"教师团队也成立起来，他们由共同的教育旨趣驱动，主动研究教育问题，为教育教学发展和教师进步注入了清新的活力。

课程改造过程中，我们赋予了教师参与课程开发、课程管理的权利，尤其在学校层面上，要求教师成为课程开发的主体。获得专业自主的教师，能逐步提高教学艺术，形成教学风格；在教师群体中也可以逐渐创生"伙伴式的团队文化"，形成教学的"学习共同体"，实现共同的专业成长。这种以教师自身的"实践性知识"为基础而展开的教学，有助于教师在具体的教学情境中进行反思性思考，从多元视角把握教学的复杂性，不断地建构和再建构教学的实践性框架。这样的教师不再是课程的附庸，而是课程的生成者、创造者。课程改革背景下的课堂教学，没有现成的药方，没有固定的模式，它是教师教育智慧的充分展现。当然，要达到这种境界，我们的教师还需要直面一系列的问题，采取切实的行动。比如，需要冲破分科主义、形式主义、等级主义、单位主义的束缚，从狭隘的"学科本位"、弄虚作假的"公开教学"、竞争性的"排行榜"中解放出来。

2. 学生从"碎片认识"到"统整知识"

借助课程再造，我们让学生从"碎片认识"到"统整知识"，这是课程改革的重大诉求。就课程内容的统整来说，新课程改革采取了3个策略以逐步推进：①设置崭新的综合性学科——品德与生活，品德与社会、科学，历史与社会等；②开辟崭新的课程领域——综合实践活动；③倡导在学科教学中改造学生的学习方式。一个核心的课题是如何打破学科之间的界限，在问题语境中以主题导入的方式让学生获得对意义世界的整体性认识、解决问题的能力，以及整体人格的健全发展。课程统整的设计，不能依靠教师个体的闭门造车式的备课，需要教师团队的合作，而改造学科观是其前提。

什么是"学科"？"学科"应该是让儿童以人类文化遗产为线索展开对话，以培养他们解决现实问题所必需的能力，进而谋求其整体发展的教育内容。我们可以从流动性和综合性两个维度来审视学科，并提出如下假设：①学科是有助于学生主体性活动的教育内容；②学科是注重知识之间整合、谋求人的整体发展的教育内容；③学科的框架具有假设性、流动性，学科的名称、结构、内容会随时代的发展和地域的不同而变化；④各门学科的学习应建立在跨学科、综合性的学科基础之上。可见，软化学科之间的界限、加强学科之间的联系势在必行。

3. 家校合作从"家庭作业"到"协同育人"

习总书记指出："家庭是人生的第一所学校，家长是学生的第一任教师。"这番话让我们感触颇深。为了让家长能够给学生讲好"人生第一课"，帮助学生扣好人生第一粒扣子，我们搭建成长平台，构建家长的"知行课程"，助推家长转型。

所谓"知行课程"是指年级层面，根据要求完成8次普及性讲座；班级层面，依据《全国家庭教育指导大纲》，以本班案例教育为导向，针对部分家长教育困惑，开展家长沙龙、小型家长约谈会等。所谓"知行课程"包括"大树与小苗的对话"亲子交流活动，育儿经验交流活动，校长讲校风、家长讲家教、学生讲家风活动等。在知行课程体系中，家庭教育形成"抱团成长"的推进路径。在"家"字上做文章，在"德"字上下功夫，不仅实现了家长教育理念和思想的苏醒，而且看到了一个充满暖意、活力的学校的蜕变。

第二节　学校发展背景

"3S"特色课程本质是一种校本课程，相较于国家课程和地方课程，校本课程的特点体现在服务学校、依靠学校、植根于学校。具体来说，校本课程的生成要结合学校的办学宗旨，主力军是本校教师，依靠的是师生群体智慧、历史优良传统、校园文化氛围、网络信息资源等①。所以，"3S"特色课程提出也有深厚的学校背景，是对学校已有发展成果的继承性创新，具体表现在三个方面。

一、学校发展理念的深化必然趋势

1989至1998年，我校创始人张志萍校长确立了"团结协作、无私奉献、负重向前、敢为人先"的学校精神；1998至2002年，继任校长李荣昭制定了"以质量数品牌，以改革促发展，以创新写未来"的建校思路，开展"创新教育"研究；2003至2015年，徐宇珊校长明确提出了"让校园充满生命活力，圆师生快乐成长梦"的办学理念，形成"同成教育"特色；2015年至今，现任校长李文华、书记邱承军在继承和发展几任校长办学理念的基础上，提出了营造"时空有真爱、教师有梦想、学生有未来"的文化氛围。

2003至2015年，面对教育均衡发展和教育公平的时代呼唤，我校围绕"同成教育"理念，创造性形成了以"营造优质环境，促进师生共同成长；开拓生命体验，促进师生协同成人；追求卓越发展，促进师生志同成功"为核心的办学特色。2015年至今，为贯彻全面深化综合改革的教育工作总体要求，我校将"同成教育"理念进一步具象化、清晰化、时代化，

---

① 廖哲勋. 关于校本课程开发的理论思考 [J]. 课程·教材·教法, 2004 (08).

将"时空有真爱、教师有梦想、学生有未来"三个发展目标，从校园空间、管理机制、科研制度、德育体系、课程体系、课堂教学模式、师生发展评价指标等方面展开。

在课程体系建设中，我校认真学习、积极贯彻国家教育规划及教育方针。新课程改革提出实行国家、地方和学校三级课程管理模式，学校在课程方面有了部分的决策自主权，这要求教师应当作为课程的建设者和开发者，创造性地使用国家课程教材，积极进行国家课程地方化、校本化的实践探索，培养开发课程、评价课程、主动选择和创造性地使用新课程教材能力。可以说，校本课程实施主张给教师赋权增能，强调教师角色由单一化向多元化转变，成为教学活动的发展者和行动研究者。教师可参与学校总体课程方案的讨论、设计和规划，调整教学活动，同时在自然教学情境中发现问题并进行研究，解决实际问题①。

党的十八大以来，我国提出了一系列有关立德树人的具体要求，教育部组织研究提出各学段学生发展核心素养体系，明确学生应具备的适应终身发展和社会发展需要的必备品格和关键能力。中国学生发展核心素养以培养"全面发展的人"为核心，分为文化基础、自主发展、社会参与三个方面，综合表现为人文底蕴、科学精神、学会学习、健康生活、责任担当、实践创新等六大素养，具体细化为国家认同等18个基本要点。学生核心素养回答了"培养什么样的人"这一重大教育问题，涉及知识、技能、过程、方法、情感态度价值观等多方面的要求，旨在培养学生的关键能力。基于此，以培养核心素养为目的推进课程体系的改革，促进现有教育模式转型升级成为新趋势。在这一时代背景下，我校结合已有教学实践，紧贴校本课程开发，确立了"3S"课程的研究方案。

二、学校课程改革的深入必由之路

"3S"课程的确立，必然引发学校课程改革，对学校课程进行再造。由此学校引导全体教师牢固树立"问题即课题，教学即研究，教师即专家，结果即成果"的思想，做到个个学科有研究课题，教师人人有研究任务，以学促研、以研导创。"十五"期间，学校致力"探索创新教育规律，培养学生创新能力"的研究；教育是有目的、有计划地培养人的活动，高效发挥其正向作用，教育规律须先行。创新教育规律为变革教育教学行为、打破思维定式、培养创新能力提供理论指导。一方面鼓励教师积极求索、大胆实践，为教师发展提供无限可能。另一方面充分尊重学生的主体作用，激发学生的巨大潜能，为学生成长成才打下坚实基础。这一课题深化了我校对教育规律的认识，促进了我校的可持续发展。

"十一五"期间，学校将关注视角转移到教师发展，进行"小学教师专业发展的自我设计研究——'成功型教师'成长的基本策略"研究。这一时期，我校聚焦教师成长，包括课堂教育教学能力、终身学习能力、科研能力、反思能力等方面的发展，帮助教师实现从新手型向专家型的过渡。这有利于教师获得教育的"源头活水"，在教学过程中并更好地发挥主导作用。课堂是教师能力的全面体现，在课程改革中，教师专业发展必不可少。随着基础教育课程改革的深化，人们逐渐认识到教师的专业才能和教育智慧决定课程改革的质量和深度，教师的专业精神是课程改革与发展的内在动力，教师的先进经验和实

---

① 靳玉乐. 校本课程的实施：经验、问题与对策 [J]. 教育研究, 2001 (09).

践反思则是课程改革与发展的现实起点①。校本课程的开发，要求教师要成为课程与教学的领导者，要在一定的教育理论和课程与教学理论的指导下，在掌握国家课程政策和课程标准的前提下，在充分了解学生的发展规律和现实需要基础上参与课程改革②。教师专业发展研究为校本课程研究打下坚实基础。

"十二五"期间，学校开展武汉市教科规划重点课题"基于'同成教育'理念的小学教师文化建设研究"，以教师文化建设带动学校整体提升。高品味的文化管理、高品质的现代化进程，促进了教师队伍高水平建设。教师文化建设中，我校在精神文化、制度文化、行为文化、休闲文化四个层面展开，其中精神文化重导向、制度文化重激励、行为文化中修炼、休闲文化重品味。学校通过师德教育、校史教育等，引导教师点亮人生梦想，坚定职业信念，走好成长之路；建立"以实绩论英雄"的评价机制，强调精神激励为主、物质奖励为辅，妥善解决"干多干少一个样、干好干坏一个样"的问题，建立起岗位因需可变、待遇能高能低、鼓励先进、鞭策后进的动态管理机制；搭建"点面式"学研组织，成员组合体现专业发展互补性，发挥骨干教师传帮带和青年教师生力军作用；助推专业发展的同时，提升教师生活品质、生命质量，倡导"新三好教师"。教师文化是校园文化的重要组成部分，教师形成的群体意识、行为规范等能集中体现学校的办学理念与校纪校风。校园文化是学校的隐性课程，能对学习者的知识、技能、价值观等产生潜移默化的影响。

"十五"期间关于创新教育的研究强化了科研意识与科研能力，"十一五"期间关于教师专业发展的研究则为教师成长提供途径与策略，"十二五"期间关于教师文化的研究在精神、制度、行为等层面凝聚共识。"十五""十一五""十二五"期间的研究主体从学生过渡到教师、从教师过渡到教师文化，围绕教育者、受教育者和教育影响这三个教育的基本要素展开。教育影响是教育者与受教育者之间相互作用、进行教育双边活动的一切中介的总和，包括作用于受教育者的影响物以及运用这种影响物的活动方式和方法。从内容上说，主要就是教育内容、教育材料或教科书；从形式上说，主要就是教育手段、教育方法、教育组织形式和活动方式。教师文化便是教育影响的表现之一。教育影响是教育者和受教育者的媒介。"十三五"期间，我校继续聚焦教育影响这一要素，研究教育内容、教学组织形式和活动方式等要素，整合已有教育资源与教研成果，以促进教师学生共同发展为目标，对教学内容、教学组织方式和活动方式等要素进行统一规划和设计，确立"3S"特色课程建设理论与实践方案，实现课程建设新突破。可以说，"3S"特色课程建设理论与实践方案是学校课程改革的深入必由之路。

三、学校办学特色的凸显发展趋势

在历任领导及全体教师的共同努力下，我校初步实现了跨越式发展，先后荣获全国教育科研示范学校、国家级语言文字规范化示范学校、全国信息技术创新与实践活动先进单位、中央教科所教育科研先进学校、省中小学办学水平示范学校、省办学实力 50 强、省绿色学校、省教改名校等荣誉称号。经过"十五"到现在的建设与发展，目前学校整体呈

---

① 余文森 . 基础教育课程改革的四大支柱——教育思想·教育智慧·专业精神·专业人格［M］. 福州：福建教育出版社，2002.

② 许洁英 . 国家课程、地方课程和校本课程的含义、目的及地位［J］. 教育研究，2005（08）.

现出两大特色："同成教育" 理念深入人心、教育信息化水平全市领先。

在学校这一 "小社会" 的诸多关系中，最主要的是师生关系。优化师生关系，是办好学校的 "要诀要务"。我校十余年来坚持以 "师生同成" 为主线的研究与实践，构建了 "同成教育" 模式。"同成教育" 模式理念紧密对接中外先进教育理论，基底厚实。中国古代就有世界上首部教育专著《学记》提出 "教学相长" 的精辟论断；近现代著名教育家杜威指出，师生作为参与到教学活动中的 "人" 的因素是同等重要的；苏霍姆林斯基认为 "上课是儿童和教师的共同劳动。这种劳动的成功，首先是由师生之间的相互关系来决定的"。陶行知倡导师生间除有 "教师领导者和学生行动主体" 的关系外，还应 "共学、共事、共修养" ……随着新课程改革的施行和深化，学校新型民主平等的师生关系不断升华。在习总书记的 "中国梦" 治国理念，"五大发展理念" 之一 "共享" 等新理念的关照下，学校又进一步拓展了 "同成教育" 的内涵和外延。"同成教育" 理念由 "十二五" 时期萌生、初成，到如今成型、成熟，形成较为科学、完整的体系，体现在核心理念、办学目标、育人目标等，形成同成大教育观。

"同成教育" 核心理念是 "营造优质环境促进师生共同成长、开拓生命体验促进师生协同成人、追求卓越发展促进师生志同成功"，它以促进师生全员发展和全面发展为宗旨，追求师生在成长中成人，在成人中成才，在成才中成功。成长是过程，成人是目标，成功是动力，三者互为表里，和谐统一。办学目标是打造教师幸福工作、学生健康成长的命运共同体。育人目标是培养有梦想、有爱心、有智慧、有担当的学生。同成大教育观即教师步步前行，家长好好学习，学生天天向上，人人节节提升。将 "师生同成" 拓展为 "校家社同成"，使其具有更大的教育影响力和社会张力，从而上升到新境界。

我校力求理念紧扣 "同成"，凸显主线；紧跟时代，浓墨重彩；紧贴校本，彰显个性；紧凑明快，言简意深，以铸成具有学校特色的精神文化精品。近些年来，以 "同成教育" 理念为精神主干的学校文化之树，深扎于校园沃土，生发出繁枝茂叶——管理、环境、课程、课堂等分支文化均呈现一派生机；学校师生互动互爱、同行同成的文化氛围更趋浓厚，并向弥漫发散——家校同成，社区同成，学区同成，区域、内外同成……经多年锲而不舍、倾心合力的打磨，尤其近年乘现代化学校创建之势，我校逐渐形成了同成教育品牌。它是在同成教育理念观映照下，由 "异步同成" 教学、"异境同成" 德育、"异建同成" 课程、"共担同成" 管理等四个校本特色方略汇合熔铸而成。四者不同程度地具有一定的科学性、创新性、实用性和有效性，互为依存、相互影响又有机统一，共同撑起学校改革发展大局，归宿于促使师生共进同成，促使我校同成教育品牌效应日臻彰显。

学校两大特色的呈现，形成了稳定框架和发展思路，但如何凸显办学特色，丰富内容体系，成为时下值得研究的课题。校本课程便是重要一环。"异步同成" 教学、"异境同成" 德育、"异建同成" 课程等已有教学资源为校本课程开发提供了基础与条件，"共担同成" 管理及信息化、现代化技术为校本课程开发提供了保障及支持，在此基础上进行基于核心素养的小学 "3S" 特色课程建设理论与实践研究自然水到渠成，成为必然趋势。

第三节　学生发展背景

学生发展是指学生的全面、健康、和谐、可持续发展，这里的发展既包括知识、技能方面的发展，也包括过程方法方面的发展；既包括情感、态度、价值观方面的发展，也包括形成健全的人格等方面的发展。促进学生全面发展，求知与开发智力无疑是教育的一项根本任务，但不是唯一任务。课程的功能绝不仅仅是传授知识，应当通过课程使学生学会做人，学会求知，学会劳动，学会生活，学会健体，学会审美，使学生得到全面和谐的发展。

一、学生发展的理念追求

（一）同成教育，同程同成

学校"3S"特色课程的建设以同成教育理念为基础，追求教师和学生在课程学习中同程同成，共同成长。

教学是由师生双方的"教"和"学"两种活动构成的，教师和学生在教学中相互作用、相互影响。教师不应该是高高在上的指导者，而应该成为学生的协作者，这样才能真正了解学生、走近学生，在教学中实现师生同程同成。

人民教育家陶行知先生提出了生活教育理论，强调"生活即教育、社会即学校、教学做合一"，对今天的教育创新具有重要的借鉴价值和指导意义。生活就是教育，"从定义上说，生活教育是给生活以教育，用生活来教育，为生活向前向上的需要而教育。从生活与教育的关系上说，是生活决定教育。从效力上说，教育要通过生活才能发出力量而成为真正的教育"①。也就是说"生活教育是生活所原有，生活所自营，生活所必需的教育"②。从"生活即教育"的主张出发，陶行知先生又具体阐述了生活教育的目的、内容和方法，提出了"学校即社会"的重要命题。他认为，凡是生活的场所，都是教育的场所。自有人类以来，如果从大众的立场上来看，社会是大众唯一的学校，生活是大众唯一的教育。"学校即社会"也表明他主张以人民大众的生活场所为教育场所，让整个社会都成为人民大众的学校。最后，陶行知先生又阐述了生活教育的方法，即"教学做合一"。教法、学法和做法三者应该是统一的，"共学、共事、共修养"才是真正的生活教育。陶行知先生的"教学做合一"理论倡导教师与学生共学、共事、共修养。他认为先生的责任不在教，而在教学生学。而要更好地实现这一目标就必须践行"共学、共事、共修养"的方法。"共学、共事、共修养"的理念蕴含着师生"共同"学习、做事、成人的内涵，凸显了构建教师和学生学习共同体的重要作用。

在陶行知"共学、共事、共修养"教育思想的指导下，我校积极探索"师生同唱、师生同台、师生同场、师生同步、师生同堂、师生同导、师生同心、师生同训"的同成教育之路，这也是"3S"特色课程开发与实施的指导理念。实用主义教育家杜威认为，教学应该让儿童通过自己去动手，通过探索性的活动来获得有用的经验，即"从做中学"。杜威认为，在具体操作时，要使学生在探索过程中积极主动，就必须正确处理好师生角色关系。杜威把教师比做"撑船者"，认为教师在儿童的活动中扮演着引导者、设计者、指导者的角色。他把学生比做"划船者"，学生在活动中扮演着"主人"的角色，是教学活动的中心。在某种程度上，撑船者与划船者这两者的角色目标一致，通过教学相长，共同驶

---

① 华中师范学院教育科学研究所．陶行知全集（第四卷）[M]．长沙：湖南教育出版社，1985.
② 华中师范学院教育科学研究所．陶行知全集（第三卷）[M]．长沙：湖南教育出版社，1985.

向彼岸，即志同成功。

我校在结合陶行知以及杜威等大教育家的教育理论和自身办学实践的基础上推行并实施"同成教育"理念，并在"3S"特色课程的建设过程中积极践行这种理念。同成教育坚持以促进全体人的发展和人的全面发展为宗旨，基于"让校园充满生命活力，圆师生快乐成长的梦"的办学理念，通过营造优质环境促进师生共同成长，通过开拓生命体验促进师生协同成人，通过追求卓越发展促进师生志同成功。同成教育追求师生"在成长中成人，在成人中成才，在成才中成功"。

（二）以人为本，协同成长

我校"3S"特色课程的建设追求以人为本的理念，提倡合作探究，协同成长。学生是课程的主体，是教学活动的主体，课程的建设以促进学生的发展为根本目标，学生是"3S"特色课程的出发点和归宿。

教育的本质是培养人，人的发展是教育的根本追求。学校课程的建设应该始终明确"教育培养人"的思想，坚持以学生为本的发展理念，促进学生成长、成才。

20世纪50年代，以亚伯拉罕·马斯洛（Abraham Harold Maslow）为首的一批美国心理学家创立了人本主义心理学。人本主义心理学家认为心理学应该探讨的是完整的人，而不是把人的各个从属的方面如行为表现、认知过程、情绪障碍等割裂开来。他们普遍关注个人的感情、知觉、信念和意图，强调人的自我实现。人本主义心理学的流行引起了人们对人本主义教育观的重视。人本主义教育观倡导"以学生为中心"的全人化教育，以"人性为本"，强调潜能、自我实现、创造、情感因素和平等的师生观。人本主义教育观的主要内容可以概括为：反对教育无目的论，倡导教人、做人、成人的教育，以培养自我实现和充分发挥作用的人；反对单纯灌输知识、机械强化和条件作用的外在学习，主张将情、智教育融为一体，开展最佳成长的内在学习；反对以教师为中心的传统式教学，主张把学生视为学习的主体，开展以学生为中心的学习，发扬学习自由和主动创造精神；反对学校课程脱离价值观，价值中立和无目标、无意义，主张课程改革，实施意义学习和经验学习；反对不良的师生关系和教育心理氛围，主张学习是一种人际的相互影响，应充分发挥教师在学习过程中的促进者作用[1]。

社会互赖理论是近年来在该领域研究中涌现出来的卓有成效的理论，它主要探讨个体间在合作性和竞争性的社会情境中相互影响时的行动效率、内在心理过程、互动方式及结果[2]。社会互赖理论研究始于20世纪初。格式塔学派的创始人考夫卡（Kafka K.）认为，群体是成员之间互赖性变化的动力整体，群体成员之间的依赖关系影响着群体目标的达成。在考夫卡的研究基础之上，勒温（Lewin K.）提出了自己的看法，他认为：其一，群体的"动力整体"是一个相互联系的整体，任何成员状态的变化都会引起其他成员状态的变化；其二，群体成员之间紧张的内在状态能激励群体达成共同的预期目的[3]。40年代末，约翰逊兄弟（David W. Johnson & Roger T. Johnson）提出了社会互赖理论，他们认为

① 车文博. 人本主义心理学 [M]. 杭州：浙江教育出版社，2003：433-471.
② 郑淑贞，盛群力. 社会互赖理论对合作学习设计的启示 [J]. 教育学报，2010，6（06）：34-40.
③ 何健. 论社会互赖理论视域下的"影子培训"[J]. 教育理论与实践,2012,32(11):33-35.

"社会互赖"的结构方式决定着个体的互动方式和活动结构；不同的互动形式和结构方式又决定着不同的目标结构。学校教育情境中存在着竞争、独立、合作学习三种互动方式，根据社会互赖理论，只有在合作的情境下，个人目标和集体目标才可能产生积极效应，互相鼓励、互相支持、互相帮助，更有利于每一个体实现自身的发展。

以马斯洛、约翰兄弟的理论为依据，我们"3S"特色课程设置了美德课程、创想课程和社会实践课程三大领域，具体又细化为 18 个课程模块。这种课程设置旨在通过多样的、特色的课程来彰显学生的个性，促进学生的个人兴趣的激发以及其发展问题的开发。同时，在"3S"课程的建设过程中注重教师和学生、学生和学生之间的合作学习，在特色课程实施过程中开展自主、合作、探究的学习方式，强调个体的学习与小组合作的"互赖"。比如戏剧、街舞、足球、3D 造物、电影制作、空模、数学思维、穿越武汉等课程的实施中，积极践行合作探究的学习方式，学生在小组合作的过程中即发展了自己的个性和爱好，又获得了知识，发展了素养。

二、学生发展的现实诊断

学生是教育活动的主体，了解和研究学生的发展特点、发展规律和发展状况是教育工作的出发点，也是学校课程建设与课程再造的立足点。在"3S"课程的建设过程中，我们对学生发展状况进行了现实诊断。

（一）学生的本质特征与发展规律

学生是在教师的指导下进行学习活动的人，具有学生个体"存在"的本质特征。第一，学生以学习间接经验为主。因为教学活动的任务和时间的有限性，学生的学习主要是以间接经验为主。在教学中，学生认识的对象主要是前人实践经验总结的认识成果，主要以符号化的知识的方式呈现出来。第二，学生具有主体性。学生不是被动的加工对象，他具有主体性，所谓主体性，就是指学生在教学中的主观能动性[1]。学生的主体性具体表现在独立性、调控性、创造性等方面，这是学生能动参与教学活动，发展自身素养的前提。第三，学生具有可发展性。人的发展是指作为整体的个体，在与环境的相互作用中，身心方面的整体变化过程。学生一般是青少年群体，他们具有明显的可发展性。无论是发展的速度，还是发展的广度和深度等方面，学生时期都存在着质的变化。学校课程建设的目的旨在促进学生全面而有个性的发展，这必然离不开对学生发展规律的把握。学生的发展主要体现在身体和心理两个方面。身体的发展是指学生生命机体的正常发育和体质增强；心理的发展则指学生在认知、情感、态度等方面的发展。学生的发展受到多种因素的影响，不同的学生具有不同的发展可能性，与此同时他们的发展也遵循一般的规律。

学生发展规律主要表现在五个方面。第一，学生的发展具有顺序性。学生的身心发展是一个由低级到高级，由量变到质变的连续不断的发展过程。第二，学生的发展具有阶段性。学生在其身心发展的过程中，不同的年龄阶段有不同的特征。童年期的学生其思维特点具有较大的具体性和形象性，抽象思维能力还比较弱，对抽象的道理不易理解。而到了

---

[1]　全国十二所师范大学联合编写．教育学基础（第 3 版）［M］．北京：教育科技出版社，2014（12）：145.

少年期的学生，抽象的思维已有很大的发展。第三，学生的发展具有不均衡性。青少年身心发展速度是不均衡的，这种不均衡性表现在两个方面：一方面，在不同的年龄阶段，其身心发展是不均衡的；另一方面，在同一时期，青少年身心的不同方面发展也是不均衡的。第四，学生的发展具有稳定性和可变性。稳定性是指在一定社会和教育条件下，同一年龄阶段的学生在身心发展阶段，发展顺序和每一阶段变化过程及速度等方面大体上是相同的，具有稳定性。与此同时，由于环境、教育等条件的不同，同一年龄阶段的青少年的发展水平又是有差异的，具有可变性。第五，学生的发展具有个别差异。不同学生身心发展的主客观条件的不同，导致了学生之间的身心发展状况和水平存在差异，这为学生的个性化发展提供了基础。

学生的本质特征与发展规律，为课程改革提供了理论依据。学校课程建设需要充分关注学生的发展特点与规律，在课程设置、内容选择、教材编写以及课程实施等过程中，充分考虑小学生的发展阶段，尊重个体发展的差异性，有的放矢，挖掘每个学生的发展潜力。

（二）小学生发展的时代特点

教育的目的是培养人，"以人为本"是学校教育发展需要秉承的基本理念之一。课程承载着促进学生全面发展的教育目的，而学校特色课程的建设则充分体现了对教育目的的学校理解和选择。新时期，社会生活发生着巨大变化，社会经济飞速发展，网络信息技术广泛应用，国际交流不断加强。与时代特点相适应，学生的发展需求也发生了变化，这对旨在满足学生个性化发展的学校特色课程建设提出了新的要求。新时代的发展背景下，我国小学生的思想与价值理念发生重大转变，他们普遍追求新鲜事物，对碎片化的知识和体验学习感兴趣；对信息的接受能力强，勇于创新；追求个性，张扬个性，对自己的发展需求有较清晰的认识。这种特点在学校学习和生活中得以充分体现。与此同时，当下的学生发展也存在着一些问题，如学生普遍意志薄弱，专注度不够；对碎片化学习感兴趣，容易忽视知识逻辑上的严密性等。学生的发展需求和存在的问题，需要学校特色课程建设予以充分关注和解决。但我国当前的学校特色课程建设还存在着一定的问题：课程建设不能有机融入学校课程体系；特色课程体系设置单一，不能真正满足学生的多样化发展需求；受应试教育的影响，课程设置迎合考试，偏离促进学生个性发展的课程目标等。总体来说，学生的个性化发展需求不断增强，学生对特色课程的需要与现有课程无法满足学生发展需求的矛盾，是当前学校特色课程建设必须谨慎对待的问题。

我校学生的学习成绩总体水平较高，学业质量在武汉市处于一流行列。但学生普遍缺少个性才能，没有鲜明的标识，学生的个性化发展水平有待提高，这为我校"3S"特色课程建设指明了方向。当代小学生的发展特征和当前学生对特色课程的需要与现有课程无法满足学生发展需求的矛盾表明，学校的特色课程建设应该追求优质性、独特性和多样性；课程设置必须围绕着加强德育、美育，关注学生身心发展，提高实践课程、创新课程设置比重，尊重学生兴趣，促进学生个性发展等方面展开，构建最适宜学生发展的课程体系，为每个学生的适切性发展创造机会，为学生的核心素养发展奠定基础。

第二章

"3S" 特色课程的体系构建

【核心提要】

　　课程的良好运行离不开对于课程体系的完整规划，学校层面的课程建设在关照学科育人目标的同时，也应当关注已有课程的整合性。学校已有的课程是课程建设与课程再造的基础，是学校课程体系不断形成的重要依据。武汉市育才二小"3S"特色课程体系建设通过横向整合，融会贯通学科素养；纵向衔接，构建垂直教育体系；整体推进，同步实施课程改革；分级测评，完善质量评价标准等建构起自己的课程体系。明确的课程目标，可实施的课程方案使得育才二小的特色课程体系得以良好运行。

当前，学校的课程建设有两大转向，转向之一是从以教学建设为中心逐步转向以课程建设为中心，转向之二是以课程建设为中心逐步转向以课程体系建设为中心。"3S" 特色课程体系建设的逻辑起点是育人目标，而育人目标的上位概念是教育理念和办学理念。课程体系的建设不仅包括课程设置，还涉及课程管理和课程资源等内容。因此，课程体系的建设成为学校育人体系建设的一个杠杆，整体撬动了学校育人模式的变革，形成学校办学特色。所以，学校课程改革追求的应该是学校课程体系的建设，倘若我们能够认真做、坚持做和创新做，就一定能够走出符合时代要求、学生需求、学校追求的理想之路。

第一节　课程体系建立的基本理念

核心素养的提出，回答了一个最关键的问题，即教育应培养什么样的人。

依据"中国学生发展核心素养"体系中提出的"一个核心、三个维度、六大素养和十八个基本要点"，我们得到了这样的答案，即现代教育就是要培养一个真正的人，一个适应未来的人。所谓真正的人，是指人格健全（体现完整性），学有优长（尊重差异性），多元发展（重视可塑性）。所谓未来的人，是指有追求人生意义的愿望，有应对未来变化的能力，有享受幸福生活的智慧。

我们国家的基于核心素养课程体系构建也处在积极的探索之中，涌现出很多积极尝试课程改革的先驱。如清华大学附属小学以"为聪慧与高尚的人生奠基"为办学使命，确定清华附小学生核心素养为：家国情怀、公共道德、身心健康、社会参与、学会学习、国际视野……构建了基于学生核心素养发展的"1+X"课程，清华小学的学生核心素养与具体的学科内容将结合，与日本模式较为相似。

我们在借鉴国内外经验的基础上，创造性地提出了自己的课程体系建立的基本理念。这就是"追求每一个学生全面而有个性的发展"的核心理念；以"为每个学生提供最适合的教育"为价值追求；把"课程适应学生"奉为构建宗旨；以"系统设计、重点突破、因校制宜"为基本原则；以"搭建多元、融合的课程平台，创设立体、开放的学习空间，提供多样化、现代化的学习方式"作为行为路径；以"自主、选择"作为关键词的体系样貌。

对此，我校做出了以下实践探索。

一、横向整合，融会贯通学科素养

在课程改革深化背景下，核心素养体系的推进与实施包括三层含义：从国家层面来看，构建学生核心素养理论体系框架属于顶层设计，对教育实践起导航、指引的功能；从教育实践层面看，应将核心素养落地和转化为具体的学科教学素养，明确支撑和实现培育核心素养的手段和方法；从学科层面看，知识、能力与情感并不是孤立存在于单一学科中，在适应社会、发展自我时，需要个体运用学科综合知识来应对多种复杂情境，解决各种实际问题。因此，核心素养体系构建必然要注重学科融合性。

通过对国外核心素养体系的梳理与分析，我们不难发现，语言素养、数学素养、信息素养、问题解决能力、创新能力等各国普遍重视的素养内容，绝不是通过语文或数学等单一学科课程来获得，它们融合了各学科赋予人素质发展的综合要求，体现了不同学科教育的共同价值，具有高度的概括性和统合性。但融合取向并不代表与学科特色相冲突，它与学科素养是相辅相成的：核心素养会强化学科素养的养成，学科教学为核心素养的培育提供实践途径；学科素养以核心素养达成为基础，同时兼顾学科特点，发挥学科特长，才能体现学科特色价值。因此，构建学科核心素养体系，重在揭示这种学科的特殊性，并进一步找出最能直接体现该学科特殊要求与特殊问题的特殊能力。

二、纵向衔接，构建垂直教育体系

教育实践表明，个体素质的习得是一个连贯持续、终身发展的过程。在"3S"特色课程的体系构建时，我们明确提出修订课程方案和标准要增强整体性，即"强化各学段、相关学科纵向有效衔接和横向协调配合"。从核心素养的价值导向来看，它不仅限于让学生在学校教育期间获得学业上的成就感和未来的工作机会，而且面向学生的现实生活和未来生活，重在提高学生的个人竞争力，适应时代发展，应对社会挑战；从学生发展的角度来看，其身体和心理发展具有一定的连续性、阶段性，核心素养的制定与实施只有符合学生的发展规律，才能真正实现其价值。因此，从这两点来看，摆在我们面前的重要问题就是如何保证核心素养培育的一致性与连贯性。

因此，在建立核心素养体系时，我们从学生心理发展的逻辑性出发，从学生终身发展的视角切入，深入剖析各教育阶段学生素养的形成机制和水平特点，建立将小学一贯课程向下扎根到学前教育、向上衔接到初中教育，并延伸至高中、高等教育，乃至终身教育的垂直教育体系，实现"小学打基础、中学提质量、大学谋发展、社会看迁移"的螺旋上升体系。那么，具体到实施层面，我们考虑将核心素养分层次、分阶段地融入到各学段教育中，保证各学段均能体现核心素养的内涵，但要求又各不相同，实现纵向衔接、层层递进的培育模式。

三、整体推进，同步实施课程改革

课程是教育思想、教育目标和教育内容的主要载体，集中体现国家意志和社会主义核心价值观，是学校教育教学活动的基本依据，直接影响人才培养质量。因此，实现核心素养的培育目标，需以推进和深化课程改革为依托。如何处理核心素养与课程体系的关系，是需要深入研究的问题。国外经验表明有三种形式：第一种是核心素养独立于课程体系之外，由专门的机构进行研制和开发，之后逐渐与课程和教学相融合的模式；第二种是在国家的课程体系中规定了要培养学生哪些核心能力和素养，并指导课程的内容与设置；第三种是学生的核心能力和素养没有单独的体系做出规定，但国家的课程体系当中的许多部分都体现了培养学生核心能力和素养的宗旨①。

在我国，《义务教育课程标准》是具有指导性质的纲领性文件，对核心素养的教育实践起着引领作用。根据核心素养培养目标的提出，课程标准中课程理念、课程目标、课程内容等应有所调整和改变，为课程体系的建构提供指导。第一，优化原有的课程标准制定的思路和方向，以培育学生核心素养为指向，确立提升学生终身学习能力为课程理念；第二，课程目标的设置凸显核心素养体系，体现方向性、整体性、层次性和操作性；第三，课程内容选取应进一步改变以现有的追求知识体系完整的学科取向，转变到以培育学生核心素养为宗旨的能力取向，体现依据学生心理发展阶段和核心素养体系的层级特点，分学段安排课程内容、精选重点知识、突出关键能力、培育核心品格。总之，应聚焦学生发展核心素养，以提升学生终身学习能力为理念，以培养学生全面发展为愿景，精心修订课程标准，科学设计课程体系，推进基于核心素养发展的教学改革。

四、分级测评，完善质量评价标准

随着素质教育的不断深化，教育评价作为实施素质教育重要的制约因素，越来越受到关注，但目前还缺少指导教育评价体系改革的系统理论，也还缺少成熟的实践模式，教育评价思想与素质教育观念相脱节。目前已走向核心素养时代，摆在我们面前的教育质量观念以及测评标准仍是亟待解决的难题。苏格兰的经验为我们提供了一定借鉴：苏格兰核心素养课程体系中构建了一个由低到高的理论量表，用五级水平描绘了学生不同阶段的成长水平，将学生核心素养的连续培养状态清晰地展现出来，使课程学习成为一个整体，并且能够清楚地判断学生的发展水平处于哪个等级。

在我国的课程标准中，难以看到具体细化的质量测评标准，给相关部门、学校、教师甚至家长的评价实施带来了很大的困难。我们明确提出："根据核心素养体系，明确学生完成不同学段、不同年级、不同学科学习内容后应该达到的程度要求，指导教师准确把握教学的深度和广度，使考试评价更加准确反映人才培养要求。"在基于核心素养发展的教学改革中，我们着力研制核心素养质量测评标准，开发评价工具和评价手段，探索有效的评价方式；应根据学生发展核心素养，建立从知识向能力、从能力向素养不断提升的发展水平等级标准，借以对学生发展核心素养进行深入观察、等级评估，实现对学校教育教学行为的有效反馈与指导，引导学校教育从知识教育走向能力教育，进而走向核心素养教育。

核心素养的提出具有鲜明的时代特征，对于中国教育发展来说是一个新机遇，对全面深化课改是一个挑战。我们要紧随立德树人的核心任务指向，立足社会主义核心价值观体系，打破和冲出原有思维方式，肩负起探索和实施未来教育的新使命，发展中国教育的新高度，切实推进课程改革的深化发展，在世界教育改革的大势中赢得先机。

---

① 辛涛，姜宇，王烨辉．基于学生核心素养的课程体系建构［J］．北京师范大学学报（社会科学版），2014（1）．

第二节　课程目标设计的基本构想

核心素养的提出，是基础教育课程改革的创新点和突破点，为我校持续推进课程再造注入了新的生命活力，丰富了以人为本、以学生发展为核心的课程再造理念内涵，为课程改革指明了新方向，为教学研究注入了新内容，为教学评价阐明了新思路，为教学管理提出了新挑战。

从国际经验来看，国际经济合作与发展组织启动了"素养的界定与遴选"项目，促进了各国由基于分科知识的课程向基于核心素养的课程转变。英国提出了基于素养的课程（competency-based curriculum），旨在发展学生的核心素养；西班牙则将核心素养落实到教育目标与课程目标中；日本在培养学生核心素养方面强调跨学科的统整，形成课程的合力；新加坡则在课程实施过程中关注学生的个性化需求与学习自主权，促进学生核心素养的形成。

在课程目标中融入学生发展核心素养。我们结合学科特点，选择中国学生发展核心素养总体框架中应重点关注的内容并落实到各学科课程目标中。研究表明，每门课程都可以承载学生发展核心素养的培养，并且每门课程都有其可以重点承载的学生发展核心素养要点，例如科学类课程学科可以重点承载理性思维、批判质疑、勇于探究、问题解决、社会责任等素养要点。

细化学科课程标准，研制基于核心素养的学业标准。学科课程标准要体现学生核心素养的培养内容、路径与方法。为此，基于目前国家学科课程标准的现实状况，我们跟进基于核心素养的学业标准研究。第一，要选择与确定落实到学科层面的学生发展核心素养的关键要点；第二，要结合课程的特色，深入细化与丰富学科层面的核心素养要点内涵，即遵循从学生发展核心素养基本内涵——学生发展核心素养，主要表现——学生发展核心素养学科要点与内涵这样一个脉络，层层细化，将学生发展核心素养落实到学科；第三，将核心素养学科要点与学科学习领域建立联系，研制基于核心素养的学业标准。两年多实践表明，开展基于核心素养的学业标准研究可以有效引导教师深入理解学科课程标准，并基于标准开展学科教学，培养学生发展核心素养。

在课程实施方面，以基于核心素养的学业质量标准改善课堂教师教与学生学。引导教师由单纯关注学科知识教学、考试教学转向全面关注学科能力教学、学生发展素养教学，鼓励教师改革教学方式，特别要探索跨学科学习、情境学习，从而真正实现课程从学科本位发展为育人本位，落实学生发展核心素养。正如叶澜所说："每个学科对学生的发展价值，除了一个领域的知识以外，应该能够提供一种唯有在这个学科的学习中才可能获得的经历和体验；提供独特的学科美的发现、欣赏和表达能力。"每门课程都肩负着培养学生核心素养的不可或缺的独特使命。

一、育人目标指向学生未来发展

核心素养与我们课程再造有着直接的、深度的关联，是课程再造进入深水区的必然方向和路径。核心素养对于课程再造具有统领性、引领性的作用，贯穿着学校的课程、教学、课堂、实践活动、文化建设等诸方面，旨在促进学生能力提升和全面发展。核心素养作为课程再造的指导思想，育人导向上更加注重学生理想信念、价值判断和选择。针对落实核心素养，学校进行系统的课程体系顶层设计，重新定位学校育人目标，进一步具体化、系统化和细化，帮助学生形成适应终身发展和社会发展需要的核心能力和素养。

二、课程结构促进学生自主成长

课程建设是学校的核心工作，也是真正促进学生全面而有个性的发展、培养社会主义伟大事业合格接班人的有效载体。学校要围绕核心素养开发架构多元、多层、严密、立体的学校课程体系，研制开发基于核心素养的课程，关注课程建设综合化、主体化发展趋势，加强系统研究、顶层设计和综合改革，做好年级之间的学科素养衔接与贯通。通过优化学校课程结构以提升学生综合素养，促进全面、自主、个性化、可持续的发展；为学生们提供高品质的学习生活，启迪智慧，增长知识，激发兴趣，形成能力；教育学生努力做人格健全、品德高尚、身心健康的人，做有文化修养、有人文关怀、有责任担当的人，做有全球化国际视野和民族精神的人，为将来步入社会打下坚实的基础。

三、课程供给满足学生个性需求

核心素养对我国基础教育课程教学改革的影响正在日益深刻地显现出来。学校应严格执行国家基础教育课程计划，落实课程标准，保证各类课程的开设和学时要求。推进各种教育资源跨界融合，提供学生多样化选择的课程，进而满足学生差异性的个性化发展需求，把丰富多彩的课程资源转化成为学生内在的核心素养特质。学校课程应更加贴近学生的生活，更加注重增加国家课程和地方课程的适应性，力争实现为每一个学生提供适合教育的长远目标。统筹各学段、各学科、各育人环节、各方参与人员和育人资源，高质量实施三级课程，全科育人、全程育人、全员育人和实践育人。

四、学科融合培养学生创新意识

当前世界各国注重促进学科之间的相互融合，发展学生的综合能力。落实学生发展核心素养，必须进一步关注课程的整体育人功能，重视学科内、学科间的联系与整合，关注跨学科综合学习，打破学科界限、融通各学科知识，贯通价值观、思维力和创造力，充分尊重学生合情合理合法的健康个性，培养跨学科、跨领域人才成长的核心素养。强调课程的整体性，指导和帮助教师以促进学生核心素养为目的，合理使用教材、有效组织课堂教学活动，以整体性的课程培育整体性的素养。

五、课程评价关注学生全面素养

课程评价是一个价值判断的过程，是检查课程的目标、编订和实施是否实现了教育目的，实现的程度如何，以判定课程设计的效果，并据此做出改进课程的决策。因此，我们致力研制明确、具体、可操作性强、适用于评价的能力表现与检测标准，把核心素养指标真正落实到学校的培养目标、课程目标、教育教学活动以及评价机制之中。学校的各种检测、考试要全面体现学生发展核心素养，要真刀真枪地改变我们的教育教学评价机制，落实综合素质评价，把检测学生发展核心素养水平作为优秀学生的基本标准。从根本上改变用分数来衡量学生、教师和学校的不合理、不科学评价机制。

六、社会实践提高学生综合能力

基于学生发展核心素养培养的课程目标，加强综合实践活动课程的开发与实施，各学科平均有不低于8%的学时用于开设学科实践活动课程，在内容上可以某一学科内容为主开设，或者综合多个学科内容开设综合实践活动。与劳动技术、信息技术、研究性学习、社区服务和社会实践活动等统筹，综合培养人文、科学素养，提高综合运用知识解决问题的能力、交流与合作的能力、实践与创新的能力。培养学生正确的劳动价值观，增强社会责任感和人生幸福感，促进知识、能力转化为素养并得以全面提升。

第三节　课程内容选择的基本方向

传统上，我们是依据学科逻辑来确定课程内容的，以学科知识结构及其知识发展逻辑为依托来确定课程内容的方向，路径相对明确，但内容选择的困难程度日益加大，内容越选越多，所选内容对学生发展的价值却没有多大作用，对提高学生核心素养缺乏保障。因此，我们对课程内容选择进行了重新审视。

一、核心素养为课程内容的确定提供了重要依据

当今课程内容中的最大难题就是知识太多，更新太快。我们有太多的东西要教要学，我们有太多的知识选择，但又感觉无从选择，很难选择，因为选择的依据并不清晰，"精选课程内容"往往成为空泛的口号。难怪联合国教科文组织发出如此感叹：教育内容的确定问题大概从来没有像今天这样复杂和迫切。我们总说要把最有价值的知识传递给下一代，可是"什么知识最有价值"？英国哲学家、社会学家、教育家斯宾塞（Herbert Spencer）的这一问题成为百年课程难题：是杜威全力推崇的实用知识还是永恒主义精心遴选的经典知识？是 know what 的知识，还是 know why, know how, know who 的知识？具体到特定学科中，是更多的古代史还是近现代史，是更多的陈胜吴广还是唐宗宋祖？是更多的唐诗还是宋词？是更多的鲁迅还是胡适？是更多的传统文化还是现代文化？任何一种划分标准之下的不同种类的知识都有其独特的价值，让哪种知识在多大程度进入课程是个非常棘手的问题。

是什么让情况更为复杂？随着信息时代的来临，人类创造的知识以极高的速度增长、传播，知识无限，生命有限，学生生涯更有限，解决"生有涯"而"知无涯"的问题显得极为实际和迫切。

只有更新教育理念，将课程内容的确定依据从知识在学科中的意义，转向知识在核心素养培养中的意义上来，即转向到能够最大程度促进和提升核心素养的那些知识上来，才能解决有限与无限的矛盾，解决内容精选的问题。在突出核心素养的思想指导下，课程内容的确定与教案编撰，将从单纯以学科知识体系为依据的路径，转向兼顾以促进学生核心素养的形成为依据的路径，这对学生发展的价值更大、更明确、更有保障。比如，依据学科概念的逻辑，科学发展史上的一些科学家可歌可泣的发明发现的事迹，意义并不大；但依据核心素养培养的逻辑，这些感人事迹具有重要的育人价值。又比如，依据学科发展和

学科概念体系，知识倾向的课程设计对于地心说、日心说的知识是容易处理的，它的重心是关注这些知识本身的呈现以及学生的掌握情况；而依据核心素养的课程设计则认为，重要的不仅仅是教学生知道这两种学说有哪些基本知识点，还特别需要让学生通过学习能够真正领悟科学家不迷信不盲从、献身科学、为真理不畏牺牲的品质，培养其"科学态度与责任"这一核心素养。这才是人们特别需要的、唯一不变的贯穿所有时代的高贵品质。核心素养成为课程内容选择的重要依据，人们基于核心素养来组织课程内容、编写教案，这是课程理论与实践的重大进步。

核心素养的提出，让教师在厚重的书本和习题背后，在置生命于不顾的分数背后，看到了明确的让人成为人、以教育来成人的目标。目标在前，知识为我所用，知识助我成长，用教材教、高效率地教就有了清晰的方向。

当然，从"知识本位时代"走向"核心素养时代"，虽然是一次历史机遇，但也伴随着严峻的挑战。比如尽管核心素养为课程内容的确定、为教师的教学、为教案的编写提供了良好的依据与方向，但是，究竟哪些素养才是核心的？学科在核心素养培养中的共性贡献和个性贡献是否真的清晰明了？究竟如何依据核心素养确定、组织和呈现课程内容？教师课堂上如何处理核心素养与学科知识体系的关系？如何编写促进核心素养提升的教案？仍然有许多问题亟待解决，有许多障碍亟待跨越。

从知识本位转向核心素养本位，绝不是从知识教学效率不高、知识获得不多到知识教学效率提高、知识日益增多的变化，而是课程改革的质的深化与升华。知识本位的学生发展，那是从小蝌蚪到大蝌蚪的变化，核心素养本位的学生发展，才是从小蝌蚪到青蛙的变化。

二、课程内容对学习者经验的不断选择

学习者自身发展的需求是教育活动最基本的出发点和归宿，课程的基本功能便是促进学习者的身心发展，通过经历课程学习的过程不仅获取知识，而且获得精神生长。学习者学习行为的发生往往包含两个不同且互补的过程：一是心理的获得过程，二是个体与其所处环境的互动过程。就学习者自身而言，首先学科课程目标的确定应当考虑学习者学习的获得过程。学习的获得过程从构成要素上包括内容要素和动机要素两个部分，内容要素是指关于学习内容的部分，即学科内容的选择是学习进行的重要前提和意义产生的基础；动机因素是促使获得过程进行下去的重要催化剂，无论是学生的内在动机还是外在动机均对于学习过程和获得过程具有重要的意义。课程内容选择的过程中对于学生的关注，不仅应当适合其学习的规律，而且应当关注学生的认知发展阶段。正如皮亚杰将人的认知分为四个阶段：前运算阶段、具体运算阶段、形式运算阶段等。如义务教育阶段的学生其认知发展阶段往往尚未达到形式运算阶段，无法进行抽象化和完备的逻辑化思考，此时在进行学科课程目标设计时应当考虑到这一特征，目标应当更加具体化、明晰化和可操作化。传统的课程目标往往将学习者的身体和脑部发展相割裂，忽视学习过程中的身体因素，殊不知学习者的学习过程并非是孤立的认知活动，而是与广泛的社会生活相联系，与其自身独特的经验和体验相联系。

学习者的经验作为课程内容选择的取向，第一是由于学习者是主体，学习者经验的选择过程即是尊重并提升个性差异的过程。每一个学生都是独特性的存在，均在各自的成长

历程中产生不同的生活经验。同时，课程内容的设计与确定应当关注学习者与环境的互动，即任何形式的学习行为都是在一定的情境中发生的。学习者的学习过程不是孤立于生活中的片段，而是与生活和社会情境有着密切的联系，学习者在与情境的互动过程中获得意义。如在数学学科学习的过程中，往往会出现在生活中仍能够运用的公式或定律，如勾股定理等。勾股定理的发现，在我国称为勾股定理或商高定理。周公问商高："我听说您对数学非常精通，想问下你：天没有梯子可以上去，地也没有尺子去一段一段丈量，那么怎样才能得到关于天地的数据呢？"商高回答说："数的产生来源于对方和圆这些形体的认识。其中一条原理是：当直角三角形'矩'得到的一条直角边'勾'等于三，另一条直角边'股'等于四的时候，那么它的斜边'弦'就必定是五。这个原理是大禹治水的时候就总结出来的。"由这一记载可以了解到，我国劳动人民很早就开始将勾股定理用于实践。因而，此时学科课程目标的设计便不能够止步于使学生学会用相应的公式或定律正确解答书本上的问题，而应当超越记忆本身，追求学生对于定理来源以及背后故事的理解，进而能够通过在生活的实际情境中应用定理解决问题，理解定理之于生活的意义。

三、课程内容对社会需求的研究

学习不仅是个体的过程，学习者的学习过程包含个体与其所处环境的互动过程，即个体的学习需要与当前社会发展的需要之间的关系，因而学科课程目标的选择与确定应充分考虑社会的需求，将学生的在校学习过程作为社会化过程的一步来研究。社会要求成人必须在一个广泛的多的范畴中学习，并且用一种与过去完全不同的方式学习，这些要求在任何水平上都是无法逃避的。对于学科课程目标的确定而言，社会生活的发展对学习者做出了何种要求，当前课程教学内容如何回应社会的发展以及学校生活如何与社会生活相衔接，均是应当考虑在内的。如在品德与社会学科的课程目标确定过程中，不仅应当关注所要培养的学生相关品质特征，而且要时刻保持对于社会时事政治和社会热点事件的敏感度，通过合理化的课程目标设置引导学生培养正确的政治立场和明辨是非的思想意识，能够在大是大非面前保持清醒的判断。而在语文学科的课程目标确定过程中，不仅要关注当下文学领域的发展动态，同时也要对于经典文学和国学的学习给予充分的关注和重视；诗词的创作往往来源于生活，古代诗词虽然产生于特定的历史时期，然而对于当代社会发展仍旧具有相应的发展价值。

对于已有社会研究的结果如何解读也是特色课程内容选择需要考虑的因素之一。例如，当下全社会都在关注义务教育阶段的教育质量提升问题，要求全面了解教育的发展状况。由教育部基础教育质量监测中心发布的我国首份《中国义务教育质量监测结果报告》，包含当下学生学习、生活、成长的全貌，而且包含对教育教学质量提升过程中尚存短板较为精准的聚焦。监测结果显示，四年级、八年级学生喜欢语文课的比例分别是 93.8%、89.1%，四年级学生喜欢科学课的比例为 91.5%，八年级学生喜欢物理、生物和地理课的比例分别为 82.4%、86.6%、80.1%；四年级、八年级学生喜欢音乐课的比例分别为 89.6%、87.9%。针对检测报告所显示的结果，课程目标的制定者应当进一步分析其背后的深层次原因，即究竟是哪些因素导致了学生喜欢某门科目的比例更高，以及在不同年级和学段之间的差异性。学校教育的文化功能（传递、保存、更新文化）、经济功能（培养社会经济发展所需要的人才，形成适应现代经济生活的发展理念等）、政治功能（形成一定社会的意识形态，维护和发展社会政治关系）等，均需要通过课程的设计而实现。在特色课程的设计与确定过程中，社会发展的需求无疑是不容忽视的重要部分。正如美国教育学家杜威（John Dewey）在《民主主义与教育》一书中所倡导的教育应当面向社会，从做中学、从经验中学习，打破学校与社会之间的藩篱。同时随着第八次基础教育课程改革的进行，我国学者逐步意识到学生的学习以及课程设计需要关注社会发展的固有需求，尤其是在目标制定过程中综合考虑影响学生学习进程的各个社会发展因素。同时，课程目标的制定者应当认识到，仅仅采取课堂教学等学校内部教育的形式是无法完成全部课程目标的，在这一过程中需要其他社会机构的配合。如学生实践能力的提升以及爱国情怀的形成不能只是在学校内开展相关活动，这也需要校外场馆的配合，如博物馆、科技馆、海洋馆等丰富的校外场馆资源能够为课程目标的实现提供重要的资源。当前我国通过政策文件规范校外培训机构，要求降低学生的近视率。学生的近视问题，不仅仅是学校内学习所造成的，过多的校外补习、家庭学习环境的不足、学生个人卫生习惯等等均会造成视力下降。因而，学科课程目标的制定应当关注学校教育与校外教育之间的交流与融合。

四、课程内容的选择应基于对学科本身的研究

人类知识浩如烟海，在有限的学习时间内很难掌握所有的知识，学科的存在即是将知识进行基本的分类以便于学校教育的进行。无论是古希腊时期的七艺（逻辑学、修辞学、语法、数学、天文学、几何、音乐），还是我国古代的六艺（礼、乐、射、御、书、数）、四书五经等，均是将知识划分至不同的学科领域之内。学科性是特色课程建设应当关注的基本属性，不同的学科对于课程所要达到的目标有不同的要求。作为一门课程，不仅具有该学科自身所具备的特殊功能，而且还兼备一般的教育性功能。如语文学科从学科本身而言，要促进学生良好素养的形成，为人文素养的培育奠基，同时语文学科还具备一般的教育功能即培养品行良好的社会公民。课程目标的制定者应当明白不同学科所具备的特殊教育功能，使得课程目标的设置具备学科个性和群体性。学科自身并非是独立存在的，而是与学校学科群共同构成了完整的学科整体，同时学科之间是相互贯通的。如融合课程以及当前的跨学科课程，均是在不同学科之间找到相衔接的点，将知识看作一个整体，注重不同学科知识之间的融会贯通，使学生所学习到的不仅是语文知识或数学知识，而是能够加以应用和理解的综合知识。

学科课程目标的学科化和一般属性，要求课程目标的制定者充分考虑各个学科在当前学段所要达到的目标，充分考虑这一时期社会发展状况，回应学生和社会要求的同时回归学科本质。学科课程目标不只是为了表述一种愿望或者理想状态，而是要作为指导整个课程编制的一般准则而存在。纵观历史上以及国内外所进行的课程改革，均将学科课程目标的制定放在优先位置，同时各个学科的专家也会为了争取某一学科在学科群之中的中心位置而展开激烈争论。如在美国20世纪50年代到60年代进行的学科改革运动中，各个学科专家均对于本学科的重要性进行了充分论述，而最终确定的数学、英语及科学三个科目被认为是基础性学科。学科课程专家往往是对于本学科内容和课程目标最为了解的人，他们也会对该学科课程目标的设计与实施提出针对性的建议，然而他们有时会拒绝本学科一般的教育属性，而过于夸大其特有的学科属性。因此，在学科课程目标制定的过程中，要在充分了解各个学科属性的基础上，对于学科专家的建议进行审慎考量。

■第三章

"3S" 特色课程结构的设置

【核心提要】

课程结构是针对整个课程体系而言的，良好的课程结构是学校课程实施的重要保障。课程的知识构成是课程结构的核心问题，课程的形态结构是课程结构的骨架。"3S" 特色课程在结构上倡导改变以往学生动手实践能力低下、知识体系相互隔离、所学知识远离现实生活的状况，引导学生在掌握课程内容的同时，关注生活，关注社会发展和科技进步，能够积极开展探究活动，能够主动地参与社会生活，实现学生素质的全面均衡发展。

课程结构是针对整个课程体系而言的。课程的知识构成是课程结构的核心问题，课程的形态结构是课程结构的骨架。"3S" 特色课程在结构上倡导改变以往学生动手实践能力低下、知识体系相互隔离、所学知识远离现实生活的状况，引导学生在掌握课程内容的同时，关注生活，关注社会发展和科技进步，能够积极开展探究活动，能够主动地参与社会生活，实现学生素质的全面均衡发展。

第一节　课程目标设计

课程目标规定了某一教育阶段的学生通过课程学习以后，在发展品德、智力、体质等方面期望实现的程度，它是确定课程内容、教学目标和教学方法的基础。课程目标有助于澄清课程编制者的意图，使各门课程不仅注意到学科的逻辑体系，而且还关注教师的教与学生的学以及课程内容与社会需求的关系。在 "3S" 特色课程目标的设计中，我们从办学特色出发，着力突出以下几个方面。

一、回应"同成教育"办学特色

（一）基于核心素养的学校课程建设

进入新世纪以来，经济合作与发展组织（OECD）率先提出了"核心素养"结构模型，提出基于核心素养模型的课程框架拟定。随后，澳大利亚、新加坡、美国、荷兰、苏格兰等和我国先后进行了课程标准研究，如美国提出 21 世纪学生需掌握的技能，被概括为学习素养、数字素养和生活素养三大关键能力。又如联合国教科文组织倡导的四大能力：学会求知、学会做事、学会共处、学会做人等等。在联合国教科文组织（UNESCO）、欧盟、经济合作与发展组织等国际组织推动下，"基于核心素养的课程设计"已经逐渐成为国际共识。伴随核心素养的课程框架的讨论愈发热烈，我国的教育学者对国际上的核心素养框架进行了详细的介绍和研讨，对核心素养的理论研究有了很大程度上的基点，并在此基础上进行教育教学的科研实践，有一部分学校根据核心素养理念进行学校课程建设，如清华附小的"学生发展五大核心素养的 1+X 课程"建设等，我国学校课程建设必然是建立在教育目标的指引下，是遵循课程育人的课程建设逻辑，重新思考"培养什么样的人"到"如何培养这样的人"，基于学生核心素养进行课程建设，并关切现实境域下的学校课程建设。

(二)"同成教育"回应学生核心素养的培育

课程目标设计一定是建立在培养目标的"校本化"基础之上的，基于我校多年来的教育改革实践，学校逐步形成了"同成教育"办学特色，并以此规范学校的教育教学行为。我校"同成教育"的核心理念是"共同成长，协同成人，心同成功，志同成才"，以"办现代化、人文化、国际化、高质量、高品位、高信誉的学校"为办学目标，并要求实现"培养有梦想、有爱心、有智慧、有担当的学生"的学校育人目标也在教学实践过程中不断地聚焦，使其更加具体，更加适切未来社会所需要的具备核心素养的学生的培养，体现了学校教育更加关注学生适应未来社会、应对时代发展挑战的能力养成。当然，我们也非常清楚，这并不是对培养目标的推翻，而是在新时代和学校的实际办学特质基础上，对学校育人目标进行调整和优化，更加强调生活教育对于学校育人的价值，以帮助学生养成适应未来世界挑战的关键能力。基于我校"同成教育"的育人目标和教育理念进行"3S"课程体系的课程目标设计，课程目标是课程设计的首要成分，是教育目标的具体化，也是课程内容的选择和确定依据，因而，课程目标的设计对课程设计起到承上启下的作用，如何实现课程目标对教学目标的具体化是需要认真考量的。

泰勒（Ralph W. Tyler）在1949年出版的《课程与教学的基本原理》被公认为现代课程理论的奠基石，这项历时八年、涉及广泛的研究成果，不仅对美国大学和中学课程产生了深远的影响，也提出了影响我国课程发展的重要理论，即课程编制过程的四个步骤——确定目标、选择经验、组织经验、评价结果。其中，课程目标的确定是最为关键的部分，因为其他的三个步骤都是围绕着课程目标而展开，因而，泰勒的课程编制又称之为"目标模式"。对我校的教育管理者和教师群体来说，基于核心素养下的"同成教育"理念和育人目标正是对学校教育培养目标的回答。我校对课程目标的选择和确定是建立在核心素养的大方向下与我校教育实践中的实际情况的结合，是基于对多个方面信息的考虑和分析：其一，基于对现代社会所要求具备的素养研究，并对国内外各类学生培养目标和准则的比较和筛选；其二，是从本校自身的办学特点及我校学生的实际发展状况，将培养目标进行校本化继承和发展的过程。两者是有先后关系，共同统一于本校的"同成教育"的教育理念和培养目标中。因此，"3S"课程体系的整体课程目标必须回应"同成教育"的办学特色。

二、基于学生学习需求建构特色课程目标

(一)学校课程目标的来源

课程体系的设计有其自身的目标，那么对于目标的选择和设计就显得尤为重要。在学校课程体系目标来源和分类的基础上，课程体系目标的制订就成为重点。课程目标是对教育预期结果的愿景和表达，索维尔（Sowell）认为课程目标就是对特定的课程而言，想要学习者达到什么样的目的。对学校课程体系的课程目标设计来说，应按照国家的教育方针和教育政策规定，从学科内容、学生需求和社会生活层面收集课程内容，并通过学校教育哲学及学生实际进行校本化的表达，即通过对学校课程体系校本化的规划、建设和实施，实现特色教育目标。美国著名教育哲学家约翰·杜威（John Dewey）早在1987年出版的

《我的教育信条》就已经提纲挈领地论述了学生、社会和学科的关系，而后又在其经验自然主义哲学的基础上系统论述了教育与社会、儿童与学科的关系。泰勒在《课程与教学的基本原理》一书中用一种折中的态度把学习者的需要、当代生活的需求、学科的发展并列为课程目标的三个来源，泰勒的这种课程的目标模式是在学校课程编制中占主导地位的模式。学校教育是以人为对象的社会性活动，关注学校场域中人的生命发展是学校教育不可推卸的责任和使命。课程作为学校教育的育人载体，其最终作用对象是学生，课程是学校教育实现育人目标的过程和手段，"3S"课程体系的目标是对学生通过学习要获得什么以及如何促进学生学习进程的整体规划，学校课程在制定目标时必须要以学生的人格发展需要为基础。泰勒在《课程与教学的基本原理》一书中，将课程目标的来源归纳为三个方面：对学生的研究、对当代社会生活的研究和学科专家的建议。泰勒所提出课程目标的三方面来源产生了"儿童本位课程论""社会本位课程论"和"学科本位课程论"等三种不同的价值取向。对于新时代的教育而言，在满足社会发展的过程中，对学生个体的价值关注也越来越明显。素质教育的提出和核心素养的培育等大环境背景下，就是彰显学校教育对学习者主体的关照，强调实现学生的健康发展。

（二）基于学生主体进行课程目标设计

学生发展是学校课程目标制定的根本依据，我校"3S"课程体系是建立在课程体系的育人价值基础上提出来的，要求真正实现学生为本，帮助学生通过对"3S"课程的学习和体验真正促进学生的发展，成为"有梦想、有爱心、有智慧、有担当"的学生，我校"3S"课程体系的目标主体是学生，因而在学校制订课程目标时紧紧围绕目标的唯一对象——学生，针对学校实际，明确表达出本校学生预期发展的方向和结果。对学校而言，关注学生身心发展状况，满足学生身心发展需要成为学校教育面临的主要任务，作为学校育人载体的课程而言，必须关注最终的学生发展主体。学生学情是学校进行课程规划的现实基础，必须纳入到学校课程目标的设计范畴之内，课程是为了学生发展的课程，理所应当的要依据与学生现有状况进行设计。教育是一种改变人行为方式的过程，行为包括外显的行动也包括内在的思维和情感变化，课程目标就是尝试去建构使学生行为发生各种变化的可能性。

因而，"3S"课程目标的设计其首要考量的就是对学习者自身的需要进行研究，其不仅仅包括学习者的学习需求，还包括影响学习者学习需求的学生来源，即学生的家庭状况和社会背景，学生主要个性心理特征和学习特点等。对学生基本情况的深入了解是了解学生内在需求的前提；学生的发展需求是学校课程划的基础和目标，学生的需求包含了学生的社会需求，即学生发展核心素养所包含的关键能力和必备品格的培养，与学生社会需求相适应的学习内容和学习方式等；学生的学习特点也是学校进行课程设计和开发的不容忽视的内容，是学校课程制定类型与打造课程实施方式的现实基础。

"3S"课程目标设计如何体现课程对学生学习需求的关照？首先，课程整体目标设计以学生学习需求为出发点，通过对我校学生学习需求的实证调查和数据的收集发现，学生偏向于选择与自己兴趣爱好相关的课程，并渴望自己的兴趣爱好得到他人的认可以形成共鸣。此外，学生喜欢参与性强、与自己的生活相关、集趣味性和体验性于一体的活动课程，此类课程备受学生关注，但仅仅停留在学生的学习兴趣层面是很片面的，因而我校在进行"3S"课程体系建设时以学习心理学和教育哲学作为两把筛子进行课程的筛选，"3S"课程体系的课程目标具体表现为对学生创造力、德性以及社会实践能力层面的要求，横向层面以育才美德课程、育才创想课程和育才社会实践课程进行全覆盖，纵向层面面对不同阶段的学生和不同的学生学习需求进行了课程年段的划分，以实现学生深层次的发展。

三、科学萃取课程生长点

课程主要被视为静态意义的"跑道"和动态意义的"奔跑"的统一。从静态意义上说，课程应该有预先确定的目标和计划；从动态意义上说，课程是指师生在具体情境下围绕课程相对起点所展开的互动与互相影响过程。后现代课程观代表小威廉姆·E. 多尔（William E. Doll, Jr.）在《后现代课程观》中写到：建构主义的课程是通过参与者的行为和相互作用而形成的；不是那种预先设定的课程。作为一种模体，它自然没有起点和终点；但它有界限，有交叉点或焦点。因此建筑在模体基础上的课程模式是非线性、非序列性的，但它由各种交叉点予以界定，充满相关的意义网络。课程越丰富，交叉点越多，构建的联系性越多，随之意义也就越加深化。多尔强调"课程不是预先设定的课程"，就是强调课程不再具有先定性，课程是不断变化的过程，是学生学习过程的跑道，它只是规定了学习者的方向，而没有对具体的学习行为和学习内容进行限定，因而，如何科学萃取课程的生长点是我校在进行课程开发过程中尤其注重的问题，而课程生长点的科学性又具体体现在我校"3S"课程体系的课程目标层面，在课程目标的指导下能够明晰我校课程体系的方向，以方向来指导课程实践是最直接有效的办法。

（一）构建教师行动研究共同体

课程的生长点是保持课程活力的来源，把握住了课程的生长点就能够实现课程的自主更新，这是对我校全体教师的一个巨大挑战，课程的自主更新能力取决于学校课程资源体系的建设和教师行动研究共同体的建立，为此，我校成立了课程建设研究组，对课程开发和课程设计的诸多事宜进行研讨和商榷。教育行动研究是一种以参与和合作为特征，以教师作为研究者，针对实际的问题情境，并指向实践指导的研究形式。主要表现为对教育行动开展研究、在教育行动中研究，以及为教育行动而研究。教育行动与特色课程建设是紧密交织在一起的。特色课程建设是课程权利的下移，教育行动研究也主张教师实践者的专业自主和专业权威，两者都指向实践层面，且理想程序大致相同，最为重要的是两者都对教师专业发展提出了很大挑战。特色课程开发在很大程度上是依托于学校教师的研究能力和反思意识，构建教师行动研究共同体，强调多向互动、智慧共享、通过对话、协商和合作的方式共同解决教育中的问题。

教师行动研究共同体对于我校"3S"特色课程自主更新的价值主要体现在三个方面：一是构建教师行动研究共同体是将具备自我导向型的教师合聚在一起，将课程权力收回到教师和学校手中，课程权力的下放给了学校和教师一定空间的自主权，而学校和教师的课程领导力和自主权是特色课程的保障，特色课程是学校自主创造的课程体系，课程的不断自主更新建立在教师的自主课程权力的基础之上。二是教师作为课程设计和实施的主体，教师的不断反思和研究是特色课程不断更新的动力和来源。构建教师行动研究共同体是帮助教师找到组织，在教学过程中遇到问题和困难是教师行动共同体研究的对象，教师在专业化发展的道路上不再是一个人，有群体的支持同样也能够给予教师情感上的慰藉，实现在课程建设中的自我价值感，促进教师不断地对课程和教学过程进行反思，并针对具体问题进行研究，促进特色课程的改进。三是教师主体进行行动研究，其本身就是学校的特色课程资源的来源，民主的管理文化、建构合作的教师文化是构建平等、对话、资源共享的学校文化的源生力量，促进学校文化的再生。

（二）以课程资源开发实现课程自主更新

实现"3S"课程的自主更新是建立在课程资源的开发和利用层面上的，其主要包含学科知识和经验，以学生经验为课程生长点，并着力于我校课程资源库的建设。杜威亚否定了自柏拉图和亚里士多德以来把经验与理性主客二分、简单还原的"经验"观，强调经验是主动和被动的结合，是认知、情感和意志的统一，在思考学生经验在课程中的效用时，必须注意到经验中内涵的行为和结果之间的关联，将经验的主动和被动结合起来。教育就是经验的改造和重组，如何进行改造或重组以实现学生经验的价值，以及学生经验对后续学习的价值是需要着重考量的，人本主义的经验认知指向自我的学习过程和自我履历，并要求实现经验对自我的反思。与此同时，海德格尔（Martin Heidegger）认为教育的出发点就是学生的实际生活经验，我们在实际生活中获得的经验是包含认知知识，问题解决的经验总结和对自我的思考和反思。科学认知其最终的根基就在实际生活经验自身之中，所有的科学认知都"出自生活世界及实际生活遭遇的活生生的多样性"。因此，学生经验是具备个体性、过程性、反思性和整体性的存在，学校课程必须从学生经验出发，进行课程目标的设计，强调在一定情境下个体的自身经历和在这个过程中获得的体悟和反思。此外，特色课程资源的挖掘是特色课程建设的关键，课程资源的不断涌入是特色课程自主更新的重要保障，首先应依托教师力量进行全校的课程资源库建设，将每位教师的课程设计、整合的课程资源纳入到课程资源库中，实现课程资源的共享，并进行特色课程资源平台建设，对特色课程资源进行筛选、分类、整合和管理，完善特色课程开发的保障系统，从组织和信息技术层面实现特色课程开发的保障体制机制建设。其次，在此基础上，提高教师的课程资源意识和开发能力，课程资源利用结构的单一固化了特色课程的发展，应加强对教师的多级多元培训，通过对课程结构的合理优化以及对教学过程的理论和实践积累实现特色课程的发展。

第二节 课程内容设计

课程内容是为特定教育阶段的学生而选择的。选择课程内容时要能够注意到学生的兴趣、需要和能力，并尽可能与之相适应，这不仅有助于学生更好地掌握科学文化知识，而且还有助于他们对学校学习形成良好的态度，充分发展学生的各方面能力，以适应未来社会发展的需要。

一、课程内容的选择：以学习者为中心

（一）课程内容选择的概念界定

什么是课程内容？这是课程理论和课程实践中不可回避的基本问题，对课程内容内涵的回答取决于课程目标的设计和课程价值观的影响，也决定了课程内容选择与组织的逻辑形式。从根本上来说，课程内容是根据课程目标，有目的地选择各种直接经验和间接经验的知识体系，是课程的核心要素。考察课程内容的实质，必须对课程内容的概念进行界定，即与教材、学习活动、学习经验区别开来。教材是课程内容的直接物质载体，以文字和图形等语言符号反映一定的课程内容的教科书，但是教科书并不等同于课程内容，传统的学科教育将教材直接等同于课程内容，认为教育就是教书，将课程内容等同于设定好了的东西，如此来看，课程内容就是脱离学习者的特定知识体系，是难以激发学生的学习兴趣，直接导致课程脱离学生的现实生活世界，更何谈实现学生的发展呢？

我校的"3S"课程体系就是建立在对学习者发展的基础之上进行的课程建设，"3S"特色课程体系就是对学科教学育人价值的补充，是以课程资源为主建构的一整套特色课程体系，其要求拓展课程内容的概念范畴，以学习者为中心，将有助于学习者学习的一切课程资源都纳入到课程内容的范畴中。此外，课程内容不能等同于学习活动，英国教育家斯宾塞根据未来成人的五个生活领域，设计了庞大的课程内容体系，将其转化为学生的学习活动，即"活动分析法"，从课程内容设计的角度来看，活动分析法关注的不是向学生呈现系统化的理论知识，而是要求学生积极参与各种学习活动，主张将外显的、动态的活动内容作为课程内容，将课程内容等同于学习活动是有一定的局限性。英国教育家怀特海（Alfred North Whitehead）说，"教育只有一种教材，那就是生活的一切方面"，学习活动并不等同于课程内容，但课程内容是包含学习活动在内的知识体系和课程经验，我校的"3S"课程内容的选择是建立在以学习者的学习需求为中心，进行课程资源和活动方式的选择，以适切学习者的学习规律和学习兴趣。此外，学习经验作为课程内容，强调学生对课程的理解，学生主体对课程内容的反向作用，将学习经验纳入到课程内容中是对学生课程主体地位的认可，与此同时，也给课程内容的选择和开发带来了巨大的难度。

（二）以学习者为课程内容选择标准的依据

将学习者作为课程内容选择的原则是有依据的，学生是特色课程建设的逻辑起点，是打破了以教学为中心的传统教育理念，转向以学生为中心，以实现学生的个性和全面的发展。学生是特色课程体系中最简单、最抽象的范畴，从这一范畴出发，可以建构起学校特色课程的范畴体系。学生概念范畴是整个特色课程建设体系中得以开始和发展的出发点和最初规定；学生是一个最直接的客观存在，学生主体既是教育的对象，又是学校特色课程建构的研究对象，符合研究对象与逻辑起点相统一的规定性。学生，犹如政治经济学中的"商品"、哲学中的"物质"、教育学中的"现实的人"等概念，不仅是教育的一个核心要素，而且是学校特色课程体系中最关键的概念或核心要素，是整个以校为本进行课程体系建构的基础。此外，学生是特色课程体系建构中最基本、最简单的形态，反映着一定社会关系，如教与学之间的关系，由学生主体出发可以将特色课程建构的基本问题直接显现出

来，具有历史起点和逻辑起点一致的特征。再者，学生既是特色程体系建构的出发点，又是特色课程体系建构的落脚点或归宿，符合逻辑起点与逻辑终点相统一的规定性。将学生作为特色课程建构的逻辑起点体现了"以学生为中心"的教育理念。现代教育的发展要求我们从传统教育的"以教为中心"转向"以学为中心"，即以学生为中心、以学生的学习为中心。以学习者为中心进行课程内容的选择与新课程改革的核心理念是完全契合的。新课程改革最核心的理念是："为了学生的发展，为了每一个学生的发展。"而以学生为逻辑起点的特色课程最能全面深刻地体现新课改的这一核心理念，能够实现具有国家课程和地方课程所无法替代的教育价值与功能。将学生作为特色课程建构的内容选择来源是符合学校特色课程建设的根本价值取向的。

学校特色课程到底为何而建构？特色课程的价值或存在理由是什么？这似乎是特色课程建构不可回避的基本问题。对这些问题的回答涉及特色课程建构的价值取向问题。众所周知，校本课程建构具有多元价值取向，主要表现在以下维度：一是通过学校特色课程建构，促进学生全面而有个性地自由发展。二是通过学校特色课程建构，促进教师的专业化发展。三是通过学校特色课程建构，促进学校特色形成、学校文化建设乃至整个学校的内涵式发展。以"校本开发"为视角，将特色课程建构的价值确定在"学生发展、教师发展和学校发展"三个维度上，其中，学生发展是特色课程建构最根本的价值取向，是特色课程建构的出发点和落脚点，是校本课程建构的终极追求。

（三）建构以学习者为中心的课程内容的实践路径

如何建构以学习者为中心的课程内容，首先要求在进行课程内容的选择过程中必须"以人为本"，关注到具体的每一个学生，围绕着学生和学生的发展过程进行课程内容的选择，因此，在具体的教育实践过程中，我校主张以学生发展为方向，进行课程内容的选择，并在课程资源的选择和价值澄清的过程中将学生主体纳入进来，以实现学生的个性而全面的发展而努力，在"3S"课程内容的选择过程中，我校教师着眼于学生主体本身，通过对学生心理发展、学习兴趣和学习需求的研究调查，初步了解了我校学生的发展状况。此外，"基于学生"也是课程内容选择的具体原则，基于学生指的是课程内容的选择和开发要基于学生现有的知识基础、生活经验、个性特点和发展需求等客观实际，将学生的学习特点、学习兴趣和学习能力作为特色课程内容选择的基点和出发点。特色课程并不是以传授知识为目的，但特色课程内容的选择必须以学生现有的知识基础为前提，并以维果斯基的"最近发展区"进行课程内容难度的升级，设置学生的发展区间，以激活学生的最近发展区，提高学习者的学习获得感，以实现学生在学习兴趣领域的发展和突破。特色课程建构必须以尊重学生的个性特征为前提，提供学生表达、表现兴趣的机会，激发学生积极学习的兴趣，进而唤醒和强化学生个性发展的内生能量，以促进学生获得不同方向、不同程度的发展。我们要以多样性、选择性和创造性来激发学生积极学习的兴趣，满足学生的不同需求，促进学生的个性发展。我校"3S"特色课程建构不倡导"多多益善"，而是精心考虑课程内容对于学生发展的适切性，坚持"只有适合学生的，才是最好的课程"的原则。这里的"适合"，不仅是适合学生现有的基础，而且要适合学生未来发展的需求，即分析和满足学生的未来发展需求，使之成为适应未来社会发展所需要的人才。例如，我校开设的机器人制作、建模课程、3D 打印和微电影制作等特色课程，就是基于现代科学发展，为学生适应未来社会的发展需求而设置的。

二、课程内容的确定：量身定制知识与文化

在以学习者为中心进行课程内容的选择之后，如何进行课程内容的确定是我校在进行课程内容开发遇到的难题。我们应该明确课程内容选择的理论基础、原则和标准，并结合现代课程内容发展的趋势，为我校课程开发量身定制课程内容，以实现课程促进学校的长足发展价值。

（一）确定课程内容的理论基础

回溯课程内容选择的理论基础有助于我们确定课程内容的标准和选择课程内容的原则，从斯宾塞的"什么知识最有价值"开始，在教育领域针对课程内容的价值比较的争论经久不休，为了在有效的时间内传授最有价值的知识，在进行课程内容选择时就必须对课程内容进行比较，斯宾塞对此提出了知识比较价值的标尺：为完满生活做准备的教育，提出科学知识是最有价值的。他根据人类生活的重要程度将科学知识具体划分为五大类，分别是：第一是健康教育课程，因为人的生命是最为重要的，是做任何事情的根本；第二是职业教育课程，这是为了养活自己所需；第三是抚养子女的教育课程，这也是有关个人生存的问题；第四是社会公民教育课程，这主要是人们生活在这个社会群体所必须面对的问题；第五是休闲教育课程，这个主要是随着人们空闲时间的增加，满足自身心理需要的课程。所以一个人到底要选择什么的知识进行学习要以是否能够满足其生活的需要为目的。虽然不管什么知识，多少对个人都会有用处，但是在选择知识的时候一定要注意的是它的比较价值。对于区别于学科课程的学校特色课程而言，确立课程内容的准绳在于围绕学生发展这一中心思想，关乎学生的未来发展，以学生发展为标尺进行课程内容的确定。泰勒在其《课程与教学的基本原理》一书中就指出开发任何课程必须要回答四个问题，其中第二个问题："选择何种教育经验最有可能达到所需的教育目标"正是与课程内容的选择的问题相一致。泰勒在书中也明确给出了选择学习经验的五大原则，分别是：第一，根据目标选择出的课程内容要具有实践的可能性与可行性；第二，学生在学习课程内容的过程要能够得到一定满足，也就是学生在做出某种行为时能得到强化；第三，课程内容必须是符合学生的能力范围的；第四，教育目标是统一的，但是课程内容必须要具有开放性，不能提供有局限性的课程内容；第五，同样的课程内容会产生不同的结果，产生的一些消极的结果，课程工作者也要加以注意。这就是泰勒对于课程内容如何选择做出的回答，其实给我们进行课程内容选择提供了参考标准。

（二）以学校文化发展为依据确立课程内容

特色课程中课程内容的选择即课程资源的选择和价值澄清，在学校课程体系的开发和建设过程中，课程资源的文化取向是必须放入考量范围内的。杜威实用主义的教育思想主张以儿童的经验和兴趣为目的进行文化选择，并使文化选择实现为未来生活做准备。杜威认为：学校教育是社会生活的一种形式，应"保证适当地传递社会的一切社会文化遗产"，"课程的轴心乃是文化的发展"，它必须不是仅仅作为知识的项目来吸收，而且必须作为符合当前社会需要的有机组成部分来吸收。此外，在学校中应当"把儿童熟悉的生活呈现给

他们"，"并且以各种形式把他们再现出来，使儿童逐渐了解它们的意义，并在其中起着自己的作用"。基于这样的认识，课程资源开发的文化选择应当把学生的学习同学校生活、学校文化结合起来，文化选择应该选择贴近学生生活的文化，且课程资源开发强调让学生获得自己所理解的、与自己文化相适应的知识。建构主义学习理论强调文化选择要以有助于学习者有效建构为目的。首先，学习是一个主动建构的过程，而特色课程资源开发中的文化选择即是一种从学生的现实出发，从学生的个性出发进行的课程资源文化选择，因此有助于学生进行知识与文化的建构。其次，社会文化环境对学生学习具有重要的影响作用，而特色课程资源开发中的文化选择就是一个有效地把学生的学习与相关的社会文化情境连接起来的途径，就是要选择那些符合学生兴趣和水平的、具有地区特色的文化进入课程。再次，学习是一种情境化的活动，而校本课程资源开发中的文化选择应该十分关注社会文化以及儿童已有的经验，使学生的学习更加有意义。因此，在对课程内容进行价值澄清和组织时，必须将学生的生活经验和学校的发展文化过程进行结合，将课程内容与学校特定的历史文化背景紧密结合，发挥知识的情境性、主观性和地方性的价值，培养学生尊重差异、崇尚多元的价值观。

三、课程内容的加工："减法"思维整合课程资源

（一）课程加工"减法"思维：课程统整的路径

新课程倡导在小学阶段以综合课为主，强调不同学科的相互整合，避免各自为战的分隔态势，为提升学生的综合素质，促进学生的终身发展打好基础。为解决上述矛盾，我们决定走一条课程整合的路子，即把综合实践活动、地方课程、科学、品德与社会这几门课程进行整合，以期达到如下三个目标：一是更有效地实施这些课程，从而真正落实课程方案；二是为学生提供更多实践体验的机会，从而促进学生的发展；三是激发教师的课程意识，从而提高教师的专业水平。

课程统整是一种兼容并蓄的课程设计理论，它涵盖了学校的教育目标、学习的本质、知识的组织与应用以及教育经验的意义等特定观点。结合中国的国情和我校的实际，我们认为：课程统整就是在遵循国家课程基本设计思想的前提下，根据"二期课改"的精神，对学校的培养目标和学生的实际情况等诸多因素进行有机的统筹整理。

在传统的学科课程中，教科书都是分科的知识，彼此各自独立且界限明显。但在实际生活中，学生所要面对和处理的事件或问题，却是不分学科的。分科教育固然可以培养出各领域的专家，但在多元社会中却有脱节之感，无法使每一个人成为真正的生活家。分科孤立的知识在真实的世界中并不存在。为了培养学生有效地解决问题、有效地与人沟通合作共事的能力，就必须进行有效的课程统整。

课程统整要整体地思考，以生活中的问题或各学科之间相同的概念为主题单元，将学科或科目加以统合，围绕这些主题进行教学，让学习者能了解人类自身，了解人类与社区、自然环境之间的关系，培养具有美德、合作、基本智能和认知技巧的人。这种与生活紧密结合的主题学习，必能使学习者产生有意义的关联与融合。课程统整可说是基于"学习"的本质与"学习者"的需求，以达到更充分、更有效地教学和学习。因此，课程统整的重点在于统整教学内容和学习者经验，将课程重新设计为一个统合的整体，使学习者

能够理解并将各自分立的学科知识进行连结，从而能够有效地感知生活世界里的复杂性。

对课程内容的加工和组织必须要遵循"减法"思维，即对课程资源进行整合。课程资源整合是指对能够实现课程目标的各种因素进行整合，使其形成有机联系的整体，整合是课程资源开发和利用过程中的关键和难点，学校特色课程所具有的综合性、整体性特征，要求教师进行课程资源的整合，为学生提供完整的生活世界资源。整合课程资源就是遵照事物之间相互联系的规律，把各种课程资源有计划地、及时地引进教学之中。"课程整合是指使分化了的知识体系形成有机联系、成为整体的过程。"学校特色课程开发和建设需要课程资源，从最开始的课程资源选择、课程资源的价值澄清、课程活动的展开以及教学活动的开展，课程资源经历了选择、价值澄清、筛选和整合的过程。课程资源整合对特色课程的价值在于特色课程本身是综合性、整体性活动，其教学活动的开展需要各方面课程资源的协助，而教师自身所选择的课程资源是凌散且杂乱的，必须通过课程资源的整合才能够形成结构分明的整体，才能最大效度地发挥课程资源的价值和作用。

（二）课程资源整合的实践困境与突破

我校对课程资源的筛选、组织和整合经历了一个曲折的阶段，在实际的课程开发和教学实践过程中教师在课程资源整合层面出现了一系列的问题，主要表现为教师对课程资源整合概念界定不清，教师作为课程资源开发的主体，要在正确课程资源观的指导下进行资源的开发。对课程资源概念理解不同，会形成不同的课程资源观，一些教师认为课程资源是课程内容的来源，因而片面理解课程资源的含义。课程资源不仅包括作课程内容来源的素材性资源，而且还可以是条件性资源，例如设施、场地、设备等。

根据笔者的调查看，首先，教师认为最重要的五类资源为教材、教参、课件、教学软件和教师，而博物馆、科技馆、人文自然景点等是广泛的课程资源。概念片面化易忽略许多有教育意义的课程资源，使资源的整合也变得狭隘化。其次，教师在课程资源整合实操层面将其等同于开发教材，首先课程资源整合的内容以教材为主，教材成为资源构成的主体，教师将课程资源等同于教材，忽视学科之间的资源开发，窄化了课程资源的范围，对校外的资源利用不足。教材主导其他资源的开发，其他资源需根据教材的需求而选择，并围绕教材发挥作用，成为教材的辅助，为教材服务。再次，课程资源整合复制教材逻辑，教材知识结构与逻辑体系构成了课程内容结构，其他资源被强行纳入到教材体系中，自身的结构遭到破坏。课程资源的整合如果一味以教材为依据，根本无法摆脱"唯教材"论，势必会造成知识的不平等，课程资源也无法实现真正意义上的整合。

课程资源的整合具有以下三个特征：其一，内容层面的系统性，具体表现为课程整合内部的系统性和整体性，课程资源整合必须充分考虑资源的分布、特点和作用，以切合教学目标与学生发展；此外，内容层面的系统性要求达到内容均衡，以实现教材内外、学校内外以及以各种形式存在的课程资源的充分整合。课程资源的整合不是杂乱无章的组合和堆积，而应该是根据课程目标和课程内容进行系统的排列和组织，主要表现为课程资源的横向和纵向组织，资源的横向组织应使资源与资源、资源与教师和学生以适当的方式取得良好的适配效果，资源的纵向组织应确保章节之间、单元之间以及课时之间形成紧密自然的衔接。其二，课程资源整合的过程具有动态性。课程资源的整合不应该一成不变，而是能够根据课程教学的变化进行适当的改变的。此外，课程资源整合的方式具有动态性，资源的整合方式会随着教学时间、教学空间以及教学设备的改变而变化。其三，课程资源整合具有开放性特征，首先是课程资源内容的开放，课程资源存在广泛，形态、特点与作用各不相同，整合不仅要考虑校内资源，而且还应挖掘校外的社会资源和家庭资源，不仅要重视教材资源，而且还应充分利用非教材资源；其次是资源整合参与者开放，资源的整合主要由教师完成，但是不能忽视学生的作用，学生的兴趣、反馈信息及背景性资源皆构成了课程资源的一部分，且有利于教师更好地整合资源，提高教学效果。

第三节 "3S"特色课程体系搭建

一、"3S"特色课程体系的课程价值

学校课程系统的内在品质决定着学校课程的教育涵养和发展功能。我校"3S"特色课程基于学生核心素养的提升而开设，真正让学校摆脱了应试教育的桎梏，落实了"以人为本"和"育人为本"理念。通过"3S"课程的开设，我校的课程教学改革得到了进一步的深化，学生的关键能力得到了发展，学校的人才培养体系也得到了创新。"3S"课程的成功经验让学校真正关注到了学校的课程建设与重组这一重点问题上来。它有效地避免了课程的同质化导致教育的同质化的问题，真正让我校办好了具有特色的学校教育。

课程是育人的蓝图，是人才培养体系的核心系统。我校的"3S"特色课程正是基于学生核心素养的培育，立足于学生综合素质提升和终身发展而实施的。对于学生来说，能够选择适合自身发展和个性特色的课程，既能促进他们的个性化发展，也能提升其在某一领域的关键能力。对教师而言，"3S"课程的开展也是对教师课程资源开发、课堂组织教学和课后教学反思等能力的一个新的考验。教师们在课程开展的过程中能够不断提升自己的综合能力和实践能力，能够让自己适应新时代、新环境下教师教学的发展和变革，对教师专业能力的提升也是很有帮助的。

对学校而言，首先，"3S"课程的开发与实施，使学校先进的教学理念得以落实，更加回应了时代发展对于学校教育的要求。其次，"3S"课程以学生终身发展必备的核心素养和关键能力以及学生的个性化发展为导向实现课程整合、减少课程门类，重视实践性课程和个性化课程的开发和实施，能够让学校的课程建设再上一个新台阶。最后，"3S"课程的建设与实施也能够让学校的课程文化得以重构。当前中小学课程文化总体上是应试性的、功利性的、忠实执行性的，而"3S"课程则能以自觉文化、整合文化、创新文化、实践文化、生本文化、个性化文化等特质引领我校课程文化变革，让我校走在了课程变革与创新的最前沿。

二、"3S"特色课程的课程结构

我校特色课程建设是立足于宏观层面的学校特色课程组合方案，它关注特色课程价值的集群问题，即如何发挥各种特色课程的价值和集群效应。因而，处理好学校特色课程开发的课程结构问题是重中之重，学校特色课程结构指的是特色课程形式性构成要素及其相互关系，即特色课程的类别和数量关系。基础教育课程改革十多年来，课程改革日益窄化为课堂教学方式的改良，而且技术主义取向课堂改革盛行。技术主义的课堂变革表现为课

堂教学价值观的扭曲，尤其是那些以追求知识占有和考试分数的所谓高效教学，"重智轻德，单纯追求分数和升学率，学生的社会责任感、创新精神和实践能力较为薄弱"，缺乏对学生核心素养和关键能力变化和发展的必要关注。基于此，我校结合学生实际情况和当前教育现状，创造性地开发了"3S"特色课程。在具体展开的过程中主要有创想课程、美德课程和社会实践课程。这些课程主要是以活动课程为主，学生们在不同的活动中发展自身能力，产生学习行为，完成学习目标。其中创想课程是涉及科学、技术、工程、数学等核心要素和素养的整合课程，其育人价值在于培养学生的科学素养，让学生具备适应终身发展和社会发展需要的必备品格和关键能力。美德课程包括精神、心灵、艺术、德育等，是直接指向学生的个人修养的课程和教学实践。美德课程关注学生们的情感态度价值观的培养，通过情境教育、实践教育等多种方式让学生们习得良好的道德情操，树立正确的价值取向，提高自身的艺术修养和文化素养，增强社会关爱和家国情怀。社会实践课程旨在发展学生的社会素养，培养学生的人生规划能力和适应社会、参与社会的基本素养和关键能力。

我校的"3S课程"开发充分体现了我校力求实现师生共同成长、成人、成功的"同成教育"思想：学校层面——时空有真爱、教师有梦想、学生有未来；教师层面——心情好、身体好、工作好；学生层面——有梦想、有爱心、有智慧，有担当。"3S"课程正是围绕学校的这一核心思想和各级发展目标，在学校课程重建的基本理念研究下，进一步从课程建设的角度丰满"同成教育"思想，进一步明确了课程建设对于实现学校各级发展目标的重要意义和价值。在主干课程之下又有许多具体的、分门别类的分支课程。我校在实施这些课程的过程中，充分利用本校的资源优势，不断优化课程结构，经过近三年的发展，已经初步形成了以美德课程、创想课程和社会实践课程为主导的特色课程体系。美德课程在内容上主要包括责任情境德育课程、心理健康教育课程、传统文化活动课程、社区课程，健美课程等；创想课程的内容主要有：机器人魔盒课程、竞赛发明课程、VR体验课程、无人机UAV课程、3D造物吧、微电影制作、三模课程、非遗创作工作室、动漫创意和学科创想课程；社会实践课程主要包括研学旅行课程、农林实践课程、领导力课程和穿越武汉课程。其中研学旅行课程作为社会实践课程的一项长期化、系列化的课程具体又可分为：研学欧洲、研学北美、研学澳洲、研学祖国等子课程。这些多样化的、多类别的课程设置为学生们提供了很好的课程选择的机会。

此外，学校针对不同年段的个体差异又有相应的课程开设要求。低年段偏向于兴趣培养，对于动手能力和学科知识储备能力要求较低，因此主要是部分美德课程和社会实践课程在低年级开展。低年级的班级还会通过开展家长课堂这种特色活动弥补学生的综合素质和能力差异。中年级和高年级是我校"3S"课程开设的主要年段，这些年段的学生们根据自身的兴趣爱好进行选择，通过"走班教学"来实现课堂教学。同时，每一位教授"3S"课程的，也会根据学生的年段特点和能力情况，进行教学设计和教学内容的调整，保证我校"3S"课程目标的有效落实，真正让课程教学落到实处。

■第四章

"3S" 特色课程资源的开发

【核心提要】

课程资源是课程建设的基础，也是支撑课程有效开展的重要条件保证。各个学科在课程建设的过程中注意课程资源的积累，按照实用性、丰富性、开放性与生成性等原则来建设课程资源库，为随时调取、运用资源提供保障。依据"3S"特色课程目标，学校开发了100多门类课程资源。课程资源的网络表现形式也是多样化的，例如文本、视频、图片、动画制作等。同时，不断加大场馆建设力度，将场馆作为重要的硬件资源，运用于课程开发和实施，实现硬件资源和网络资源的双丰收。

　　课程资源是课程建设的基础，也是支撑课程有效开展的重要条件保证。各个学科在课程建设的过程中注意课程资源的积累，按照实用性、丰富性、开放性与生成性等原则来建设课程资源库，为随时调取、运用资源提供保障。

　　学校选拔了部分优秀师生组成资源开发小组，并聘请家长和社会人士加入，生成储备丰富的教学资源和社会资源。课程资源的网络表现形式也是多样化的，例如文本、视频、图片、动画制作等。同时，不断加大场馆建设力度，将场馆作为重要的硬件资源，运用于课程开发和实施，实现硬件资源和网络资源的双丰收。

　　课程资源不单单指教科书，也绝不仅仅局限于学校内的各种资源。它涉及学生学习与生活环境中所有有利于课程实施，有利于达到课程目标和实现教育目的的教育资源，它弥散在学校内外的方方面面。我们周围存在着大量的课程资源，关键是如何充分合理开发，使之成为课程的有机组成部分，实现其应有的课程意义与价值。依据"3S"特色课程目标，学校开发了100多门类课程资源。

第一节　美德课程资源的开发

　　在中国学生发展六大核心素养的"文化基础"中，学生的审美情趣等有了专门的具体要求。根据"以美育人"的办学理念和育人目标，基于学生核心素养的发展，对美德课程进行变革、整合和推新，形成了五条具体实施路径：提炼仪式之美，涵养文雅风度；开发节日之美，浸润美好心灵；养成规范之美，树立规范意识；拓展体验之美，涵养高尚品格；提升康健之美，成就阳光自信。

　　美德课程是以培养和提高学生的审美修养和艺术修养为目标，立足于提升学生综合素质和终身发展基础上开发的一系列课程类型。其主要包括责任情境德育课程、心理健康教育课程、传统文化活动课程、社区课程、健美课程等，主要从学生的德行素养和审美素养层面着手，从社会交往、社会文化、自我发展三维度具体展开德育课程类型，并从认识美、表达美和创造美三个维度设置具体的美德课程类型。

　　课程资源是美德课程得以实现的物质保障，也是美德课程目标得以高质量完成的主要基础。美德课程需要多样的技术应用、丰富的资源选择和强大的社区支持。此外，美德课程由于课程内容的特殊性，在课程资源上也具有鲜明的学科特色，比如我校在健美课程中分别开设舞蹈、楚剧、合唱、器乐、科幻画制作、版画制作、书法、儿童绘画等具有鲜明特色的课程。只有充分开发和利用多样的课程资源，才能保证我校美德课程的高效运行和全面实施。当然有了多样的、丰富的课程资源，如何利用也是一个关键性的因素。为了充分利用好这些资源，我校还成立了课程资源开发利用平台，通过信息技术手段对现有的课程资源进行充分的整合，去粗取精，努力发挥美德课程的最大价值和长处，把教师的资源充分利用起来，不断地落实相应课程的教学目标，让每个学生都能得到最为充分的发展。

我们注重德育与审美教育课程化，建构活动德育、生活德育、实践德育，以及德性养成、心性陶冶与审美体验的体系。具体开发五个方面的美德课程：一是可视化德育课程（涵盖责任情境教育、养成教育两个方面）；二是心理健康教育（HAPPY聊吧）；三是传统文化活动课程；四是社区活动课程；五是健美课程，如舞蹈、戏曲（楚剧与京剧）、合唱、儿童剧、器乐、科幻画创作、"印趣"版画创作、书法、儿童绘本创作、篮球、足球、田径、国际跳棋、围棋等。下面以音乐、美术、舞蹈、楚剧、英语剧团为例，谈谈美德课程开发的实践探索。

一、美德教育视角下合唱课程资源的开发

"合唱"是美德课程体系中的一个分支，是课外社团活动和课程再造的深度融合，是实现"健身心、敢担当、乐创造"培养目标的有效途径，为促进学生个性的健康和全面发展提供了服务。

校合唱团最初形式只是学生的课外兴趣小组，在教师的指导下开展活动，活动目的主要是参加各级合唱比赛和文艺汇演，活动时间地点具有不确定性，活动内容是根据教师多年积攒的教学经验制定，这样的艺术实践随意性很强，没有系统科学的进程和安排，并且很大程度地忽视了合唱活动中的美德教育。

在美德教育视角下合唱课程资源的开发，我们改变传统观念，进行课程资源的开发、利用、整合，取得了良好的美德教育效果，为促进学生个性的健康和全面发展创造了条件。

（一）合唱课程美德理念的确立

在以往的合唱教学中，有一种观念——"合唱没有我，只有我们"，其目的在于培养学生的合作精神，建立融合的关系，用和谐统一的声音表达歌曲的情绪。这种思想虽然彰显了集体的力量，但同时也削弱了个人的担当，出现了有学生怕出错而不发声，或者出工不出力，甚至有滥竽充数的现象。

在美德的视角下，"合唱"作为一门特色课程，我们提出"合唱中有我，更有我们"的新理念，将"健身心、敢担当、乐创造"的培养目标落在实处。既要求各声部学生密切配合、协调一致，又要求每位学生要完成好自己的任务，在音准、音色、节奏、情绪等方面尽可能做到完美，这样才能获得和谐美妙的合唱效果。在这个集体创造音乐美的过程中，学生不仅得到审美体验，同时也培养了他们集体主义精神、责任感和精益求精的品格。

合唱课程的对象是学校合唱社团的学生，这些学生有的对歌唱艺术兴趣浓厚，有一定的音乐基础，有的先天嗓音条件优秀，课程资源设计要从学生的能力、兴趣和需要出发，结合学生的生活经验，遵循学生的生理、心理及审美认知规律，提供感知音乐、表现音乐、创造音乐及学习音乐文化知识的机会。坚持以音乐审美为核心，以合唱艺术为主线，通过合唱教学带给学生美的享受；坚持面向全体学生和促进个性发展的统一，遵循本课程集体与个体和谐的特殊性，良好的处理其中的关系；坚持技能与情感的统一，指导学生在训练课程技能的同时加强对作品情感的把握及表现。学生们在合唱课程中学会鉴赏、学会唱歌、学会聆听、学会担当、学会合作、学会表达、学会探索、学会创造，从而促进学生

核心素养和关键能力的全面提高。

（二）合唱课程资源的开发、利用、整合

1. 规范合理地利用校内课程资源

校内课程资源包括本校教师、学生、场所、各类教学设施及与教学相关的各项活动。我校的合唱团的建设有一定年限，指导教师的教学经验也有一定的积累，学校对合唱团重视度高，有专业的合唱教室和先进的设备，我们针对以上特点提出要规范合理地利用校内课程资源，摒弃原有的随意性、应赛性、功利性，将校内课程资源在原有基础上明确化、规范化、理论化、系统化、结构化，并将美德教育渗透其中。

定时——每周固定时间，固定课时量。

定点——学校合唱教室和报告厅。

定人——包括师生双方。教师：专业指挥教师一名，声乐教师一名，专业钢琴伴奏一名；学生：2 至 5 年级各班有一定音乐基础和声音条件好并对合唱有兴趣的学生，形成梯队模式。

定目标——学时目标，学期目标，小学阶段终极目标。

定计划——学时计划，学期计划，小学阶段总体计划。

定内容——立足节奏训练，声音训练，试唱练耳，和声训练，情感表达（包括会看指挥会听伴奏）。

定教材——以《中国少儿合唱歌曲》为主要教材，根据时代发展，灵活融入健康向上、艺术性强的少儿合唱歌曲。

定评价——评价教师和学生在课程中的收获，以实现教师和学生共同成长的目标。

校内资源是在以往教学中最能提取经验的资源、最好管理的资源、最便利的资源和最能实现课程目标的资源，所以我们要合理利用已有经验重视开发学习能力的培养、道德品质的培养，重视个别差异，要有统一性、相对完整性和一定的灵活性。

2. 灵活多样地挖掘校外课程资源

校外资源主要指家长、校外学科专家、上级教育主管部门、研究机构、其他学校的设施、其他有关教育的场馆，学术团体、野外、工厂、农村、商场、企业、公司、科技活动中心、少年宫、社区组织、电视、广播、报纸杂志等广泛的社会资源及丰富的自然资源。我校作为一所办学先进的学校，拥有良好的校外资源平台，我们也灵活多样地对资源进行开发，从"请进来"到"走出去"多方位挖掘整合校外课程资源，潜移默化地在艺术实践中实施美德教育。

例如，请进来的有：

音乐家课堂——聘请德艺双馨的合唱指挥家、歌唱家、作曲家执教大师音乐课，让学生们在接受合唱艺术最高端教育的同时也感受艺术家高尚的德行。

家长课堂——聘请有音乐特长的家长作为客座教师，为学生们带来最具热情的艺术鉴赏与指导。

再如，走出去的有：

组织学生观看社会、高校合唱专业团体演出，拓宽视野，提高艺术鉴赏力。

组织学生参加社区大舞台、电视台、青少年宫、音乐厅、剧场等场馆的演出，为学生的合唱艺术实践提供了丰富的体验，获得情感上的陶冶与提升。

3. 实践探究地开发网络课程资源

网络化资源主要指多媒体化、网络化、交互化的以网络技术为载体开发的校内外资源。在大数据时代，学生比教师对于网络资源的利用更熟练，这方面我们多以共同学习的方式，利用网络平台师生相互交流实践探究，开发网络课程资源，鼓励学生自己执教"我的微课堂"——由学生自己做 PPT、短视频、美篇、微课，在微课中交流学习合唱的体会或者介绍自己喜欢的合唱作品、作曲家等。把课堂空间延伸、时间延长，从而最大限度地获得自主探究自主学习的体验，为学生终身学习和音乐审美素质的可持续发展奠定基础。

(三) 合唱课程资源开发利用整合的效果

在我们学校的合唱课程资源开发中，教师们充分挖掘"美德"要素，让学生获得艺术享受的同时，愉悦精神并潜移默化地陶冶情操，净化心灵。

1. 提高学生的审美能力，形成正确的审美价值取向

合唱艺术作为一种艺术形式，以其特有的协调、和谐、统一，产生的效果和艺术表现力在声乐表现形式中力踞"群雄之首"，让人仿佛置身天籁，回归自然。合唱作为一种多声部的艺术形式，和声织体的变化以及旋律的交错进行，使其形成了丰富多彩的独特的声音效果。

学生在课程中既是合唱的参与者，又是作品的聆听者和欣赏者。每一个合唱队员在演唱的同时，不仅演唱能力得到提高，同时作为直接聆听者也增强了他们的鉴赏能力。尤其在演唱那些古今中外的经典曲目时，无论是音乐上那种沁人肺腑的美感，还是歌词赋予作品的内涵，都会使演唱者从中受到感染和感动。学生在分享合唱带给他们快乐的同时也懂得了什么是真正的艺术作品，形成了正确的审美价值取向。

合唱课程不仅能培养学生感受美、表现美和创造美的能力，更重要的是通过合唱实践手段提高审美价值取向的构建水平、评价能力和鉴别技能，在日常生活中能够鉴别美与丑，用美的精神净化心灵，培养高尚的志趣、完善品格、启迪智慧、振奋精神，从而实现人、自然与社会的和谐统一，更为重要的是提高民族的艺术素养、民族精神、审美能力等方面的审美价值。总而言之，合唱艺术是其他艺术不可代替的。

2. 提高学生的个人修养，培养品格健全的现代人才

合唱艺术作为一门音乐艺术教育的内容，既能使学生在参与合唱中体验音乐的无限魅力，又能以点带面促进学校艺术教育的发展，它具有独特的魅力，能够提高小学生的音乐素养与能力，为我们的社会培养出更多的高素质人才。

合唱课程资源在理论、知识、艺术、思想等方面让学生得到全面提高，通过规范的管理、合理的利用、充分的挖掘与科学的整合健全了学生的人格素养，培养学生创造性、创新性、协调统一性。通过合唱课程，学生学会用一种合作的态度去看待社会，用积极的心

理去融入社会，用负责任的行为去创造社会，成为"健身心、敢担当、乐创造"的心灵美好、情趣高雅、品格健全的现代人才。

教学中，学生们通过对词、曲的合唱表演，直接感受到音乐作品表现的内蕴、涵养，并能促进个人情感的抒发，最终可以达到对美的享受。合唱作品的排练过程中，学生能了解自己声部所处的地位、肩负的责任、力度的把握、声部节奏运行速度等，以此培养学生的责任感、协作精神，提高学生的集体意识。当大家齐心合作表达一个完整的作品时，演唱出来的效果才能够使观众接受。

科学的合唱训练，对合唱队员来说不仅仅是脑力活动，同时也是一次运动量较大的体力劳动。例如演唱歌曲时，除了要求保持正确的演唱姿势以外，还得保持振奋的精神、真挚的情感以及优美的形体，这些训练几乎调动了人体的各种功能，这对小学生克服困难的意志和毅力无疑是一种严峻的磨练和考验。群体的音乐活动，从训练到正式表演，教师时刻都在培养学生集中精力、遵守时间、严守纪律、听从指挥等优良的品质。同时，合唱课程可以将技能性的训练转化为意志的培养，不断提高学生的合唱水平的同时磨练学生的意志、增强自信心。

（刘宇红　音乐教师　担任学校"3S"课程合唱活动课程指导，多次指导学校合唱团获各大奖项、获湖北省骨干教师、湖北省优秀音乐教师称号。在指导过程中我深深感到合唱课程作为一门音乐艺术教育的内容，以独特的魅力来提高小学生们的音乐素养与能力，为我们的社会培养出更多的高素质人才。）

二、在生活与文化中开发美术教育资源

有人问毕加索："你的画怎么看不懂啊？"

毕加索说："你听过鸟叫吗？"

"听过。"

"好听吗？"

"好听。"

"你听得懂吗？"

这段对话我们无法考证它的真伪，但是至少可以让我们明白一个道理——艺术是可以给人美的感受的。只不过不一定每个人都能明白创作者通过作品表达的真正意思，要明白真意，或许还要了解创作的背景或者听听作者的"自圆其说"。儿童的美术教育与艺术创作更是如此。

回头凝望我们的美术（艺术）教育，美术课程作为艺术教育中的一部分，在人们长期固守的美术学科教育中，很多问题是不能用审美来解释的，美术学科表现与技能方面的诠释那就更加苍白了。这是因为在美术（艺术）史的进程中，太多的因素促成或制约着美术（艺术）的发展。在一堂美术课上，教学主题的要素可以由课题、作品、学科表现形式、工具材料、表现方法等几方面构成。技巧是容易学到的，精神与文化却很难继承。继承了文化精神，经过磨练，会创造出技巧来。我们在平时的课堂中缺少对学生进行应有的理论文化历史教育，他们缺少分辨能力，对花样繁多、流派众多的现代艺术和前卫艺术感觉到迷惑，导致学生对美术丧失了兴趣，缺少创造力和想象力。

作为一名美术教师，要以人文情怀注入美术教育工作，首先他自己必须具备较深厚的

文化知识，有明辨是非的能力，有不断更新自己知识的活力。

在儿童美术教育中提出的文化教育，是在儿童美术教育与人的可持续发展这一教育目标基础上提出的。没有这样的教育目标，自然也就不可能有这样的命题。那怎样运用校内外资源为美术教育服务，如何在美术教育中渗透文化教育呢？

（一）教师角色要转变

儿童美术教师在这样的教学活动中，不再是美术技术的拥有者和技能的传递者，而是文化情境的创设者、参与者和学习者。这样的话好说，这样的要求也好提出，但真正做到却不容易。首先教师要钻研美术文化以及其他方面的文化知识，丰富自己的文化知识。在课堂教学中，联系课程内容渗透文化知识。让学生在学习美术知识的同时能够更多地了解其背后的文化故事，从而提高学生学习美术的兴趣。例如，我在向学生讲面具时着重讲面具艺术发生理论和历史，通过教学，学生明白不同国家不同地方面具的文化背景、制作过程、制作的原动力，他们明白一件艺术品是通过精神创造而不是机械的临摹产生的，最重要的部分就是它们的内在的文化精神价值，从而创作不再是头痛之事。通过学习，学生懂得了珍惜我们人类创造的优秀文化艺术。

（二）教与学的多样性、关联性和深入性

1. 学生经验的关联性和认知心理的转换

这要求教师对每个学生都要关注，而不仅仅是几个尖子学生。不同学生不同的感受被唤起后，其潜在的美术能力到底发挥多少？其表现上带有什么个性文化特征的符号？教师怎么样进行引导与倡导？这些都是需要研究的。这些带有个性文化特征的符号，比如线条表现力度、线型、色彩的用色，都在阐述着他对生活的认识和感悟。教师要把每个学生的文化性特征放在一个最宽松的环境里让其共存，并让每个学生在发展自己个性文化特征的同时，学会聆听和感受他人美术作品的内心独白。

儿童的美术认知来源于其文化的认知。儿童的美术认知——儿童的文化认知，在美术活动中力争要同步发展。在小学学习的儿童，教师要研究其小学阶段的课程。所有的美术技能练习，要尽可能地与其文化课学习进行关联。让学生在已有的文化认知下学习美术知识是最为重要的。在同步认知的作用下，儿童的美术技术能力可以得到迅速提高。这就是说，教师要有课程意识，要提前研究课题，要把每次上课的主题与其学校里的文化课程进行关联。例如，最普通的春、夏、秋、冬等四季的课题，在美术活动里都是要涉及的，教师教学的设计里，就需要把具体的技能表现教学与学生们从其他学科学习的知识进行关联，编写成具有个性化的四季主题进行教学，而不是广义上的四季。

2. 课题学习的深入性

无论是线描、色彩，还是各种材料变化的教学活动，每个课题设立出来后一定要在两个方面做深入研究：一是工具、材料的变化，二是课题的文化关联性。

以写生为例，不仅要画，而且要求其写出对画的感受来，再把写生稿子转换几种以上的工具材料进行创作表现。例如，可以变化为刻撕纸形式的作品，可以变化为不同工具的

色彩作品，可以变化为中国画工具材料的作品，还可以成为版画作品等。

在平时上课时，我们要对学生多讲著名艺术家成才的故事，讲他们怎样发掘自己的潜质和才能，引导学生抓住自己独特的技巧和想象力；讲美术史与美术故事时可以传授现代艺术，他们将来不至于对当代艺术无法理解和充满隔阂。例如，我在向学生讲非洲雕塑时着重讲非洲艺术发生理论和历史，由此，学生明白非洲木雕制作的原动力，他们明白一件艺术品是通过精神创造而产生，最重要的部分就是它们内在的文化精神价值。

3. 多角度的关联性

美术活动是人认识世界、表达对世界感受的最好的艺术形式之一。在儿童美术活动中，多角度的关联性建立在教师对学生各方面成长的关注程度。例如，在学生进美术学校学习的第一天就要问他们在幼儿园和小学里的文化课学习成绩怎么样？教师要主动地将自己的教学与他们的切身成长联系在一起。在不同的课题学习里，凡是能够与小学语文课、数学课联系在一起的研究，必须花时间研究，将这样的教学带到课堂上来，让学生感觉到美术在社会里的存在，在其学校学习生活里的存在。学生们文化课学习决定了其日后的发展及命运，美术活动必须能够促进其今后的发展和命运。

（三）充分运用校内外资源为美术教育服务

在美术教育活动中整合校内外相关资源（校内资源如校内橱窗、走廊文化墙、校园电视台、校级美术特色班、校级刊物等），将对美育起到事半功倍的效果。我校有丰富多样的"3S"课程，仅美术类课程就有版画、沙画、布贴画、剪纸等诸多兴趣课程。教师通过这些课程，运用网络资源结合专业课程资源，让学生可以通过这些课程的学习，更具体地了解相关文化背景知识和相关表现方法，丰富学生的美术创作手法，扩宽学生的美术视野，增强学生的美术学习兴趣，提高学生的美术表现力和审美能力。同时可以利用校级平台在橱窗里定期展出优秀作品，特别优秀的作品甚至可以在校级刊物中刊登，好的学习经验还可以在刊物中发表。校级电视台可以把学生学习美术特色课程时的学习情景拍摄下来，在晨会或班会上播放，既能激发学生学习美术的兴趣和动力，又能在其他学生中起到宣传和激励作用，让更多的学生对我国的传统文化与美术有更深的了解。

有了学校这样一片沃土，我们还可以结合校外的一些美术资源，让学生走出去，感受更多丰富多样的美术活动。如带领学生参观美术馆画展，观看国内外不同时期画家的画作，感受名家的创作思路，探寻其独特的表现方法；参观博物馆，了解不同时期文物的历史背景和相关知识，对艺术的发展有更清晰的了解；利用出游的机会了解当地的风土人情和民俗文化；等等。教师还可以组织学生参加一些美术比赛活动和美术学习交流活动，让学生在活动中学会欣赏、学会反思、学会交流、学会分享，学会独立的个性化的创作，等等。

（田波　美术教师　"3S"版画"印趣"活动课程指导。区美术学科带头人、区小学美术教育学会会长。工作23年来，先后被评为市、区优秀片长、区青年示范岗、市优秀儿童画辅导教师等荣誉称号。参与省级美术活动教材的编写工作。参加各类技能竞赛获省、市级以上奖励23次，个人美术作品两次获省一等奖，个人作品入选《国际少年儿童美术书法摄影优秀作品集》。历年来，辅导的学生作品在国际、国家、省市区等各级各类美术比赛中多次获奖或公开发表。）

三、舞蹈课程的开发和探析

舞蹈是艺术，具有故事性、情节性及深刻的教育性，学生在学习排练、表演舞蹈的过程中，能学会认识事物的真、善、美。不同的舞蹈曲目表现的情绪是不一样的，喜悦的、悲伤的、奋进的、激昂的，学生一次次体验着不同的作品，感受着作品不同的情感，他们的内心世界会越来越丰富。同样青少年的生活也是无忧无虑，这正是进行爱心教育的最佳时期，将爱心教育融入舞蹈教育的形式，让学生通过舞蹈真实地感受生活的美好，再让他们通过舞蹈来表现无限美好的生活，从而激发学生爱亲人、爱大家、爱生活、爱祖国的美好情感。

湖北民间舞蹈文化的传承与发展是课程开发的基本资源，而舞蹈课程资源开发所具备的传承功能，又让本地舞蹈文化再重组和再生，使其变得更加系统。

（一）舞蹈课程资源的开发与利用

1. 校内课程资源

校内课程资源包括校内的各种场所和设施，校内人力人文资源以及与教育教学密切相关的各种活动。校内课程资源是实现课程目标，促进学生全面发展的最基本、最便利的资源，课程资源的开发与利用首先要着眼于校内课程资源。建设湖北的本土化舞蹈教材，一切课堂教学活动的开展，都是以教材为基础的，因此，开发和完善本地教材是开展本地舞蹈特色教学的第一步。关于湖北本土化舞蹈教材的建设，最常见的方式就是收集和整理现有资料，并遵循"单一—复合—综合"的原则编创教材，最后开展实践。面对一项新的教学任务，教师们需要借鉴别人的先进经验，而学生要学好刚开发的特色教材，首先是激发他们的兴趣，其次还要改革教学手段。为了引导学生主动参与到本地舞蹈教学中，重视学生个性化的培养，并深化他们对衡水传统文化、民间艺术的认识，学校可以结合湖北民间舞蹈课程极富实践性和地方性的特点，与民间艺人建立实践教学平台，让优秀的民间艺人出席学校的日常活动，指导学生扎实舞蹈技能。

学校为了推进舞蹈课程的建设与实施，将校内的功能室进行重新改造与设计，形成了专门的舞蹈教室，学生可以在规范专业的场地进行专业的舞蹈学习与培训。

2. 校外课程资源

（1）外聘教师和本校教师的资源利用

我校聘请了两位舞蹈界资深专家到学校给学生们授课排练。本校在职教师也是舞蹈专业毕业，两者的结合使学生们有了专业的培养和熏陶，校内和校外的教师资源得以充分利用。

（2）赛事课程资源开发与利用

学校适量安排地方特色课和课外实践活动，把当地民间舞蹈活动引进校园，通过"结合方言，结合媒体，结合教材，结合表演，结合欣赏，结合比赛，结合提高"的教学，不仅使学生们在优美的民间舞蹈中增进对民族地方舞蹈文化的了解，丰富学生的舞蹈知识，还提高了他们在舞蹈方面的综合能力，也为继承和发扬民族地方舞蹈文化奠定了感情基础。结合舞蹈课程，组织学生积极参加与舞蹈相关的展示活动或比赛赛事等，赛事作为课程实践的资源形式，以赛激趣，以赛促学，以赛促用。例如参加湖北省黄鹤美育节的舞蹈比赛，让学生们提升舞蹈的表现力和学习舞蹈课程的热情。

（二）舞蹈课程资源利用效果

1. 培养学生想象表现的能力

舞蹈课程为人们提供了发展想象力的广阔天地，尤其是舞蹈发展到今天，有很多新的内容是原来想都不敢想的。教学中要改变陈旧的模仿方式，把教学过程变成学生们主动探索的活动。比如在教《花裙子飘起来》时候，先创设情景"一个小女孩穿着漂亮的花裙子来到花园里，引来了同学的关注"，教师优美的语言、生动的描述把大家带到情景中，同学们似乎自己就穿了一条漂亮的花裙子翩翩起舞，感受那种被大家关注的神气、活跃、快乐。让学生脱离本身的模式，充分发挥自己的想象力去表现。对于有些学生不是很美但是富有创新意义的动作，我们可以予以鼓励。

2. 发展学生发现美表现美的能力

舞蹈是一门艺术，具有故事性、情节性、教育性，学生在学习排练、表演舞蹈的过程中能学会认识事物的真、善、美。不同的舞蹈曲目表现的情绪是不一样的，喜悦的、悲伤的、奋进的、激昂的。学生一次次体验着不同的作品，感受着作品不同的情感，他们的内心世界会越来越丰富。同样青少年的生活也是无忧无虑，这正是对他们进行感恩教育的最佳时期，将感恩教育融入舞蹈教育的形式，让学生通过舞蹈真实的感受生活的美好，再让他们通过舞蹈来表现无限美好的生活，从而激发学生爱亲人、爱大家、爱生活、爱祖国的美好情感。如《远山的学生》描述一个贫穷落后的山村，学生们没钱上学而渴望读书的情景，通过这个舞蹈使角色怀念感体会到自己有书读、有人爱，生活是多么幸福，而贫困山区的学生的生活是多么艰苦，求学的愿望是多么强烈，从而激发学生们的同情心，让学生感恩现在的幸福生活，努力学习，珍惜所拥有的一切。

（熊俊 音乐教师 担任学校"3S"舞蹈社团课程指导，曾获得全国十城市舞蹈大赛金奖；湖北省中小学音乐教师基本功大赛一等奖；《儿童舞蹈教学感受点滴》发表在省级刊物《楚天舞风》一书中；音乐课《甜甜的秘密》获得湖北省黄鹤美育节优质课第一名等。）

四、健体课程资源的开发与利用

（一）羽毛球课程设立的理念

羽毛球在小学体育课教材当中还是一块待开发的区域，因此羽毛球课程教学内容选择与开发，以及教学方法选择和手段运用具有很大的研究、拓展空间。羽毛球是极具竞争性的运动，也具有极高的锻炼和健身价值，以及欣赏和审美价值的运动项目。小学生学习羽毛球与参与羽毛球运动，是为了掌握一定的基本技术技能、基本战术与比赛方法，更是为了通过身体练习提高身体运动能力、体能和智能等多方面的能力，从而达到健身的目的。参与羽毛球运动，能在跑动、跳跃的过程中，发展力量、速度、耐力和灵敏等素质；能在复杂多变的赛场上，提高分析能力、应变能力；能在激烈对抗的环境里，磨练意志，发展个性和智能；能在相互配合的过程中，培养团队精神和集体主义品质；能在观赏比赛的过程中，培养审美情趣，丰富课余文化生活。因此，我校羽毛球课程设立了三个理念：

第一，体育中的美育理念。学生在羽毛球运动中可以体验到身体和精神上的满足，运动本身也便成了一种畅快淋漓的美的享受。

第二，注重快乐体育的思想。我们在羽毛球教学中要注重营造娱乐性的教学氛围，让学生在运动中体验到羽毛球运动的快乐，激发学生在学习羽毛球的内在主动性、自觉性，养成终身体育锻炼的好习惯。

第三，培养学生自学与探索知识的能力，以及创新力。

（二）羽毛球课程的开发

1. 羽毛球课程资源的分类

按照体育课程资源空间来源可分为校内羽毛球课程资源和校外羽毛球课程资源。校内羽毛球课程资源包括羽毛球教材教具及设备、羽毛球场、具备羽毛球专业知识与技能的教师等。校外羽毛球课程资源包括校外羽毛球俱乐部、羽毛球氛围、图书音像店、影视媒体、相关网站等。

2. 校内羽毛球课程资源的开发

校内羽毛球课程资源在学校羽毛球课程中有着重要的地位，因此，我校特聘请专业的教练员进行技术动作教学，体育教师将体育游戏法融入到羽毛球教学中，与专业教练员协同教学。我校羽毛球场地设施等硬件资源配套到位，使体育游戏的运用得到保障，学生在通过游戏设计的或是激烈紧张的比赛，或是欢乐愉快的情景，或是生动活泼的气氛中学习羽毛球教学内容，掌握羽毛球基本技能。

3. 校外羽毛球课程的开发

对于校外羽毛球课程的开发，我们将 MOOC 与羽毛球课程进行融合。MOOC 是由 M（massive），O（open），O（online），C（course）四个字母组成，翻译为中文的名称是"慕课"。MOOC 是大规模的在线免费课程，没有上课人数的限制，需要在线学习，全球的人都可以一起学习与分享的课程资源。借助这个平台，我们要求学生自学羽毛球相关课程，考试合格并取得课程证书，同时课程结束后写下相应的心得体会与其他同学进行交流。

（三）羽毛球课程资源的应用

1. 羽毛球游戏的具体应用——结合高远球技术的游戏设计

羽毛球高远球技术要点（以右手为例）：

准备动作：双脚成"丁"字步，两脚与肩同宽，身体侧向球网，左手自然上举，右手持拍，屈臂举于右侧。

引拍动作：上臂随着身体向左转体，稍作回环上举，身体充分伸展。

击球动作：上臂上举，前臂急速内旋，同时顺着回环动作继续向前上方挥动，击球瞬间，持拍手臂自然伸直。击球点在右肩前上方，左手协调地屈臂降至体侧协助转体。

随前动作：身体随惯性向左转体，右脚随身体重心前移并向前跨步，右手向左下方挥拍减速后顺势收回至体前。

传统训练手段：高远球初学阶段主要以原地的高远球动作重复挥拍练习来巩固高远球动作，以及通过原地的击高远球多球练习来提高初学者的击球感和熟练高远球技术的使用。

游戏名称：炮兵射击

游戏介绍：两名同学在场地中间的"炮塔"（圆圈）内充当炮兵的角色，其余的同学在"城墙"（场地线）外充当攻城士兵的角色。炮兵每次可持一枚"炸弹"（羽毛球）向士兵射击，士兵则需躲开这些投射过来的炸弹，如果不幸被命中则"牺牲"被淘汰，直至所有士兵被射中则炮兵赢，炸弹全部投射完后还有士兵幸存则士兵赢。

场地器材：羽毛球场半场场地，羽毛球 20 个。

游戏规则：①炮兵投射炸弹时，必须是手持羽毛球球托，持球手屈臂准备，用抬肘倒小臂的回环动作将球投出。②士兵只能沿着场地线移动，不可远离场地线。炮兵只能在炮塔内投射炸弹。

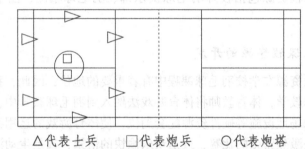

△代表士兵　　□代表炮兵　　○代表炮塔

技术与游戏结合点：炮兵射击游戏主要结合了高远球技术的击球动作环节的技术动作要领。炮兵射击时需要尽量使其投射动作是屈臂持球，抬肘倒小臂后回环投射。

2. 羽毛球 MOOC 的具体应用

《体育与健康》之"羽毛球运动"MOOC 课程，是羽毛球项目 MOOC 课程中比较全面的一个，包含羽毛球的起源发展、基本技战术，还包含了羽毛球比赛常见心理问题、解决"发力"问题、球感培养等。知识点拆分细致，不硬搬教科书，针对常见问题给出讲解。课程视频制作准备素材充分，除了录制视频素材之外，还可以加入优秀运动员比赛视频、PPT 素材，镜头之间衔接顺畅。课程测验形式新颖，以主观题为主，鼓励学习者发散思维，适宜学习人群多样。我们通过 MOOC 平台让学生自学、自练，同时总结学习中的收获。

（四）羽毛球课程资源的应用

羽毛球游戏教学法能够提升学生的羽毛球学习参与程度，促使学生主动关注羽毛球，并能提高儿童的羽毛球学习积极性，减少学生的羽毛球学习消极情绪，从而能够使学生的羽毛球学习兴趣水平得到提升。同时有助于学生羽毛球学习过程中积极幸福感的提高，可以减少学生的心理烦恼和疲劳感觉。

羽毛球 MOOC 是一种在线的虚拟开放课程，它是通过教学和学习将羽毛球课程的教学者与学习者联系起来。羽毛球 MOOC 引导学生创造性地整合信息资源和知识的自我探索，同时引导学生以协商和对话来激发灵感和产生新的知识。

（邱欢　体育教师　担任学校"3S"羽毛球活动课程指导，江岸区"优秀青年志愿者"，校"优秀青年教师"，担任过全国、省、市等多项大赛的田径裁判，撰写的多篇论文曾获得市区一等奖。喜欢和学生们一起将欢声笑语撒满操场，品味运动的幸福！）

五、英语剧团课程开发的实践探索

在"3S"特色课程探索中，打破传统英语教学模式，构建轻松愉悦的课堂学习氛围，激发学生学习兴趣，提高学生英语交际能力、表演技能，培养学生的团队合作精神，提升学生跨文化交际水平。因此我校提出设计一种"3S"英语剧团课程，课程注重思想性、趣味性、创设轻松，让师生共同完成有意义的英语戏剧欣赏和表演的尝试。课堂上，通过中外戏剧表演的基本知识介绍，戏剧视频或电影片段赏析，英语发音练习与纠正，故事讲解，情景短剧排练以及打磨剧本、扫清语言障碍、选定主要演员、对台词、体会感情、设想动作、排练等一系列环节，使学生对戏剧有了一定的认识，具备一定的戏剧知识，对戏剧这种独具知识性、趣味性、审美性、思想性、教育性的综合艺术的喜爱程度日益加深，参与能力进一步增强，表演水平进一步提升。

（一）英语剧团课程设计理念

《义务教育英语课程标准》指出，小学英语教学的最终目的是"培养学生学习的兴趣和爱好，对学习过程中接触到的文化知识点有求知欲，学习注意力集中，通过感知、体验和实践等方式乐于参与并能与他人合作，实现任务目标，感受成功"。笔者认为，在英语教学中培养学生交际能力的有效途径之一就是在教学活动中有目的地、积极地组织学生进行英语戏剧教学的尝试，通过戏剧实践给学生创造一个良好、真实、生动、有趣的语言交流环境。

"drama"（戏剧）是指在一个虚构的情景中，暂时忘却自身的身份，扮演所要求的各种角色，提高小学生"go for meaning"的能力，为学生使用英语提供了包含丰富意义的情景，赋予语言以生命力。常见的活动类型有游戏、哑剧、角色扮演、木偶剧等。戏剧能为学生们学习与运用语言创设情境，赋予语言以生命力；能让学生们在熟悉而安全的情景下有效地预测和掌握语言，极大地激发学生学习英语的兴趣；能使学生暂时忘却自身的身份去扮演其他角色，在心理上变得自信起来；能让参与者在彼此互动的关系中充分发挥想象，表达思想，在协作中学习；能为教学活动提供弹性、活泼的教学环境。

（二）英语剧团课程设计目标

1. 知识目标

帮助学生理解课程内容，掌握欣赏中外戏剧的基本方法，培养解读戏剧作品的初步能力，具有欣赏戏剧作品美感的兴趣和能力；了解戏剧表演的基本方法，通过练习，开掘学生的创造性思维，特别是形象思维，使学生的创造力得到开发。戏剧语言是最精粹的语言，通过戏剧学英语，突破了传统的语言脱离实际的教学法，而是在场景中学习语言的运用。

2. 能力目标

以"互动参与"为原则，引导学生不断发现自己，培养学生学习英语的热情以及语言表达、沟通、适应群体的综合能力。通过话剧表演练习，能根据不同的交际场合和交际目的，借助语调、语气和表情、手势，恰当地进行表达，提高口语交际的效果。在口语交际中树立自信，尊重他人，说话文明，仪态大方，善于倾听，敏捷应对，团队合作和情商发展自然融入其中，增强学生的合作意识。

3. 情感目标

培养阅读中外各类剧本的兴趣，拓宽思想文化视野，从优秀的戏剧作品中汲取思想和艺术的营养，形成良好的文化心态，学会尊重、理解作品所体现的不同时代、不同民族、不同流派风格的文化，正确理解中外戏剧作品表现出来的价值判断和审美取向，提升艺术欣赏品位，提高自身修养。

(三) 英语剧团课程开展路径

1. 课堂教育实践学习

(1) 课堂第一阶段：学习西方戏剧起源及历史

西方的戏剧源于希腊每年一度的祭祀酒神狄奥尼索斯的节日庆典。最早的汇演包括一群戴面具的人载歌载舞赞颂神明。公元 6 世纪，第一个单独表演的演员泰斯庇斯从合唱队中走出来，并同后者进行对话，戏剧由此诞生。随着时间推移，赞歌数量逐渐减少，对话越来越多。

(2) 课堂第二阶段：学习西方戏剧类型

悲剧：源自于希腊神话。喜剧：喜剧取材于现实生活。悲剧的主人公是神，喜剧的主人公则是现实生活中的小人物。

(3) 课堂第三阶段：学习中国戏剧发展及中西方戏剧差别

中国戏剧注重写意，西方戏剧注重写实；中国戏剧注重有大团圆结局，西方戏剧注重悲剧。

(4) 课堂第四阶段：选择剧本，分配角色

选择正确可用的英文短剧是上好一节戏剧表演课必备的条件。对于高年级学生来说，一些经典的童话故事场景就能够吸引他们的兴趣，虽然这样故事内容较为简单，对学生来说却是一次全新的体验。

在选择完剧本后，应该在课堂上导入此英文剧本，经过课堂实践，提示让学生猜测故事内容，鼓励学生用英文来表达观点。

当学生们熟悉剧本后，应帮助学生进行角色分配，根据不同的角色要求，我安排好学生的角色，有时还会对决选角。一方面加强学生对自身实力的了解，另一方面也会增加同学们角色的竞争，这样学生们学习和练习英语短剧的热情会更加高涨。

2. 舞台排练实践

当所有课堂准备完成后。我们的课程进入舞台排练实践阶段，首先必须帮助表演的学

生熟悉角色，分组排练自己的动作和表情，排练戏要引导学生在欣赏和配音的基础上，进行模仿和表演。教师把学生分成若干组，让学生合作表演指定的或自选的情节。在排练过程中，教师要对学生的语音语调和语气、动作表达、表情、台风等做细致的引导。

每一次排练最好都拍下视频，在排练结束后将拍下的视频放给学生们看，让他们来找找自己的不足之处，以便在以后的排练中加以改进。同时视频中的一些精彩的片段也能让他们学到别人的长处，还有一些滑稽的场面也能让人捧腹大笑，排练效果出奇地好。

3. 表演及比赛

课程的最后一步就是表演，也是收获果实的时刻。若想要学生拿出他们真正的实力来表演，只在几个人面前演出是不够的，一定要创造条件让他们当众表演。当众表演不但有演出的氛围，而且还能锻炼学生的胆量并增加戏剧表演的趣味性。为了好的表演效果，化装和道具都十分重要。化装和道具一般都由学生自己准备，有些有创意的东西，总会引起别的同学的惊叹，激励他们再接再厉。当戏剧彩排完毕后，会在班级进行演出，然后到学校报告厅进行演出。

（四）英语剧团课程实施效果

开设"3S"英语剧团课程，运用"问题驱动，情感渲染—跟读模仿，指导方法—分层任务，体验配音—交流展示，分享成就"这一系列的教学环节，让学生体会到地道的英式英语，体会到语言的美感。每个学生都有一个童年梦，或多或少地梦想过成为童话或电影中他们喜欢或崇拜的人物。我们利用学生这种心理特点，开设了戏剧表演课，不但圆了学生童年时的梦想，也为学生创造了一个英语的情景，让他们能够沉浸在一个全英文语境中。

"台上一分钟，台下十年功"，学生们在剧团活动中积极健康自信全面地发展自己。学生在家把学校所学知识以轻松有趣的戏剧表演方式展示出来，提高了学生的兴趣，加大学生的参与度，有效地得到家长的支持，并能很好地完成学习任务；课堂上教师以小组的形式进行评价，极大地激发了学生的参与度与小组合作的意识，以及运用语言的能力。在课下，学生们常常三三两两地围在一起利用每分每秒探讨角色和争辩英语发音，学生最核心的力量得以激发，这是作为教师最希望看到的景象。大量的语言输入，朗读背诵台词，群策群力的排演，最终得以在学校大舞台进行表演，使学生的口语交际能力得以发展，学习积极性得到激发。许多学生都有自己能上台展示自我的愿望，这也是对他们热爱英语、热爱戏剧的兴趣的认可。

近一年来，我校英语戏剧化活动获得了成功，在 2017 年第三届武汉市"小小外交家"评比活动中，我校剧团的神话剧《The MAGIC CLOTH》获得武汉市团体赛一等奖，受到了校领导、市英语专家以及家长们的一致好评。

（王丹　英语教师　担任学校"3S"英语剧团活动课程指导，全国小学英语名师，江岸区英语学科带头人，湖北省英语教师技能大赛一等奖等。NO PIANS, NO GAINS! 剧团的学生们越来越自信，自如地用英语交流，看着学生们在台上绘声绘色的演出，一切努力和汗水都是值得的!）

第二节 创想课程资源的开发

创想课程是以培养学生的动手实践能力，培养学生了解科学、适应科学发展变化、提升科学修养和科学兴趣的一系列特色校本课程。它主要包括涉及科学、技术、工程、数学等核心要素和素养在内的整合课程。它通过场馆化体验、场所化参与和场景化教学，来突出问题意识，进而加强学生的观察力与想象力。同时思维创想课程还强调创想课程与学科课程的有机统一，力求在不同课程类型之间寻找关联，以求学科素养和科学修养的协同健康发展，让学生真正适应科技进步和社会变革。

在内容编排上，我校的创想课程主要有：机器人魔盒课程、竞赛发明课程、VR 体验课程、无人机 UAV 课程、3D 造物吧、微电影制作、非遗创作工作室、动漫创意和学科创想课程。这些课程主要将科学、技术、工程力学等要素进行融合，将相关的知识融入到特色课程实践过程中去，进而实现提高学生科学素养的目的。而学科创想课程则是创想课程与学科课程有机结合的课程组织形式，在我校设有数学创想课程、语文拓展性阅读课程和英语实践应用课程。这些课程以学科课程内容为主线，通过扩展性的教学，对相应的内容进行扩充和完善，进而实现思维创想的过程，推动学科素养和思维创想的协同共进。

创想课程强调提升学生的科学素养和动手实践的能力，因此在课程资源的开发和选择上，除了要与当下热门的科技相关，又要易于操作，加之课程内容本身的特殊性，课程资源与信息技术的融合程度高，对教师的个人素养要求更高，因此课程资源开发的难度较大。根据这一实际情况，我校首先大力投入并购买了一系列的科技设备助力课程落实实施。新增 3D 打印室、高性能个人 PC、VR 眼镜等技术基础设备，同时教师们结合自身的实际情况还努力探索和开发个性化的教学资源，如无人机课程会有教师自己设计建模的无人机叶片，非遗创作工作室也有民间非遗传承人的个性化发明，每一个教师都努力为学生提供不一样的资源。同时为了更好的开展线下体验与线上交流相结合的"STEM"课程，我校还积极同花桥社区和企业合作，带领学生实地感受和观察，以直观的体验来落实相应课程的实施，通过武汉教育云平台分享课程教学资源，上传学校教学实录，让学生们可以随时随地学习。

一、"1+N"悦读创想课程实践探索

在五年来一直坚持的语文拓展性阅读活动基础上，我校"3S"特色课程开发加入了悦读创想课程的理论研究和实践探索。悦读创想课程主要从内容和表达两方面入手，提炼阅读主题，一篇带多篇，由课内阅读向课外阅读延伸，并在课内外阅读中加以有效的阅读方法指导，从而激发学生阅读兴趣，提高学生语文综合素养，强化美好的人文精神。

我校每一个语文教学组都在国家教材的基础上进行着多样化、个性化的阅读创想课程开发，例如一年级就针对低龄儿童的生活特点和行为规范进行了现代儿童诗歌的大量补充；三年级聚焦在中国传统文化，将数十篇反映中华传统美德的中国民间故事纳入了学生的阅读篇目中；六年级学生第一次接触到了鲁迅先生的作品，教师们在教材中找到合适的主题，让学生们阅读鲁迅先生所处的特殊时代背景的文章以及其他的鲁迅作品。我们发现教师们的拓展篇目和阅读指导方法是可圈可点的，有的偏向于进行纵向纬度的层层深入的

阅读指导，有的则偏向进行横向纬度的发散性的篇目拓展，不管用哪种方式进行实践探索，都自觉契合了"我与生活、我与经典"的主题，我们在实践中逐步认识到悦读创想课程的开发不仅是让学生的阅读数量成倍增加，更重要的是在不同文本的相互印证下，努力引导学生深入挖掘文本的隐秘意义，帮助学生多维度认识文本内涵，从而有效落实阅读目标，提升学生的语言文字运用能力；同时也可以丰富学生的童年，增加学生的人生阅历，为学生人格的完善奠定坚实的基础。

以下就五年级教研组在悦读创想课程开发中针对"1+N"神话类阅读实践探索做简要说明。

（一）对话文本，定位标高，整合群文

《义务教育语文课程标准》（2011年版）针对第三学段明确指出"应加强对阅读方法的指导，让学生逐步学会精读、略读和浏览""在阅读中了解文章的表达顺序，体会作者的思想感情，初步领悟文章的基本表达方法"。这些要求的提出让教师进一步明确了第三学段阅读教学的重中之重，即在多样化阅读活动中充分重视阅读策略的习得，从而巩固良好的阅读习惯，用有效的策略提升阅读理解能力，并能使学生举一反三，将好的阅读策略进行成功迁移，最终形成独立阅读的能力。在第三学段的阅读教学中，我们的教师要抱着这样的教学指导思想，认真钻研教材，深刻解读文本，充分了解学生真实的学习起点，抓紧课堂的四十分钟，从教学重难点入手，给予有效的阅读指导，解决学生真正的疑难和困惑，通过阅读实践让学生的阅读能力得到培养，阅读收获最大化。

解读鄂教版小学《语文（三年级下册）》第十课《盘古开天辟地》这篇课文，我们认为丰富奇特的想象是神话故事这一文学形式最根本最精髓所在，阅读神话就是要牢牢抓住这一表达方法，让学生充分感受它带来的巨大的阅读乐趣，体会它在塑造人物形象上起到的铺陈作用。

遵循《义务教育语文课程标准》（2011年版）的要求，从教材出发，教师在课前推荐学生阅读了多篇中国神话故事，并选择了写作手法上与《盘古开天辟地》有相似之处的《天女散花》《炎帝神农》作为主题阅读的材料。

（二）精选模式，关注表达，建构主题

我们所见到的主题阅读教学课例一般会采取"1+N"模式或"N篇同读"的模式。"1+N"中的"1"就是教材文本和我们在文本中精选的语言实践点，从中习得策略，由此及彼，举一反三，以一篇带多篇，从"1"延伸到课外阅读的"N"。而"N篇同读"则是同时拿出多篇文章，不分主次，进行比较阅读。我们认为五年级的教学内容还是要以教材为重点，教法上也要有一个从教到扶、到放的过程，因此我们在这节课的教学中选择了"1+N"模式。

第三学段阅读教学强调教给学生读的策略、技能或写的策略、技能，让学生学会学习，学会表达，因此主题阅读教学应该通过多篇文章的阅读，让学生习得至少一种阅读策略，并能初步运用这种阅读策略来自主阅读，逐步达到熟练掌握策略的程度。解读教材不难发现，神话故事的奇特想象主要表现在两个方面——离奇的故事情节和神奇的人物形象，紧扣这样两个学习内容，我们选择两个适当的学习策略来阅读：用概括小标题的策略理清离奇的故事情节；用抓住关键词句的策略体会神奇的人物形象。

在此基础上，我们将本次阅读主题定位为：①学习并运用概括小标题的方法了解多篇神话离奇的故事情节；②学习并运用抓关键词句的方法体会多篇神话神奇的人物形象。这样的主题目标指向性非常明确，就是在四十分钟的时间里，在多篇阅读材料搭建的空间里习得并运用好两种阅读策略。

（三）预习先导，聚焦表达，习得策略

悦读创想课要实现一节课至少 3~4 篇的阅读量，学生的课前预习就显得尤为重要。三篇神话故事都要在课前解决读通读顺、扫清字词、了解内容的任务，教师设计的导学单就是为课前的充分预习服务。课堂上，充分发挥自主性汇报预习成果，迅速地将目光聚焦到用小标题梳理离奇故事情节上，并且是在学生用简要语言概括主要内容的基础上交流小标题的编写，教学起点建立在学生的充分预习和充分思考基础上，这样做缩短了教学进程，提升了教学效益。

让我们再来看看教师在抓关键词句体会人物形象时的教学设计。

师：这节课，我们重点来读这两个部分（顶天立地、化为万物），在最能体现盘古神奇的人物形象的词句下画上重点符号，并把你的体会写在旁边做批注。

学生自读自悟。

师：我们先来看第 6~9 自然段"顶天立地"这一部分，谁来说说你勾画的内容。

学生自由说，师点评，相机读书。

师：（PPT 出示句子）这里用了一个有意思的动词——"撑"（板书：撑）联系上下文，思考盘古是怎么撑住天地的？（指名说）

师：这个"撑"用得真好呀！一个动作"撑"，让你们眼前看到了一个什么样的盘古呀？（指名答，齐读）

师：刚才，我们抓住了关键词——"撑"（板书），联系上下文，感受到了盘古这一神奇的人物形象。那我们再一起看看第 10 自然段，有一个反复出现的词，也能让我们感受到神奇的人物形象，谁能找到？（板书：变成）

师：（PPT 改写的段落）大家来读一读，看看和我们的课文有什么不一样？"变成"反复用了 12 次，有什么作用？（学生讨论）

师：我们从这 12 个反复出现的"变成"，充分体会到盘古神奇的人物形象，也感受到他是一个无私奉献的伟大英雄。

主题阅读教学要重精讲，敢舍弃。在第二个策略习得过程中，教师只抓"撑"和"变成"，而这两个词在语言表达上很值得玩味，并且在故事中恰恰起到了"牵一发而动全身"的作用。教师在这两个词上又采取了不同的教学方法。"撑"是勾连上下文深刻体会背后的含义；而"变成"则是通过比较一个"变成"和十二个"变成"在塑造盘古形象上产生的不同效果。从教学效果看，这两个教学方法是很凸显的，而且在学生抓关键词句体会神奇人物形象上起到了关键的引导作用。

（四）迁移运用，践行主题，自主阅读

精读习法，自读用法，那么怎样让这个"法"深入学生的心中，引领他们去尝试运用呢？

神话故事	《盘古开天辟地》	《天女散花》	《炎帝神农》
离奇的故事情节	分开天地→顶天立地→化为万物	种花原因→培育百花→天女散花	名字由来→鞭药尝药→纪念神农
神奇的人物形象	撑、变成	走	尝

教师正是采取了表格梳理的方法来实现阅读策略的迁移与运用。精读《盘古开天辟地》后，学生自读《天女散花》和《炎帝神农》两个神话故事，在读通课文的基础上，完成上表的填写，用列小标题的方法理清故事神奇的情节，用抓关键词的方法感受神奇的人物形象。

《盘古开天辟地》是牵着学生边学习，边填写；《天女散花》是引着学生们运用习得的策略边讨论，边填写；而到了《炎帝神农》，则是放手学生小组学习，自读、自悟、自填。两个阅读策略从习得到运用，这个表格的使用既节约了有限的教学时间，也让学生们一目了然。相信他们到课下去读教师推荐的其他神话故事时，会继续用这个表格呈现自己的阅读收获。

以培养阅读能力，提升语文素养为核心的悦读创想课程实践正在我校如火如荼地开展。智慧的凝聚，思想的碰撞，方法的切磋，让教师们在教学研讨过程中获益良多。不过，我们的研究才刚刚起步，还存在很多"横看成岭侧成峰""雾里看花水中望月"的疑惑。随着研究的系统深入，相信我们能想得更深刻，做得更完善，收获到的更丰盈！

（吴雅玲　中学高级教师　担任学校"3S"悦读创想课程指导，武汉市学科带头人，武汉市优秀教师，江岸区拔尖人才。学生在悦读创想课程的实践过程中，学习阅读、喜欢阅读，不仅提高了阅读能力，更重要的是享受着阅读的过程：爱读！悦读！）

二、语文拓展性阅读课程资源的研究

语文拓展性阅读隶属于育才二小创想课程中的"学科创想课程"。在课程建设中，要始终以培养学生核心素养和关键能力为目的，以运用丰富阅读资源提升识字量和阅读量为载体，以实现学生热爱阅读为方向。其中课程资源是课程建设的基础，也是支撑课程有效开展的重要条件保证。在课程建设的过程中注意课程资源的积累，按照实用性、丰富性、开放性与生成性等原则来建设课程资源库，为随时调取、运用资源提供保障。基于此，我们展开了创想课程下的"语文拓展性阅读资源"的研究。

（一）语文拓展性阅读课程设计理念

放眼当今世界，我们不难发现阅读已成为人们生活的基本方式，读书已成为现代人必备的一种能力，是学生全面发展的一种语言文字工具，也是提高学生语文素养的途径，更是促进学生个性发展的重要手段。但是在当前小学语文教育中，这恰恰又是一个薄弱环节。因此，提倡并进行拓展性阅读课程不仅是必须的而且是必要的。拓展性阅读在学生的成长过程中有着举足轻重的地位。

拓展性阅读是当前提高阅读质量的一条行之有效的途径。拓展性阅读不仅能开阔学生的阅读视野，扩大学生的知识面，发展学生的个性，而且对学生知识结构的建立，意志品质的锻炼，自我人格的完善有着不可忽视的作用，它能充实学生的精神生活，提高学生的审美境界，促进学生心理品质的成长，有助于学生良好阅读习惯的养成，独立思考能力的提高，是开启语文知识宝库的又一把金钥匙。

（二）语文拓展性阅读课程资源的开发

《义务教育语文课程标准》（2011年版）指出："语文课程应该是开放而富有创新活力的，应拓宽语文学习和运用的领域，注重学科的学习和现代科技手段的运用，使学生在不同内容和方法的相互交叉、渗透和整合中开阔视野，提高学习效率，初步获得现代所需的语文实践能力。"在这样的理念指引下，我们开始了语文拓展性阅读课程资源的开发。

1. 在教材文本中开发课程资源

（1）从内容主题入手

语文拓展性阅读针对低年级学生特点，侧重于内容主题。如学习了《小兔乖乖》这一儿歌后，教师可以给学生推荐以"大灰狼"为主题的相关故事，如《三只小猪》《小红帽》等童话故事中都有大灰狼这一角色。围绕"大灰狼"这一内容主题，学生们就可以从课文发散开，阅读3~4篇童话故事，达到了以点带面拓展性阅读的目的。

（2）从文学体裁入手

在低年级部编版新教材中，"诗歌"这一文学体裁是深受学生喜爱的。如《语文（一年级上册）》的《明天要远足》，学生就特别喜欢朗读。教师可以推荐学生朗读《远足》《坐火车》《暑假的一天》《秋季远足》这四篇既和远足内容统一，又是诗歌体裁的文章，这不仅是对于学生的阅读量的极大补充，也深化了诗歌这一体裁的特点，以及强化了远足带给学生们的喜乐等情感。

（3）从作者作品入手

《语文（一年级下册）》第3课《一个接一个》是改编自日本著名儿童文学作家金子美玲的作品。因为课文的内容贴近学生的生活，学生学起来兴趣盎然。教师可以推荐作者的另一首儿童诗《如果我是花儿》，还可以顺势向学生推荐诗集《金子美玲童谣全集》，鼓励学生去阅读作者更多的文学作品，甚至模仿作者的写法进行文学创作。无论学生的写作成果如何，对于一年级的学生而言，从作者以及作品入手，开展拓展性阅读，都是一个不错的整合。这样学生阅读的广度和深度才会逐步提升。

2. 在课外活动中开发课程资源

语文活动是语文课程的组成部分，是课堂教学的有益补充和必要延伸，教师可以凭借语文活动引导学生开展拓展性阅读。

针对小学生活泼好动，有很强的想象力和表现欲等特点，可以依据课文让学生把"课文"演出来；开展专题读写活动，根据课文组织拓展阅读，增长知识，开阔视野；组织学生展示、观摩自己的手工和图画作品等，介绍作品和制作心得，增强学科间的沟通与融合；组织观赏、考察本地的山水风光、民情风俗、动植物资源等，引导学生说、写见闻和感受；参加社会用字（用语）的调查活动，展示调查结果；举办诗歌朗诵比赛、故事会等；组织书法比赛、作文展览等；选编自己的习作，装订成册，展示交流；组织字谜、成语等方面的文字游戏活动；开展读书讨论、电影电视欣赏等活动。

3. 在网络媒体中开发课程资源

网络是一个巨大的资源宝库，它把全人类的智慧、知识汇集交织在一张巨大的网络之中，而且它每天都在更新着，无尽的网络资源成为今天语文课程的丰富资源。学校选拔部分优秀师生组成资源开发小组，现阶段，在各个课程资源开发小组组员的通力合作下已经完成了 1~6 年级拓展性悦读课程等课程案例的编写。课程资源的网络表现形式也是多样化的，例如文本、视频、图片、动画制作等。

同时，多媒体网络系统多样化的交互形式，还促进了协作与对话，教师可以在网络上进行阅读辅导，分层次发布阅读内容，真正实现分层次教学。学生也可以在网上发表自己对文章的见解和评价。每一个人都可以根据自己对文章的理解进行激烈的网上讨论。同时学生还可以通过电子邮件、电子公告板等方式进行网上交流，展示自己的个人主页，互相推荐一些好的读物，与教师同学进行交流，探讨阅读中出现的问题，实现异地同步的协作化阅读。

4. 家长作为特殊的课程资源

在部编版《语文》教材中增加了一个新板块——"和大人一起读"，这不仅是为了更融洽亲子关系，更是为了唤醒全民读书的意识，从而实现全社会读书的浪潮。结合这一学习板块，我们也可以开发拓展性阅读课程资源。如学习了《春节童谣》和《剪窗花》这类传统文化的诗歌后，可以鼓励学生和家长进行比赛朗读，课本上，以及课外书上有关传统文化的篇目都可以进行朗读。还可以针对目前"儿童成长中爸爸缺席较严重"的情况，开展"故事爸爸"的活动，让爸爸给学生讲故事，在亲子互动式的拓展性阅读中，更好地激励学生进行阅读。

我校还在一、二年级邀请了部分家长进入综合实践活动日的整班教学课程中，实现了内容丰富、形式多样的家长创想课堂，充分拓展课程教师资源。实现课程场馆化、场所化、场景化，突出项目式学习。除了家长运用本身资源可以为学生进行拓展性阅读课程的开展，同时家长也可以利用其社会资源带领学生走进社会，走进武汉市少儿图书馆，走进横渡长江纪念馆……在丰富的社会资源中感受拓展性阅读带给学生们的巨大影响与变化。

5. 在硬件设施中丰富课程资源

在进入校门的左手边，映入眼帘的便是充满书香气息的"悦读天地"四个大字。在这里摆放着各式各样的书籍，大家可以将自己看过的好书放置在书架上，你也可以借阅其他同学放置的书籍，让书在空间里流动起来。在这里，每一本好书的扉页上，小主人都郑重地写下了自己的期许和祝福，盼望着和又一位小伙伴的心灵相通。

在我校，除了"悦读天地"和阅览室里的实体书籍可以提供给学生阅读以外，电子书屋里的无纸化阅读也是深受学生们喜爱的阅读模式。在"悦读天地"旁，8 台电子阅读机分为两列默默陪伴着学生一路阅读，一路成长。

(三) 语文拓展性阅读课程资源使用效果

1. 提升学生的阅读素养

自开展了两年的语文拓展性阅读课程以来，促进学生阅读量的成倍或成几倍的增加，学生完全可以在不增加任何负担的情况下，实现并超越《义务教育语文课程标准》（2011年版）规定的小学生阅读总量。在课程实施中，学生的阅读兴趣得到了激发，文化积淀得到了丰富，文化视野得到了拓宽，创造力得到了指导，最终实现学生语文综合素养的培养。

作为小学语文教师，提高学生的语文素养是我们责无旁贷的。所以，在拓展性阅读课程实施中，我们必须教给学生读书的方法，培养自主阅读的能力，诱发学生的求知欲，启发学生的积极思维，拓宽学生阅读的范围，增强学生的文化积淀。只有这样，才能有希望完成阅读任务，从而达到全面提高学生的语文素养之目的。

2. 变革教师的教育思想

教师是塑造灵魂的职业，需要不断地给自己"充电"，才能成为源源不断的"活水"，才能在自身成长的前提"帮助学生的成长"。阅读，是促进教师专业成长的不二法门。做一个合格的教师需要在思想道德、专业知识、教学技能等多方面均衡发展，这就要求教师多方面汲取营养。培根在《论读书》中说："读史使人明智，读诗使人聪慧，学习数学使人精密，物理学使人深刻，伦理学使人高尚，逻辑修辞使人善辩。"因此，教师的阅读应该是多样化的，拓展性阅读则能够给教师带来思想的变革。

苏霍姆林斯基曾指出："读书，读书，再读书，教师的教育素养的这个方面正是取决于此。要把读书当作第一精神需要，当作饥饿者的食物。"读书与教师成长之间有着一种天然的联系，教师读书具有其专业价值，具有相当重要的专业价值。

3. 建立家庭的阅读氛围

当今时代，生活节奏越来越快，随着电脑手机的普及，人们想要静下心来读书，却越来越难了。由此带来的是阅读在家庭中的地位越来越低。其实，家庭才是学生最好的阅读场所，家长才是指导学生阅读最好的教师。因此，创设良好的家庭阅读氛围必不可少。

针对学生家庭实际状况，我会对家长提出相关要求，要求家长尽量给学生创设充满书卷气的小书房，高低适中的桌椅和台灯。对于家庭氛围浓厚的，鼓励家长开展家庭读书会。家长和学生一起讨论书中的内容，表达各自的观点。建议家长保持每天多样化的亲子阅读的时间，每天陪孩子阅读不少于半小时。家庭与学校有机结合，为学生建立起了一个优良的阅读氛围，长期坚持下来，孩子们良好的阅读习惯逐渐养成。从而将拓展性阅读引进家庭，使学生在家庭中也有一个良好的语文学习环境，以促使学习型家庭的形成。

（彭衡岚 语文教师 担任学校"3S"悦读创想课程指导，江岸区语文学科带头人，执教《奇妙的春之旅》《语文乐园》《会上树的鱼》分别获得全国、市、区一等奖，并多次执教各级展示课。撰写多篇论文获奖并发表，撰写关于拓展性阅读论文《巧妙整合阅读内容 努力提高阅读效率》发表于《湖北教育》一刊。）

三、云平台玩转数学新课堂

教育与云的结合是时下新兴的概念，教育云的运用要依托教育大数据，怎样让大数据落地。如何在云计算的支撑下，让云平台为教育服务，这是我们亟需解决的问题。我校正在试验阶段的数学资源数据库的研究，较好地解决了当下数学课堂上个性化学习难以实现的问题。

教育与人工智能（"教育+AI"）的结合是未来、是趋势。

（一）用正确打开方式与节奏让人工智能（AI）落地

AI落地教育的主要方式可以分为两类。一类是外围工具类的AI，还有一类核心教学类的AI。外围工具类的方式包括拍照搜题、自动批改、口语测评、表情识别等。核心教学类的则包括可以依据学生特性做到学习路径规划、教学效果评价等。

我校从2012年开始在数字化课堂、教育云平台等新型教育，学习、交流评价方式方面开始尝试对教育云平台进行研究运用。在全面完成信息化校园的建设之后，经过全校30多名一线数学教师数年来的积累，我们基于教育云平台建设的学情数据平台开始试运行，2019年已建立"智慧校园"的教育管理模式，数学课堂正式步入智能时代。

（二）人工智能在教育信息化中的迭代升级

"迭代"是什么？迭代是重复反馈过程的活动，其目的通常是为了逼近所需目标或结果。每一次对过程的重复称为一次"迭代"，而每一次迭代得到的结果会作为下一次迭代的初始值。重复执行一系列运算步骤，从前面的量依次求出后面的量的过程。此过程的每一次结果，都是由对前一次所得结果施行相同的运算步骤得到的。对计算机特定程序需要反复执行的子程序（一组指令），进行一次重复，即重复执行程序中的循环，直到满足某条件为止，亦称为迭代。在数学学习过程中，迭代的算法可以帮助学生更快更有针对性地突破知识难点，掌握学习重点。同时也进行了个性化的数据收集和积累，为后续的学习奠定了良好的基础。

关于人工智能在教育信息化中的迭代升级，我校从以下三个步骤进行探索：第一，数据收集模块。这其中包括题目、教学内容、掌握知识类型等，形成一个知识图谱。不同的学生学习过程不一，其产生的数据也会存在差异，而完整的数据搜集可以分析出学生具体的学习表现。第二，学生能力评价模块。不同于以往考试测评的评价方式，只能在期中、期末的时候统一测验。新的评价方式，可以具体到任何时间、任何地点、任何学习节奏，无论是一个题目还是一个知识点，都可以评测出学生的掌握程度，甚至于学生在家里进行的自主学习情况也会反馈到他的评价模块。第三，智能教学模块。该模块本质上是一个决策系统。通过前两个步骤之后，智能教学模块可以规划出一个具体的学习方案，一步一步推动学生的学习节奏，形成一个正向反馈、人机交互的高效教学方式。

（三）"教育+AI"的实践路径

1. 教育云+"同成"网络学区

2013年6月，在市教育局电教馆的指导下，我校与江岸区同片区的三眼桥小学，共同开展了异地同步课堂研究。作为武汉市"教育云"工程建设试点学校、江岸区第四片教育联盟的盟主校，学校以教育云平台为途径，先后开展了多次联动教研活动。"同成"网络学区由四个板块组成，即名师工作室、网络教研、校长论坛、公共资源。体现四个特点："教同研"——不同学校教师异地同时开展教学研究；"学同师"——不同学校学生异地同时进行学习；"管同心"——管理者共同出谋划策，解决问题；"课同源"——课堂共同分享优质资源，提升质量。短短3年，通过"同成"网络学区，真正地实现了我区7所学校整体提升。

2. 云空间为教师提供了一个功能强大的教学支撑平台

备课时，教师使用云平台的资源，利用学情分析数据，完成课堂预设。同时，教师在云空间与学生分享多种整理复习的开发性资源："知识点复习""知识结构归纳""自主学习微课""易错题集""欣赏与拓展"等。课前，学生有选择性地自主学习，完成课前预测。教师再依据课前预测反馈的数据分析，调整教学内容。通过诊断题库进行课前预测，让教师对教学重难点的把握更精准，教学设计更具针对性，学生的前置学习效能更高。有了较为精准的前置性学习，在"互动课堂"的帮助下，课堂成为了学生展示的舞台。爱分享的学生在课堂上尽情展示自己的学习成果，有疑惑的学生在一节课中学习更高效。

3. "教育云"空间实现"没有围墙的课堂"

每节课后，我们都会把学生的学习情况发送到云空间，班级的所有教师都可以及时了解学生状况。学生也可以借助网络学习空间分享自己的所学所得，还可以再次观看教师空间里的课堂实录，进行查漏补缺。针对教师推送的个性化作业，学生自主选择完成。在及时提交之后，教师和同学们能够互评共享。我们把每一节优质课、每一篇心得案例、每一份教学反思、每一套作业练习都通过云空间与大家分享，真正让我们的教学资源无尽头，交流无障碍，学习无边界。

4. 学生的学习能力和数学素养的提升

（1）自主学习能力与信息素养。在课前自主学习阶段，学生的自学能力决定他们对学习材料的掌握程度。而是否具有好的信息素养，决定了学习者在自主学习阶段是否能够判断什么时候需要信息，并且懂得如何去获取信息，如何去评价和有效利用所需的信息。

（2）知识整合与迁移能力。面对大量的学习资源和教师给予的学习材料，学生如何认知即将学习的内容，将大量的学习资源整合起来，将已经具备的知识联系运用到新知识里，是有效学习策略的一个方面。

（3）团队协作能力与语言表达能力。除了课前学习者自主学习之外，还有课堂中的协作学习，学生在小组中是否具有较高的团队协作能力、语言表达能力，会影响学生在多大程度上完成学习任务、掌握知识，并在整个过程中得到认知情感方面的发展。协作能力越强，在课堂上受益就越多。

（4）观察力和创造力。学生不仅需要自我表达，更加需要观察其他同伴，包括观点、学习过程、协作过程等，在这个观察过程中对照自己也是学习的一个方面。在这样的学习过程中，学生针对同一个问题的探讨，直接影响其能否提出有见解、有创造力的观点。

5. "教育云"让大数据落地

2018年全国教育大会上，李克强总理再次提出了要深化"互联网+"教育，并强调教育信息化是引领和统筹教育现代化的重要抓手。信息技术不仅在改变现在的教育，同时也在塑造未来的教育。如何让教育大数据落地，是我们目前急需解决的问题。教育大数据，顾名思义就是教育行业的数据分析应用。教育数据，是指通过科学的方法检验、统计所获得的各项数据。通过全面、准确、系统地测量、收集、记录、分类、存储这些数据，再经过严格地统计、分析、检验这些数据，就能得出一些很有说服力的结论。我校独有的学情大数据平台由课标知识库、诊断式题库、专家经验库、学习痕迹数据库构成。

课前，通过诊断题库进行课前预测，让教师对教学重难点的把握更精准，课堂更高效，学生学习主动性更强；课堂上，在练习部分，教师要帮助学生突破难点。这时向学生推送诊断题库，学生进入学习空间答题。学生在完成练习的过程中，我们可以同步看到学生完成的进度，把握课堂的节奏。每一个学生在使用诊断题库时，使用的都是量身定制的个性化数据，根据答题情况实时调整最佳试题序列。教师通过反馈的诊断结果，可以及时知晓每一道题的正确率，共性问题集中讲解，个性化问题则可以有针对性地再进行个别辅导。我们在进行这些常态的应用之外，更加注重的是背后的数据挖掘。诊断题库可以帮助学生发现自己的难点，为后续学习提供方向指导。学情痕迹数据库可以实时记录学生的学习行为和方式，也为学情分析平台留下宝贵的数据资源。

（四）"教育+AI" 未来已来

每一次人类的技术进步，都会淘汰一部分职业，也会创造新的机会。教师也可以发挥优势，做人工智能无法做的事。教师应该顺应 "智能+" 时代的变化，掌握和利用好人工智能。为了适应智慧社会的到来，教育可以从三个方面着手。培养下一代的好奇心、自控力和学习能力等数字化生存能力。教师角色需转变为创新支持者、活动设计者、沟通协调者、技术拥抱者。在学习环境中引入智能教学服务，助力教师实现 "因材施教"，促进学生的个性化学习。从教与学方面看，人工智能应用于教育通常分为三种：第一种是智能教学系统，从计算机辅助教学（CAI）发展而来的智能教学系统（ITS），可以在一定程度上代替教师辅导学生以提升学生学习绩效；第二种是教学机器人，在未来五到十年可能会有比较大的发展；第三种是学习分析，利用大数据和学习分析技术采集和分析学生的各种数据，帮助教师了解学生，实现个性化的教与学。

现在，人工智能最为经典的深度学习可以分成三类。一类通过不断地学习，类似应试教育的 "刷题政策"，直到最后把这类问题做好，但这个培养出来的智能适应能力有限，这也是应试教育带来的问题。跨学科则有可能把两个打通，既学图像又学声音，就能适应 "融媒体" 的需要，但人需要的不只是监督学习，还有增强学习。增强学习就是让学生与环境交互，跟教师交互，帮助学生体会到过程中的细节。还有一类是迁移学习，就是举一反三的能力。现在的人工智能在这方面表现很差。跨学科让人接触各方面的东西，融合起来放大能力，开阔人对问题的理解。所以跨学科是一个放大，而不是一个简单的加法。

在未来这两者存在一定的趋同。对教师而言，需要掌握和利用好人工智能，成为新技术的主人，利用人工智能一起培养好下一代学生，从而有效提升国家的国际竞争力。未来已来，智者先行。

（程嫚　数学教师　担任 "3S" 课程数学思维创想课程的活动组织者和教材开发者，在人工智能与教学融合方面有着较为深入的研究，致力于研究人工智能与 "3S" 的有效结合。曾荣获全国信息技术与学科整合教学实践一等奖，所指导的示范课《图形的运动》被选入国家教育部网络学习空间示范案例。）

四、数学日记写出数学新思维

数学日记是一种具有交流性、反思性和拓展性等特征的课程资源，它有助于提高学生的数学学习兴趣和反思能力，还能拓展学生的数学学习方式等。自 2014 年起，我们从课程资源的视角，展开了小学数学日记的系列行动研究。

（一）数学日记是搭建数学与生活的桥梁，是一种交流性课程资源

1. 数学日记从现实生活中学习数学

《义务教育数学课程标准》（2011 年版）中指出："生活中蕴涵着大量的数学信息，数学在现实世界中有着广泛的运用；面对实际问题时，能主动尝试着从数学的角度运用所学的知识和方法寻求解决问题的策略。"数学不只是"数字符号"，也不只是枯燥的解题与运算，它来源于生活，与人们的生活密切相关。而生活本身是一个巨大的数学课堂，生活中客观存在着大量有价值的数学现象。指导学生运用数学知识写日记，能激发学生用"数学眼光"看社会的兴趣，培养数感，将数学与生活实际联系起来。

在暑假，许多学生生活十分丰富。外出旅行的同学通过了解火车、飞机的班次、起始时间、路程长短，将吃饭、门票、住宿、车票、购物的费用进行统计，制作成统计表，并进行合理分析，思考下次自助旅游有哪些可以注意的方面；暑假参加兴趣班的同学，写下了学打球的日记；尝试当一次家的同学们，纷纷记录了自己当家、买油、购物、买菜等，辛苦的一天中精彩的片段。学生们的视野还扩展到关心家人，比如爸爸上班有多远、为父母叠爱心等，对父母的爱跃然纸上、真挚感人。

开学了，运动会、十一长假，一次次活动为学生们发现生活中的数学提供了丰富的素材。一篇篇充满童趣又有数学味的数学日记，让学生们感受到学习数学的乐趣，体会到数学就在我们身边。这培养了学生们的数学素养的同时还陶冶了情操，使他们学会感受生活中的美与快乐，拥有一颗快乐的心。

2. 数学日记让文本内容更贴近生活

写数学日记能巩固已知。知识的练习与巩固是数学中极其重要的环节。新课程标准要求巩固知识的练习形式要多样化，要摒弃传统的机械、简单的重复训练，反对"题海战术"。数学日记是一种很好的课外练习形式，是一种"活练习"。它让学生主动地把课堂上学到的知识与现实中的具体数学问题联系起来，自觉地对知识进行巩固复习。如学了"千米的认识"后，有一位同学在日记中这样写道："从学校出发向西走，经过育才幼儿园、金色华府，然后再向北大约走 100 米就是家乐福，这段距离大约 1 千米，我步行用了 15 分钟，平均每分钟大约走 60 多米。"可以说，这样的数学日记比起课本上的练习题，它既起到巩固复习的作用，又把课堂上的数学知识与学生的现实生活紧密地联系起来，是课堂教学的合理补充。

写数学日记还能探究未知。数学学习活动不能局限于让学生模仿和记忆，要创设一个

良好的学习环境，让学生去实践，去探索，去发现一些课本上没有的或不便于呈现的数学素材，发现一些自己还不甚明白或者无法解决的数学问题，体会到探究的乐趣。

如学生学习了"图形的认识"后，在数学日记中用图文并茂的形式说明了三角形的稳定性在生活中的使用价值，还比较了平行四边形在生活中运用的不同之处。更有意思的是他还比较了圆底平底锅的使用原理，并讨论了为什么不能用三角形或方形做锅底的原因，甚至还思考到如果把锅下端面积加大，会不会节省煤气。这些探索大大超出了书本的要求、课堂教学的范畴，但却极大地鼓励了学生课堂学习的积极性，以及对数学知识的探求欲望。可见，数学日记为学生创造了一个生动活泼、主动求知的数学学习环境，是数学课堂教学的延伸，让学生在课堂教学之外、在自主探索之中获得了新知。

3. 数学日记让学科之间横向联系

数学日记还可以将语文、科学、音乐、美术等各学科的知识有机整合，我们应重视各学科之间的横向联系，使各门课程能够有机地互相渗透，把学生看作一个整体的人来培养。数学日记就是数学与各学科有机整合的一种理想媒介。看看学生们的日记——黄金分割线、一句格言、有趣的音符，学生们是多么富于想象、观察细致呀！他们的知识面非常广，拥有一双善于发现的眼睛，善于从不同角度去发现数学，使数学的学习充满趣味。作为指导者，我们还可以指导学生创编数学童话故事，将优秀日记的内容改编成小品，由学生自编、自导、自演。让学生体验语文与数学的联系，训练学生的语言，培养学生的数学表达能力。这些数学日记就成为数学教学中非常重要的交流性课程资源。

(二) 数学日记是心与心交流的平台，是一种反思性课程资源

1. 数学日记是师生心灵对话的载体

美国心理学家罗杰斯说过："成功的教学依赖于一种真诚的尊重和信任的师生关系，依赖于一种和谐安全的课堂气氛。"通过让学生写数学日记，缩短了教师与学生的距离。在日记中可以畅所欲言，把学习中碰到的困难、对教师或同学的意见、自己的心里话、学习后的反思等均可写到日记里。教师则针对各个学生的情况及时给予回复及帮助，这样不仅解开了每个学生心里的疑团，而且能真切地感受到教师的关心，激发他们以更大的热情投入到学习中，增强学习的自信心。

2. 数学日记使学生获得成功、喜悦

苏霍姆林斯基说过："在人的心灵深处，都有一种根深蒂固的需要，就是希望自己是一个发现者、研究者、成功者，而在儿童的精神世界中，这种需要特别强烈。"数学日记能使不同层次的学生得到发展，使每位学生体验到欢乐与成功。当学生写出数学日记后，教师首先要根据日记中的闪光点给予肯定，拥有这些鼓励学生更加自信，更喜欢写数学日记了。其次是保证时间让每个学生都有机会在全班同学面前朗读自己的日记，这样做既有利于学生们取长补短，获得更多的信息，又有利于提高学生的交流能力，同时还有利于增强他们的自信心。信心源于日常生活中成功体验的不断积累，最后还要让学生通过自评、同学互评、教师点评享受成功的体验，感受成功的快乐。

每一学年中，教师都会修改有一定代表性的日记组织投稿或汇编成集，当学生看到自己的名字出现在书籍目录、报刊杂志上时，我们看到的是一张张喜悦的笑脸，充满对自我的肯定，学生们更加自信了。这不正是我们教育所期望培养的品质吗？

3. 数学日记使教师向学生学习

好的教师不仅要视生如子如徒，还应视生为师。数学日记就如一面明镜，它让教师看到学生的学习情况，更让教师看到了自己的不足，从而不断地改变自我，提高自身素质。教学活动是师生的双边活动，而学生是学习的主体。只有全面了解学生，教师的指导才能有的放矢，教学效果才能达到最优化。教师可以从学生写的数学日记中了解到学生理解问题的方式，看到他的解题思路、推理过程、数学方法的掌握情况以及存在的问题，这不但有利于教师及时掌握各个学生的学习情况并加以帮助，更有利于提高教师自己对学生数学学习心理过程的分析、把握以及调控能力。数学教学中，教师可以创造更多的向学生学习的机会。如为了捕捉到学生思维的火花，可以给出一些比较灵活的问题，让学生解答，也可以做"一题多答"或"多题一答"的训练，在教学过程中，教师能真正发扬教学民主，诚心诚意地把自己放在与学生平等的位置上，虚心地向学生学习，才可能预设到更合理更丰富的教学预案。

（三）数学日记是创新之花的汇集，是一种拓展性课程资源

数学日记的内容丰富、形式多样、短小精悍，是一种拓展性课程资源，主要是指以下三个方面：第一，数学日记的内容可是课本知识（甚至是课堂内容）的延伸、拓展；第二，数学日记促使学生数学学习空间从课堂上拓展到了课堂外；第三，数学日记拓展了学生的数学学习方式，着力体现学生创新意识。

1. 提高学生对于数学知识的理解和认识

数学日记能够帮助学生温习一天所学的知识点，数学日记能够促进学生对于数学知识的理解，有利于学生灵活运用数学知识。因此，教师在实际教学当中应当多鼓励学生养成写数学日记的习惯，除了要将学习心得记录在册，还要将心中的疑惑以及生活中遇到的数学问题记录下来。通过这样的方式，相当于让学生重温了一次课堂内容，加深了对于数学知识点的印象。因为数学日记需要学生结合自己的实际情况来写，同枯燥的练习题相比，数学日记显得更有趣味性和思维性。

2. 提高学生的数学应用能力

通过数学日记，不仅可以让学生解决生活中遇到的数学问题，提高自身的数学应用能力，还能够让学生养成在生活中寻找数学，在生活中学习数学的好习惯。另外，数学日记还能够扩展学生的眼界，让学生在生活当中接触更多的知识面，培养学生的独立思考能力。

3. 促进学生创新思维的培养

写数学日记有利于学生创新思维的培养。在写数学日记的过程当中，需要学生将所学

以及生活中遇到的问题有计划地记录下来。通过这一过程，学生就会用数学的角度去分析遇到的问题，主动去寻觅解答问题的方式，这就是一个学生锻炼创新思维的方式。在寻求答案的时候，学生会不断思考，不断分析总结，充分发挥自己的创新意识，来达到解决问题的目的。

我把数学日记的呈现形式归纳为以下几种：

（1）课堂知识反馈式；

（2）表格式；

（3）文字叙述式；

（4）创编故事式。

综上所述，数学日记是一种教师引导、参与开发校本数学课程的资源，着眼于发展学

生的兴趣、需要和特长，关注学生的个性发展。让学生书写数学日记是开发校本课程资源的方式之一，其意义和价值在于引导、促进教师和学生从基于教科书的教与学走向基于数学课程资源的教与学。数学日记是一种很好的数学交流方式，也是一种很好的数学学习方式，我们将加强对数学日记的实践探究，更好地发挥其功能与价值。

（田洁　数学教师　担任学校"3S"思维创想课程指导，湖北省特级教师、湖北省荆楚好教师、武汉市学科带头人，江岸区有突出贡献的中青年专家。"3S"思维创想课程令人愉悦地感受着数学的美丽，架构起数学和生活的桥梁，让学生在不知不觉中受到数学文化的熏陶。）

五、科技小制作课程的创想氛围营造

在小学阶段的创想课程中，科技小制作是一门将理论知识和实践应用完美地结合在一起的课程。科技小制作的特点在于富含科技知识，结构简单、材料好找、加工容易、花钱少、能够独立完成等，特别适合于学生，能够培养学生们的创作能力、思维能力及动手能力。近年来，我校大力建构践行创想教育课程体系，广泛开辟学生科创体验的途径，进行广阔的科创教育资源开发、力量汇聚、评价指导，同时也利用全方位的创想教育体系，努力营造一个能够促进学生科学素养均衡发展的教育氛围。

（一）创想课程全覆盖

科技制作课程要确保全员参与、人人成长的主渠道，因此我们根据创想教育的特点，设置了基础课程、拓展课程和社团课程。一是基础课程，即科学课程，各年级配备专职科学教师，除按课程标准完成教学任务外，每个教师每学期至少开发两个以上科学课程资源，进入学校科学资源库，为形成系统的科技培养体系积蓄力量。二是拓展课程，学校积极组织学生参与各类科技比赛、展览，以拓宽学生科学视野，增强探究意识，提升动手动脑及创新创造能力；运用校外科教基地课程，挖掘身边资源，组织学生、教师走进科技馆，参观污水处理厂、气象站、畅游流动科技馆等，将科技课堂无限拓展开来。三是根据学生个性成长需要设置的社团课程，包括"三模"社团、科技制作发明社团等，学生经常展开训练、开展活动、参加比赛。三个维度的课程设置，既确保全体学生形成基本的科学素养和实践创新能力，又为有科学创作激情、潜力和梦想的学生提供了科技教育的选择空间和发展可能。

（二）创想课程设计关注学生体验

小学科技制作课程教育离不开科学知识的普及，但是学生科技创新素养培养绝不能靠单向讲授和灌输，根本途径是基于问题驱动的实践体验活动。根据小学生心理特点和认知规律，我们尽量设计学生喜闻乐见的科技活动，让学生身临其境，直观感悟，动手动脑，乐在其中，在不经意间学习科学知识，激发探究热情，提升创新、思辨和实践能力。

我校组织学生开展科技节活动。在科技节上，同学们体验有趣的科技活动，操作机器人踢足球、观看无人机编队表演等，还能亲自动手制作模型飞机、投石车、水龙卷等科技小制作，激发学生对科技制作的兴趣。我们还邀请武汉市"科技大篷车"进校展览，并将同学们平时科技制作的作品进行展示，让同学们收获制作灵感的同时又将自己的作品展示在同学们面前，获得极大的成就感。每年，我们还会给全校师生下发适合该年龄段学生的科技制作套材，在几种基本制作的基础上也鼓励大家积极使用身边的废旧材料，自己改进制作新作品。在各种校内外资源的支持下，我校学生能够体验很多有趣的科技项目，既丰盈了人生底色，更激扬了个性潜能和科技创新精神。向学生弘扬科学精神、普及科学知识、传播科学思想，形成爱科学、讲科学、用科学的浓厚氛围，全面提高学生的科技素养，为培养学生创新精神和实践能力，推动我校科普、科技工作的均衡发展，全面提高我校师生的科学素养和综合能力而努力。

（三）创想课程注重学习广度

由于学生的知识经验背景有限，小学科技制作课程教育不适宜加载过高的科技含量，否则师生会望而生畏。我们把科技制作课程广度拓展到生命成长、生活实践等广阔领域，让学生在实践体验中激发创新潜能，发展科学素养。①科技+生命：神奇的大自然孕育了多姿多彩的生命，它们同生共长、相互依存，长期蜗居城市环境的学生难有深切体会。我校在教学楼楼顶开辟了科技种植园和太阳能绿色发电站，让学生走进田间地头参加种植实验，参与绿色能源开发。②科技+生态：武汉以绿色经济、生态宜居久负盛名，身处其中的小学生往往并不知其背后的奥秘。我们组织学生走进解放公园、武汉植物园，认识"地球之肾"与气候生态的关系，增强保护环境自觉性，探索环保科技发展。③科技+生活：科技进步改变着人们的生活方式。探究城市路灯喷雾降尘的奥秘，了解垃圾分类的原理，培养学生善于观察、勤于思考、乐于研究的习惯。

（四）家校合作促进科学素养形成

学生科学素养的形成，需要团结各种教育力量，在学校激励教师踊跃加入科技创新工作室，成为科创活动的组织者、辅导者与参与者。同时学校为了推进创想系列课程的建设与实施，将校内的功能室进行重新改造与设计，形成了工具间、加工房、操作间等创客工坊，学生可以根据自己的设计利用木头雕刻工具、3D打印机及激光切割机等辅助工具完成制作。将家长引入科技教育，让家长予以情感和智力支持，是培养学生科技素养不可或缺的力量。我校全面动员家长支持学生科技学习与实践创新，指导学生参与科技创新大赛等相关赛事。

在开发社会力量层面，主要有以下三点：

一是争取各级政府、教育局、科协、科技局、科技活动中心等机构支持，校内增设科学实验课、创客教育等校本特色课程。安排学生在学校科技活动场所完成科技类动手实践活动，内容可涵盖科学探究和工程设计两大方面，活动形式包括科学探究与实验、机器人设计与搭建、编程设计、开源硬件开发、科技模型制作、电子电路制作等STEM教育和创客教育模式，培养学生解决问题的能力和动手实践能力。以"科普进校园"专家报告的形式。邀请科协科技工作者专家团队，以及武汉市高校、科研院所等单位的专家学者、中小学校优秀科技教师等，为学生做主题科普报告，拓展学生科学视野，激发学生科学兴趣与志向，提升学生科学素养。

二是挖掘科创教育资源，广泛开发科普实验基地，让学生尽可能多走出校园，在社会大课堂里增强科学探索意识和创新实践能力。利用省科协科普资源，以《大真探》《走近科学》《探索发现》等电视栏目来开发百科知识、趣味科学、生活中的科学、高新科技等中小学生喜闻乐见的动漫、音视频等资源，为学校提供云课堂科技教育资源包，在教室门口展示屏幕上播放。邀请流动科技馆进校园、开展校园趣味科学比赛、科普挂图巡回展、科普讲师团进校园等形式的活动，丰富了学生的课余生活。开展了科学研学活动，利用湖北省博物馆、科技馆、科普教育基地进行参观教学，开展"科技大篷车"进校园、班级科普巡回展、科普大讲堂等。带领科技教师和家长志愿者走进学校走进课堂，教学生用显微镜观察植物切片、学习科普知识等。让学生畅游在有趣的课程中，学习科学知识，培养他们观察事物、勤于思考的习惯。激发学生崇尚科学、探索未知的热情与梦想，培养学生社会责任感和创新精神。

三是积极参与各级各类科技创新、科技制作比赛，在校内举办校园科技节。实施一年一度"校园科技文化节"，以班级为单位开展科技知识、科技绘画、科技征文、科技小制作、创业义卖等系列比赛，为学生提供创新的锻炼平台，让学生在竞赛活动中施展自己的创造才能，巩固学科知识，激发科技兴趣，提高动手能力和科技创新能力。同时，带领学生积极参与市区各级各类赛事。每年还可以在学校通过开展科普小报、科技小制作及科学绘画等竞赛活动，奖励在STEM课程工作中表现优秀的学生和班级。在全校学生中努力营造学科学、爱科学、用科学的良好氛围，丰富多样的科技活动，有力地推动了全校学生科学素质教育的发展。以赛事作为课程实践的资源形式，以赛激趣，以赛促学，以赛促用。

（吴世武 科学教师 担任学校"3S"科技小制作课程指导，科技制作课程，能够锻炼学生培养学生创造力、思维能力、动手能力、联想能力以及合作能力。让学生了解小制作中的科学知识，联系生活实际，发现生活细节中的科学秘密，对科学产生探索兴趣。）

六、航空模型课程的多种资源整合

航空模型的趣味性无疑是学生们最好的教师，是他们创新思维的营养。随着创想教育的主要实践模式开展航空模型的实践探索，我校利用多种资源整合，使学生在航空模型学习的过程中用到了多种科学知识，扩展了学生的认知能力、观察动手动脑能力，发展了学生的创新思维、自主探究和应变能力。

（一）分级设置课程以闯关形式，驱动学生自主学习，自发探究

针对于学生的年龄特点和学科知识，以及接触度程度不同进行因材施教，因地制宜地开展活动。将空模课程分为几个阶段：

第一阶段：了解飞机发展的历史，感受科学技术的不一样，认识不同机型，产生对空模学习的兴趣，感受空模学习的魅力。用橡皮泥制作飞机，用纸折叠不同的机型飞机并且尝试不同机型分别有什么功能，开展纸飞机大赛等。这些简单易做的实践使他们信心倍增，鼓励他们继续探索航空模型，同时做出的成品也具有一定意义与价值。

第二阶段：悬浮式纸飞机制作，用特质薄纸做悬浮式纸飞机，并且尝试用纸板和手推，感受空气动力学。接着开始着手改进动力飞机的外形看会发生什么现象。检测飞机机翼对它的影响，比如机翼的长度、宽度以及机翼的厚度等因素，检测尾翼对它的影响，尾翼长度和厚度的影响。理论联系生活，让他们可以切身感受空气动力学对飞机的影响，同时在实践过程中调试飞机形态，如风向、动力、角度、侧翼、尾翼等，要找到最佳参数，

必须以二维的形式建立飞行参数记录表，让操作悬浮式飞机得心应手。

第三阶段：研究橡皮筋动力飞机，先从制作研究橡皮筋动力飞机轻骑士，感受飞机翱翔于上空的魅力。研究橡皮筋动力：一是橡皮筋的弹力圈数对它的影响，二是橡皮筋的机翼打磨和不打磨的影响，打磨到多少毫米最好，三是机翼的平衡不平衡对橡皮筋动力飞机的影响。最后自己用KT板制作橡皮筋动力飞机，自己设置飞机外型。

第四阶段：接着熟练操作无人机，无人机理论知识，解读说明书知道怎么操控，实地训练，熟悉一定程序后开始越野障碍物训练。最后自行设置飞机外型，装上飞控对飞机进行改装飞行。

这四个阶段每一个都有很多项目，完成这些项目需要学生们一一通关才能进行下一个。但是每个学生的动手能力是不一样的，所以我们因材施教，让一部分能够提前结束这一阶段的学生直接进行下一阶段。鉴于空模课学生人数不多易于管理，可以实行复式教学。部分学生因为有特定喜欢的项目，所以他们自发地去研究探索争取通关进行下一阶段，他们在这一过程当中带来的自豪感荣誉感又一步转化为了内部驱动力，使他们信心百倍。于是自主学习，自发探究成为了空模课的主流，对其培养创新思维有非常大的帮助。当然这一切基于我校校本课程的充分利用，如下图：

（二）充分利用校内外场馆资源

1. 校内创意坊资源利用

为了推进创想系列课程的建设与实施，我校将校内的功能室进行全面升级与设计，形成了工具间、加工坊、操作间等创客工作坊。学生可以按自行设计的飞机图纸用雕刻工具、3D打印及激光切割机等辅助工具完成自己的作品，而且完成的优秀作品可在我校优秀成品展览室摆放展览，这充分调动了学生的积极性。

2. 校外场馆利用

武汉具有较多的航空航天模型展示活动，各大高校以及很多小学在航空模型这一块都做得相当有特色。我校经常参与及观赏这些活动，从中吸取经验。一些科技馆、博物馆会有航空模型的展示和相关的学习资料，充分利用这些资源去改善校本教材，可以开阔学生视野，丰富学生生活。

3. 校内外赛事课程资源利用

学校会组织学生进行科技类比赛，教育部也经常举办科技类比赛。我校积极参与，在比赛的过程中学生们从实战中体验到快乐从不同学校的技巧中收获新的知识增长见识。在参与了不同的比赛后学生们更加大方自信，在人与人之间交往也非常轻车熟路了。可以发现参加了空模的学生普遍都非常外向、开朗和阳光。每年湖北省都会有"飞北"运动以及纸飞机嘉年华，这些比赛参与人数较多，参与者实力也都非常强，让学生们在比赛中掌握风速风向对飞机的影响，他们会更加积极地去自发研究和改变飞机结构让它能完全掌控在自己手中，能飞得更高、更远、更久。

4. 采用小组学习携手共进培养学生合作精神

空模制作课的特殊性需要追求艺术、计算、制作包括一些科学知识。不同的学生在这些方面的能力不一样，比如有的同学擅长制作，有的擅长画画，有的作图非常好，有的非常有想法，能从不一样的角度去设计不一样的飞机。把这些学生分开可能很多学生都无法通关进行下一阶段的学习，但是把他们根据不同能力进行分组，以小组为单位进行通关就容易且高质量完成任务，同时促进了他们的合作能力。当然这样设计也同样是为了维护学生的自尊心，让他们快乐地成长，哪怕有学生暂时能力要求跟不上，也有小组同学的帮忙。他们这样携手共进不仅仅具有合作精神，也让他们明白团体的力量是非常大的，体验到同伴所带来的快乐，学会更好地做人。当然这要求教师在分组时要精准均匀地分配，甚至要每学期一换，及时调整使他们在同伴的影响下更加优秀。我校采用小组合作方案是先集中学习各自独立完成，教师巡视发现每个学生的特长，将动手能力强的学生与绘画技能高的学生，活跃的学生与安静的学生分为一个小组。每个小组五个人，这五个人分别安排设计能力强绘画能力强、剪裁能力强、粘贴能力和计算能力强和综合能力强的学生。尽可能按照这几点去分配小组，分配完小组后，在综合每个小组能力将全班分为两个大组，即每个大组有三个小组。这两个大组称为一队、二队，每个队配一名大队长和一个副队长，每个小组自己取名，各组配一个小队长。组与组之间时常进行比赛，获胜小组可以优先选择工具权。在学习中会根据不同学生状况进行适当调整，在这种模式下学生们的动手能力和合作意识都得到有效提高，从他们越来越快地完成优秀作品就可以看出效果。

（三）积极鼓励促进学生行为规范

在学生完成作品之后会开展学生投票评价，不仅要求投票还需要说出优点与缺点。一是为了培养他们评价功能；二是为了让学生们进一步去学习理论知识巩固回忆前面所学；三是不同的学生从不同角度去看会产生不同的观点，同时让学生们静下心来去倾听，认识其他同学的观点并能有所收获。当他们投票选出最优秀的作品时，教师通常都是给予一定奖励，比如可以获得一个小礼品或者一次操作高级无人机的机会等这类奖励。学生们在这个过程中属于参与者评价者，能激发他们参与的兴趣，可以让他们更加乐于主动参与进来。同时对教师上课的帮助也是非常大的，现在的教师在惩罚教育这一块力度一直不知道该如何是好，罚站已经不可取，但是一个学生在成长的路上惩罚教育也是必不可少的。那么航空模型制作对教师来说就是很好的一种教育手段，它不是主课，而是一门有选择的兴趣课程，可以适当地成为约束学生常规习惯的一种方式。学生们会为了自己的兴趣而付出，从而约束自己。采用正强化法比采取负强化要更有效、更实用，也更能保护彼此间的距离。

我校在创想课程基础上结合传统式航模开展航空模型对学生的教育意义非常之大，它不仅是一门综合的需要运用多种技能的项目，可以激发学生们创新意识和创新思维，去创造更优秀的作品，更是一门培养学生们良好情操，教会他们做人做事的一种方式。

（王咏 科学教师 担任学校"3S"空模活动课程指导，全国青少年未来工程师博览与竞赛优秀科技辅导员，多次辅导学生在科技这一块荣获区、市、省及国家级各类奖项。让学生们用兴趣与创新作为双翅翱翔于世界，每当看着学生们拿着自己的作品，飞机抛出的那一刻，仰望蓝天笑得一脸灿烂，作为教师就会特别欣慰，因为这些笑容就是我们所守护的啊！空模不仅能锻炼学生们动手能力、创新能力，更能锻炼他们的合作能力。在空模制作的学习过程中，学生们彼此相互合作，共同进步。）

七、航海模型课程资源的开发与利用

课程与课程资源之间有着非常密切的关系，课程资源开发与利用是课程研究领域的一个重要方面。基于此，海航模型课程资源的开发与利用结合我校发展目标"时空有真爱、教师有梦想、学生有未来"而进行展开，为每一个学生的成长和发展提供帮助和支持。

（一）校内课程资源

校内课程资源包括校内的各种场所和设施，校内人力人文资源以及与教育教学密切相关的各种活动。校内课程资源是实现课程目标，促进学生全面发展的最基本、最便利的资源，课程资源的开发与利用首先要着眼于校内课程资源。

1. 教学学习材料资源的开发与利用

对教学学习材料的开发基于前期对调查研究学生的兴趣类型、活动方式和手段，了解学生的现有发展基础和差异，确立了航海模型课程学习材料的具体内容。学习材料分为理论部分和实践部分，其中理论部分设计了船的发展简史、作用在船体上的力等 8 个教学内容，实践部分设计了纸质船体模型制作、简易实体木帆船模型制作等 8 个教学活动，以现实生活作为最丰富的资源来进行开发的，是以实现生活作为背景和基础实现了由单一的"科学世界"到"生活世界"的转变。

武汉市育才第二小学 3S 系列课程

航海模型

目录

结论：爱上船舶/1

Part 1 理论篇

1. 船的发展简史
2. 作用在船体上的力
3. 船体模型的基本结构
4. 舰船外形及其特征
5. 舰船模型的动力装置
6. 舰船模型的传动装置
7. 认识舰船模型的拖排
8. 舰船模型制作常用工具及材料

Part 2 实践篇

1. 纸质船体模型制作
2. 简易实体木帆船模型制作
3. 橡皮筋动力舰船模型制作
4. 自制简易直航式舰船模型
5. 电动机动力舰船模型拼装
6. 电动机动力舰船模型竞速训练
7. 遥控式舰船模型拼装
8. 遥控式舰船模型竞速训练

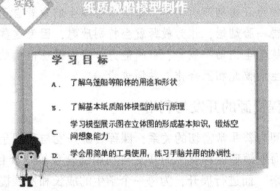

实践 1   纸质舰船模型制作

学习目标

A. 了解乌篷船等船体的用途和形状

B. 了解基本纸质船体模型的航行原理

C. 学习模型展示图在立体图的形成基本知识，锻炼空间想象能力

D. 学会用简单的工具使用，练习手脑并用的协调性。

纸制船体制作简单，节省木材，易于普及。卡片纸、白纸板、草板纸和箱板纸，废弃包装盒子都可以用。纸制船体多选择平底型船或将船舶水线以下复杂曲面加以简单化，以便制作。

制作纸制模型，需要的工具有小剪刀、小刻刀、圆珠笔、小镊子、小直尺、彩色笔或颜料及毛笔、乳胶。下面介绍乌篷船的纸制模型图纸及其做法，图中的粗实线为模型各部分的轮廓线，也是裁剪线，需用剪刀剪下；虚线为折叠先，制作时先要用笔或小刀划痕后再用手折叠。

乌篷船简介

乌篷船是我国江浙一带常见的水上交通工具。它的船尾有一支单橹，形状类似长的桨。橹是我国劳动人民的发明创造，是木帆船独有的一种人力推进工具。人用两只手摇动橹，橹在水中左右摆动给水一个作用力，水再给船反作用力使船向前航行。橹同时又能操纵船的航向，起到舵的作用，如果使穿调向转弯，只要把橹的方向偏转一个角度来摇动就可以了。船上的乌篷是用多年生草本植物篷草编织而成，起到防风雨和遮蔽阳光的作用。

2. 创意坊场域资源的开发与利用

学校为了推进创想系列课程的建设与实施，将校内的功能室进行重新改造与设计，形成了工具间、加工房、操作间等创客工作坊，学生可以根据自己设计的舰船模型图利用木头雕刻工具、3D 打印机及激光切割机等辅助工具，完成自己的舰船模型作品。

（二）校外课程资源

1. 博物馆课程资源的开发与利用

武汉具有较多的舰船、舰艇博物馆，例如武汉船舶职业技术学院舰船博物馆、武汉市中山舰博物馆等，场馆中的陈列军舰、出水文物等与校内航海课程发生联系，可将之直接转化为航海课程活动与内容的素材。充分挖掘和利用武汉舰船博物馆中藏品、历史文化等各种课程因素的教育教学价值，如武汉中山舰船博物馆中选展出的铭牌标志、舰载设施、生活用品、武器装备四大类型的文物，它们从不同角度反映了永丰舰（1912-1925）至中山舰（1925-1938）各个历史时期的政治、军事、经济、文化等社会活动及中山舰官兵们的精神面貌。将博物馆场馆资源系统化地融入到航海课程内容和教学计划中，以丰富学生体验，促进学生建构自身知识，获得情感上的陶冶与提升，从而实现特定海航课程目标。

2. 赛事课程的资源开发与利用

结合航海课程，组织学生积极参加与航海模型相关的展示活动或赛事等，赛事作为课程实践的资源形式，以赛激趣，以赛促学，以赛促用。例如海航课程学生会经常参加"我爱祖国海疆"全国青少年航海模型教育竞赛活动，通过研究海洋、学习海军、研究军舰的外观特点与内部结构功能，提升他们航海模型制作及操作的能力，掀起爱祖国、爱海疆、爱海军，争当人民海军战士的新热潮！

（三）航海模型课程资源利用效果

激发学生探究学习兴趣

武汉舰艇博物馆、武汉科技馆等为学生的"玩"和"学"提供了一个非正式学习航海模型的环境，这种非正式环境的场馆学习对激发学生兴趣与学习动机、理解先前知识、在学习过程积极反思学习、参与互动活动等具有重要作用。

首先，学生是积极主动的学习者。在场馆中，学生能发挥最大的选择性，选择自己感兴趣的舰船展品。其次，它是基于真实的物理情境的学习，场馆以其丰富的舰船馆藏资源，为学生提供真实的学习情境。各种船舶模型展品、文物等，为学生提供了直接观察、亲身体验和动手操作的机会，学生更乐于探究与学习航海知识，在不知不觉中促进认知的迁移和发展。适当的情境还有助于学生将已有理论知识与实践建立起联系，激活头脑中的惰性知识，更新或重构自身认知体系，有利于学生获得直接经验、创新点子，建构并更新自身有关舰船的知识体系。这种基于场馆的非正式学习方式，对变革传统学习方式，培养学生的自主学习能力和探究精神，培养终身学习的习惯具有积极的作用。

船舶博物馆运用丰富的课程资源在为学生的自由探究提供生动、富有创造性的学习环境，在"游""学"中丰富知识、拓展视野和丰富体验，巩固和更新着学校教育成果，发挥着场馆教育作为沟通校内教育与校外教育的桥梁和中介的重要角色。

航海模型课程是让学生在体验和探索中求得知识，这种过程更接近于科学家们的实践。学生在自主学习的过程中可以学会怎样学习，航海活动与传统的学科形成互补的这一特点充分体现在航海模型课程中，学生通过自己的探索、发现，获得学习的成果。

海模的学习者在学习舰船知识时需要涉及历史、地理、海洋、物理等多方面的知识，是一门多学科综合的科学技术，学生制作航海模型就要学习许多理论，如设计舰船模型、安装舰船动力（电动机、橡皮筋）还要学习船体结构各种知识，这些知识在所开设的任何一门学科都无法涵盖，具有明显的跨学科性，在过程中学生潜移默化地会主动去学习各个学科知识，会主动了解并进行综合运用。

通过跨学科课程的学习，使学生学会比较不同的学科和理论观点，理解综合的力量，学会使用对比方法阐明一个或一系列问题，其中心目的是促进学生学习的综合化，使学生的知识结构和知识体系成为一个紧密联系的整体，形成整体知识观和生活观，以全面的观点认识世界和解决问题，发展学生跨学科运用知识的能力。

（李露　担任学校"3S"航海模型号课程教师，武汉市优秀航海模型辅导员，江岸区优秀科技教师。学生在航海模型课程中通晓舰船发展历史，学会组装、设计、制作以及操控舰船模型，发挥无限的创意，体验驰骋的乐趣。）

八、建筑模型课程中的资源利用

创想教育注重学生的直接经验，鼓励学生在真实情境中开展科学探究，采用实验设计、创意发明、手工制作等方式进行学习。但是它的直接目的不是培养"能工巧匠"，而是"全面发展的人"。整个学科课程的完善，一定要把握住"跨学科"这个核心，引导学生利用多学科知识解决实际问题，把知识学活、学透、学扎实，形成更加完善的知识体系和思维框架，以此应对未来社会的复杂挑战。

（一）"3S"建筑模型课程总目标

丰富学生课外生活，培养他们对建筑（桥梁、房屋建筑及园林设计）的兴趣爱好。引导学生动手动脑，掌握必要的科学知识和实践技能，了解模型制作的一般过程，理解建筑的结构原理，认识各类模型构件的用途，正确和安全使用工具。树立科学思想和科学态度，学会分析和观察。积极合作，克服困难，体验交流的乐趣，分享创作的喜悦，善于总结经验教训，大胆展示自我成果，活动中提升自我成就和满足感。对建筑美学有初步的了解，陶冶学生鉴赏美的艺术情操，渗透中国传统文化，对中国劳动人民的智慧产生敬仰之心，从小立志：传承与保护中华文化、努力建设祖国。培养学生自主、自立、自强、自信的个性品质。

（二）"3S" 建筑模型课程的意义

教育家苏霍姆林斯基说过："在手和脑之间有着千丝万缕的联系，这些联系起着两方面的作用。手使脑得到发展，使之更加明智；脑使手得到发展，使之变成创造的、聪明的工具，变成思维的工具和镜子。"由此可见，实践启动思维，思维服务于实践。

建筑模型特色课程是一门以动手实践为主要活动形式的课程，适应素质教育的发展要求，让学生的学习活动与生活实际结合，使学生的实践能力得到很大的提升。建筑被誉为凝固的艺术，它既是物质财富，又是精神产品；既是技术的产物，又是艺术的创作。建筑课程具有科学性和人文性，是发展学校校本课程的重要载体。建筑艺术具有文化价值和审美价值，强烈的象征性体现一个民族的时代感，它是不会说话的历史课本，不同时代的建筑体现了人类不同的生活方式和价值取向。建筑文化是人类文明场合中产生的一大物质内容和地域文化特色的亮丽风景，是人类生活与自然不断作用的产物。目前，随着城市化进程的不断深入，千篇一律的高楼大厦层出不穷，千城一面、千村一色的现象愈演愈烈，甚至城市现代建设与传统建筑保护之间出现了越来越大的矛盾，建筑文化传承的意识严重缺失。因此，实施建筑模型课程，引导学生参与、感受与传承中华文化有着极其重要的意义。实施建筑特色课程，必须适应素质教育的要求，面向全体学生，以学生发展为本，着力培养学生的审美能力与艺术素养，在课程中发展学生的感知能力和形象思维能力，让学生更多地接触实际事物和具体环境，有利于发展他们的空间思维的创造力。在课程评价过程中，评价标准也体现了多维性和多级性，适应不同个性和能力的学生学习情况，帮助了解自己的学习能力和水平，鼓励每个学生根据自己的特点，向同伴学习，取长补短，提升技能。建筑特色课程以提高学生的综合素质为主要目标，满足每个学生的发展需求，建筑模型制作与其他学科存在很多联系，如建筑结构设计涉及数学学科中形体的认识，环境造型的设计涉及美术学科；作品人文背景及介绍与语文学科有直接联系，材料的补充应用3D 计算机技术等，这些资源的整合，一个小小的模型，其建筑史和工艺的研究涵盖了很多方面，学生在思考、观察、分析、制作、创新的过程中，综合素养得到大幅度提升。

（三）"3S" 建筑模型课程资源的开发与利用

1. 创设情境，利用文字和实物图片资源，寻找核心问题

在中小学教育中，开展创想课程教学活动，创设一个聚焦真实世界的核心问题为重中之重。首先，这个问题来源于真实世界，与学生的日常生活密切相关。聚焦真实世界的问题有利于引起学生的好奇心，激发学生持久的学习兴趣，并且将知识的形成过程与真实的生活联系起来。例如，在"3S" 建筑模型"桥"这一课程中，教师前期创设的情境是：欣赏展示我国不同历史时期各种各样的桥，介绍人文背景及与桥相关的古诗词历史故事，带领学生们探究什么样的桥居多、它们都有什么特点、是什么原因让在劳动工具并不发达的古代一座桥可以保存上千年。学生们在欣赏与交流之后，对古建筑的美和对中华先祖的

智慧，产生向往和敬仰，从而激发学生爱祖国、弘扬与保存中华传统文化的激情，并开始思考：桥的坚固与建筑构造有关系吗？桥梁设计的美学体现在哪里？但是这两个问题只是情境性问题，教师需要引导学生形成创想课程学习活动的核心问题：如何设计桥梁结构？桥梁的坚固性与什么有关？例如，"结构的探究"是针对中段学生（4 年级）设计的框架结构中的一个任务，其他的先行任务包括比较不同的桥梁结构、画画我的设计图等。在"结构的探究"任务中，围绕着"如何利用身边的材料去制作一个可以适当承重框架的桥"这一贯穿整个课程单元的核心问题，学生可以形成系列探究问题：桥的原理是怎样的，选择什么材料制作桥，如何来提高桥梁的坚固性，如何确定桥梁的承重能力，如何美化艺术桥梁的整体外观，等等。这个大问题和这些小问题就构成了创想课程学习单元，或者创想课程的框架。

2. 双管齐下，利用校内外有利资源，丰富课程活动

在以往的教学中，我们强调知识的获得，但是这种知识通常是静态的，较多地通过倾听教师讲课的方式获得，当需要迁移并应用到真实的生活中时，学生会茫然不知所措，他们没有经历过高阶的思维与解决问题的过程。而创想教育打破了"坐着不动的课堂"，鼓励学生做中学、玩中学，走出教室小课堂、走进人文大课堂，实地考察、专家指引，形成以主动、探索、体验、创作为特征的新型学习方式。创想教学活动聚焦某个真实性问题，这一问题模仿专业工作（像科学家一样地探索，像工程师一样地解决问题）的过程，通过一个个实践性活动的完成，获得和运用知识，经历知识的发现、形成、运用和迁移的过程。一方面积极鼓励学生利用假期和业余时间，实地考察祖国大江南北和我们的家乡武汉桥梁文化，针对自己感兴趣的一方面搜集资料，对即将呈现的作品提供有利依据；另一方面我校借助"家长志愿者"这一平台，涌现了大量的文化底蕴深厚、专业知识一流、具有社会影响力、愿意为学校教育无私奉献的一群有爱的家长。"3S"建筑模型班邀请到的家长志愿者有武汉市桥梁局设计师张教师、武汉市城市规划局设计师刘教师、长江水利委员会土木建筑杜教师、武汉美院金教授等，这些社会资源在生活中，离我们很远，但在学校的家长群里，又离我们很近。这一"真实"学习包括多个层面的真实，信息的真实、实物的真实、面对面交流的真实，学生面对的问题或任务是既是真实的，这一系列的知识碰撞激发了学生创作灵感和激情，运用高阶思维的技能，提升作品的质量。例如在"美丽的长江大桥"活动中，师生搭建脚手架，让学生们经历认识、理解、绘制、创造的过程。这些学习环境和学习过程的真实性，体现在学生使用的资源内化、工具、材料的真实性。在这些活动中，学生成为学习活动的主体，需要呈现设计与探究过程中的提案、细节、问题以及解决方案。因此，教师关注的是学生解决问题中所遇到的困难，以及他们是如何解决的，解决的方法和程度如何；学生关注的问题是如何完成任务挑战而非一个正确的答案。关注学生的主动性和开放性，能够促进学生批判性思维和创造性思维的发展，能够促进学生对所学知识与生活实践关联的理解。几乎所有的 STEM 案例都采用小组合作的方式展开教学，并且将合作渗透到课程的多个环节，完成任务、交流、研讨、调查多种方式也通过合作的形式进行。通过合作，把多个学生的智慧和创造力集合在一起，使得 STEM 的学习活动中通常会有意外的惊喜，展现出一个动态的、活跃的知识生成和习得的过程。学生在活动中受益匪浅，并且在省市级青少年"建筑模型"大赛中屡屡获奖。

3. 技术提升，利用网络资源，开拓学生视野

创想教育的实施正越来越多地与教育信息与通信技术结合，而后者的引入为创想教育的实施提供了更为丰富的方式和途径。美国科学与技术研究联盟（Alliance for Science & Technology Research in America, ASTRA）于 2013 年 7~11 月连续发布了《2013 教育技术》报告报告，对教育技术革命及其对教育领域的影响作了全面的阐述，认为"教育技术革命正在为学生创造出更为有效的学习方式，让他们理解学习如何与真实世界相联系，并向他们提供有助于其更为彻底、深入进行学习所必需的工具""教育技术正在变革着教育的面貌。随着技术延伸至课堂，学生不再是信息的被动接受者。当学生已经拥有智能手机或 iPad 时，很少有人能够静静地坐在课桌后面"。比如在"古代与现代桥梁比较"这节课里，教师不仅结合了线上学习和线下学习，而且运用 iPad 里面的软件，让学生通过非常直观的展示方式看到各种桥梁，培养学生三维空间的抽象意识。在介绍港珠澳大桥的这堂课中，教师利用计算机向学生展示了港珠澳大桥从设计到施工一系列的数据，将学生引入到一个美妙的数学世界中，甚至尝试利用 3D 打印技术整合材料。在利用技术来支持和促进 STEM 的教学活动时，技术的设计需要与课堂教学情境和学习内容相匹配，结合学生认知心理的特点和学习理论来设计技术支持，并不是将技术简单地"添加"到原有的课堂教学情境中；还可以通过声音、文本以及多媒体来记录观察情况。增强现实技术，能使学习者与虚拟的事物进行交互，帮助他们理解生活中隐形的规律，从而形成对事物的科学认识。

（王爱玲 科学教师 担任学校"3S"建筑模型课程指导，曾获武汉市"师德先进教师"，区"十佳青年教师""区优秀工作者"等光荣称号，论文案例多次获国家级、省级一、二、三等奖，多次参与市区级公开课、展示课、研究课受到好评，历年指导学生参与省级市级科学探究大赛、创新大赛多人次获奖，荣获"优秀指导教师"光荣称号。如何在时间和资源有限的条件下，保持学生们的创造热情、激发不断创新的火花，需要教师积极动脑、一物多用，借鉴其他学科拓展更大空间。学生们以老带新、互帮互助、合作交流，不但掌握了工具的制作和使用技巧，逻辑思维和空间运用能力、动手操作能力、艺术鉴赏能力也得到大大提升。）

九、车辆模型课程资源的开发与利用

从创新教育来说，开发车模课程可以培养学生的创新精神；从深化学习来说，车辆模型课程的开发是深化基础教育课程改革，转变基础性课程的学习方式；从课程开发来说，车辆模型课程可以推进课程综合化、多元化、综合课程常态化的实施。

（一）车辆模型课程资源开发的意义

为了培养学生们科学精神与实践创新能力，让科学学习不仅仅局限于课堂上的 40 分钟，应该提供学生们足够多、足够大的平台，让学生们在自己喜欢的世界里追梦、逐梦。我校积极开展创想教育课程，俗话说课程是育人的蓝图，是人才培养体系的核心系统，随着课程不断地发展和创新，利用多元化、多种资源的相互促进，激发学生们的学习兴趣，课程的开发符合儿童的年龄特点和发展趋势。而创想教育作为一种新的教育模式，主要体

现以学生为本的理念，以侧重培养学生的实践能力和创新能力为主，体现认知、合作、创新的融合。

基于创想教育理念下，我校利用综合实践活动日的时间开设了以提升学生实践创新、学会学习、科学精神等核心素养为目的的创想系列课程，结合真实情境，开设了以动手实践为主，综合科学、技术、数学、表达、人文等要素，形成了车辆模型课程。其中车辆模型课程挑战不仅充满了乐趣，而且鼓励参与者不惧失败，运用批判性思维不断反思并修改设计，运用实证主义思想验证作品可行性，运用实操完善实现梦想。本课程以学生主动参与，解决实际情境中的问题为引导，以团队合作有机融合学习知识、技能、发展情感和创新。将创想理念与车辆模型课程相结合，实现创想教育的校本化，进而更好地促进学生积极创作、敢于创新、勇于动手、勤于思考、善于合作的能力，从而提高科学素养。

（二）车辆模型课程资源的开发与利用

课程资源的开发与建设，是现如今中小学面临的问题。为了更好地开展课程，集结丰富多彩的课程资源：校内课程资源，校外课程资源。要加强课程资源的建设，使现有的课程资源发挥最大的效益。

1. 立足于校园，点燃学生激情

学校开展的丰富多彩的开放性综合课程使学生可以亲身参与，成为综合课程的活资源，车辆模型车程采用网上选课报名，使感兴趣的学生可以自主加入。学校特意建设了创客车间，是学生开展创客活动的场所，可以开展开发硬件作品、3D打印作品、科技发明、零部件加工组装等活动。另外还引进了激光雕刻机、3D打印机、3D扫描仪、电工和木工通用工具，以及迷你多功能机床等系列工具，为我们的创客车模课程提供便捷服务。还有讨论室供学生进行作品设计，以及学生的优秀作品展出，学生可以把作品钉在软木墙上共分享。此外，还有仓库进行初加工，为学生车辆的创新与训练提供足够空间。

2. 立足于教材，整合课程资源

车辆模型课程的开发，有时和多门学科相结合，在此课程中，学生不仅仅学习理论知识，更多的是在实践中去亲自探索、研究从而提高创新实践能力。例如《科学（五年级上册）》第四单元《运动与力》，在本单元的学习中学生将使用不同的力将小车驱动，知道使玩具车运动起来的方法有很多种，通过研究影响小车和其他物体运动的一些力，学生将自主设计制作一辆小赛车。车辆模型课程不仅立足于教材有拓展了学生的思维，还培养了学生主动探究的能力。

3. 立足于学生，挖掘自身资源

立足于生活，引导学生到真实的世界进行各种体验，随着科技的发展，身边的事物也是多变的，学生们对于生活中的信息也会及时关注了解，因而学生自身所处的生活环境也是车模课程中的一种资源。中国是世界上最早发明和使用车辆的国家之一，车辆相传是由黄帝时的大臣奚仲发明的。而武汉每年都会举办多场汽车博览会，活动中有各种车型各种品牌的车辆展出，具有一定的历史性和自我特色，因此不同的车展不仅显示出汽车发展的

未来趋势与导向，也将汽车最先进的技术与最前卫的设计发挥得淋漓尽致。很多学生对车很感兴趣，真实地接触车辆进行感受，了解汽车的历史典故、汽车品牌及其性能和发展，另一方面可以感受现代汽车制造与当今世界最新技术成果结合的创新理念，见证汽车工业为人类生活带来的便利，挖掘这些生活中的资源使之激发学生们深藏的探究欲，更让学生们对车辆模型的创新设计产生浓厚的兴趣。但车辆作为一种形制较为复杂的交通工具，在生产力水平低下的远古时期，它的发明，既不可能是一人所为，也不可能是一日之功，在其正式创制之前，必然经过了一段漫长的萌发和完善过程，必然有无数的人曾为之作出过努力。通过了解车辆的发展史，认识更多的车辆，感受历史文化的博大精深。

4. 合理利用校外资源

车辆模型课程不只局限于课堂内、校内，将课程扩展到课堂之外、学校之外，把校内外各种资源进行有机整合激发学生兴趣。结合车辆课程，学校组织学生积极参加与车辆模型相关的展示活动或比赛赛事，通过拼装、竞速等，在竞赛中让学生充分展示，与大家共享收获的快乐。

在具体实践中，我们不可忽视课程资源的开发和利用，多关注我们身边的事物，合理利用校外资源，将它们变成我们课程的一部分，聚焦生活，从而使学生的综合实践创新能力得以提高。

（三）车辆模型课程资源实施效果

1. 拓展学生思维

车辆来源于真实世界，聚焦与学生的日常生活，有利于将知识的形成过程与真实的生活联系起来。例如在课程中，教师前期会展示我国自行车的发展史以及各种各样的车型及品牌，并介绍与车相关的历史发展故事，带领学生们探究"车辆都有什么特点""车辆是靠什么装置驱动？""是什么原因让人类不断改进交通工具？"学生们在欣赏与交流之后，对科技的进步和人类的智慧产生向往和敬仰，从而激发他们的探究欲望，想要动手自己设计一个车模，形成系列探究问题，思考选择什么材料、如何设计制作、如何驱动，等等。爱因斯坦说过："提出一个问题往往比解决一个问题更重要。"这些小问题循序渐进，触发学生的探究性思维，就构成了车模模型学习框架。车辆模型课程和其他课程相比，具有综合性、开放性、自主性、创新性等特点，不再与单纯的课程一样仅限于课本知识的接受性学习，注重问题研究，强调解决问题的能力和拓展学生思维能力，拓展学生思维能力也是培养学生创新的能力的重要部分，要想培养拓展学生的思维能力就需要有好的活动基础。

2. 观察和想象能力的提升

车辆模型课程培养学生用心观察周围的事物，善于发现问题，提出问题，大胆探索，解决问题。只有观察能力强，学生的空间思维想象能力才能更好，车模课程中不仅要学生能动手拼装还要熟练操作，更重要的是能够及时解决自己车模突发的问题。车辆模型课程班的学生主要是集中在三、四年级，而且男学生偏多，从该年段学生的年龄特点来看，他们不仅热爱车辆模型，还具有强烈的探究欲望，思维相对活跃，生活中具有一定的亲历和体验。因此，在经过一段时间的学习后，学生在拼装四驱车过程中很容易发现如果转动齿轮与马达上的齿轮不能相切合，按上电池后车辆依然无法动起来。另外，经过一轮学习后，学生能够自己找到加快拼装的速度，比如拿到车模后，先将所有的零件拆分按自己熟悉的顺序分类摆好，再拼装速度明显加快。后期在学习迷你小 Q 遥控赛车时，学生自觉关注到车辆出现的问题，最常见的是车辆无法走直线和不受控制地动起来，很快学生找到解决办法，调节遥控上转向功能和关机重启，车辆就恢复行驶。经过车辆模型课程的学习，他们勇于突破条条框框的束缚，将视野不再停留在课堂，更多地与生活相结合。在生活中观察，在生活中学，在生活中教，在教和学的基础上不断提高学生的观察想象能力和实际操作能力。

3. 创新与实践能力的培养

车辆模型课程以车辆模型为载体，学生综合运用掌握的科学知识和科学方法，用脑动手激发创意设计各种车辆模型，自主选择材料，身边不起眼的筷子、吸管、矿泉水瓶、泡沫、纸板等，甚至是废弃的报纸都可以在课程中焕发活力制作出车辆模型，强调学生乐于探究、勤于动手和勇于实践，要求超越单一的接受学习模式，实现学习方式的多元化，发展学生的创新精神和实践能力，为学生的个性发展提供开发自由的空间，培养实践操作的能力，为学生的核心素养的培养与提高提供了平台。让学生在玩中乐、学中乐，尽显车辆模型课程带来的别样的趣味。

未来课程的研究也不只限于教育教学，而是一个系统工程，它将横跨科学、技术、工程、数学，甚至是政治、经济、劳动、心理、美学、健康、新一代信息技术、人工智能及智能硬件、建筑、环境、能源等多方面的学习融合在一起，在培养创想思维的同时，也将不断提升学生的综合素养。

（杨洪　科学教师　担任学校"3S"车辆模型活动课程指导，江岸区车辆模型教练组成员，多次辅导学生参加车辆模型比赛，荣获武汉市"车辆模型优秀辅导员"称号。学校"3S"课程培养了学生综合运用掌握的理论知识和实践方法，提高学生的创新思维和动手能力；教师也在这一探索过程中和学生们一同成长、进步，提升专业素养。）

十、3D 打印课程资源的开发与利用

课程与课程资源之间有着非常密切的关系，课程资源开发与利用是课程研究领域的一个重要方面。基于此，3D 打印课程资源的开发与利用结合我校发展目标"时空有真爱，教师有梦想，学生有未来"而进行展开，为每一个学生的成长和发展提供帮助和支持。

3D 打印课程资源包括校本课程和区级课程。在实践中两套课程互补，促进了学生对创客学习的效果。

（1）校本课程的开发与利用。对教学学习材料的开发基于前期对调查研究学生的兴趣类型、活动方式和手段，了解学生的现有发展基础和差异，确立了 3D 打印课程学习材料的具体内容。学习材料分为理论部分和实践部分，其中理论部分设计了 3D 打印历史，3D 打印软件的介绍等 8 个教学内容，实践部分设计了简单模型制作，拼接模型制作等 8 个教学活动。

（2）区级课程利用。我区为促进创客教育发展编写了一套 3D 打印进校园的教材，这

套教材主要以各种模型的制作为主，侧重于软件和硬件的使用。学生在校本课程的基础上可以自己选择一些案例进行自学以达到补充的作用。

硬件资源包括3D打印机配套资源和创意坊场域资源：

（1）3D打印机配套资源。武汉金运激光公司在学校开展3D打印课程伊始即负责全面配套的硬件提供，如3D打印机、扫描仪等。后期深圳盛思公司又为学校配备一些开源硬件方面的硬件资源，如乐动魔盒、掌控板等。学生在制作出3D打印模型后还可以与智能硬件相结合，能更好地完成创客学习。

（2）创意坊场域资源的开发与利用。学校为了推进创想系列课程的建设与实施，将校内的功能室进行重新改造与设计，形成了工具间、加工房、操作间等创客工作坊，学生可以根据自己设计的舰船模型图利用木头雕刻工具、激光切割机等辅助工具，完成自己的3D打印作品。

（一）创客案例：创意雨伞夹

创意雨伞夹是让雨伞的水不滴到地上且节省空间的工具。美丽的外观、无需外动力的机械设计，使得雨伞夹成为教室的一道风景线，是3D打印创客的"致胜法宝"。它集安全和创意于一体，充分展现了学生动手操作能力和创新能力，体现学生对安全意识的重视。

（1）设计的基本思路：在下雨天，同学们都把雨伞带到教室中来，结果教室的地面就湿漉漉的，同学们很容易滑到。因此，萌发设计一个能让雨伞的水不滴到地上的工具的念头。这个设计分为两个部分，一个部分是把雨伞夹到桌子上，另一个部分是在雨伞下面加一个小容器来接水。这样夏天的时候这个设计还能夹住遮阳伞。

（2）设计创新点：第一，以简单的力学结构完成构建，无需其他动力，设计节能、环保、高效；第二，设计充分考虑到儿童操作的便携性、简易性，适合低龄段儿童使用。

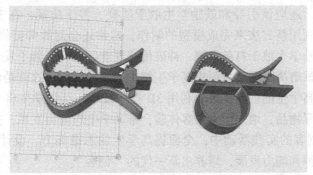

创意雨伞夹是武汉市育才第二小学"3S"课程之3D打印创客班沈思丽同学设计制作的，它是学生结合所学3D打印技术制作的、极具创意的3D作品，在2016年武汉市创新大赛中一鸣惊人，获得一等奖。

（二）基于3D打印的创客教育成效

通过基于3D打印的创客教育，可以提高学生综合能力，具体表现如下：

（1）激活学生创客学习的积极性。学生的认知水平和现阶段及未来发展的需要，就如何处理教材、如何设计课堂教学才能最大限度地发挥学生学习的主动性、积极性，使学生不但"学会"而且"会学""会教""会研究""会创造",进行了反复研究、实践,总结出适合该学科教学的"创客"型教学模式,学生从"要我学"转变为"我要学"的过程是一种特殊的认识过程、实践过程,也是创造价值的过程。追求价值是人们认识与实践的内在动因。现代教学价值体系论认为,使学生获得知识、发展能力、形成良好品格和掌握科学合理的方法是现代教学的基本价值。即教学具有知识价值、能力价值、品格价值和方法价值。在3D打印创客教育中,学生的学习过程呈现为DIY样态,学生独立构思,利用3D打印转变为实体化模型,让学生的抽象概念和设计,成为现实世界,让学习变得更加直观生动。创客教育为学生学习开辟新空间,学生融入3D打印活动激活学生的学习热情。

(2)提高学生动手能力。实践操作能激发学生的学习兴趣,变"要我学"为"我要学"。在教学中,利用学生好动、好奇的特点,从学生熟悉的生活情境和感兴趣的事物出发,提供观察和操作的机会,充分发挥学生学习的自觉性,把抽象的模型变为实际的物体,从感受中获得正确认知。3D打印为学生创设一个实践操作的环境,让他们把虚拟的模型变为实际的物体,这样使他们在获取新知识的同时,也学会了学习。学生各方面素质得到和谐发展,思维也就可以随之展开,很容易把全体学生推到主体的地位,调动学生的主动性、积极性让学生自己去动手操作,让学生利用已有的知识和经验,自己去尝试解决新问题,探求新知识,力求做到凡是学生能够自己解决的问题,都主动参与。这样,学生在操作中探索,在探索中创新,不仅能学技能,而且能学方法,从而培养了学生的创新意识和实践能力。基于3D打印的创客教育离不开学生的实践操作,从构思、设计、验证到打印,需要学生的实践操作。在实际教育教学中,学生通过交流学习,完成3D打印创客教育任务,提高学生的观察能力、制作设计能力和动手能力。

(3)培养学生创新能力。学生掌握一定的基础知识和基本技能是进行创新的基础,也是学生进行创新活动所必需具备的素质。有了一定知识的积累只能说为培养学生的创新能力奠定了基础,还不能说就为学生培养了创新能力,或者说学生就具备了创新能力。要培养学生的创新能力,还应该引导和鼓励学生敢于质疑,善于质疑,在3D打印的课程中,学生会不断地尝试利用新方法来完成模型的制作,常常还会对教师提供的方法产生质疑。这时教师要不断鼓励学生敢于打破常规,冲破传统观念的束缚,善于发现问题,敢于提出问题,鼓励学生尝试解决问题,从而提高学生解决问题的能力。这就是创新的开始,坚持下去,就能不断提高学生的创新能力。利用3D打印技术,帮助学生将个性化想法转变为极具创造价值的实际物品,增强学生创客体验,推动学生想象力发展,打造创客教育的新路径。在3D打印创客的实践活动中,全面提高学生的思维能力、设计思维和动手能力,推动学生的创新精神和能力发展,培养出新一代的"创客"。

[翁扬宇 科学教师 担任学校"3S"3D打印活动课程指导,江岸区创客核心教研组成员,多次获得个人各类创客(3D)奖项。所指导学生在各项创客(3D)比赛中获奖。在3D打印课程中学生的思维发散,往往会有新的想法提出,在和学生思维的碰撞中我也获得了很多收获,正所谓教学相长也!]

第三节 社会实践课程资源的开发

社会实践课程是以发展学生的社会素养,培养学生的人生规划能力和适应社会、UI

的基本素养和关键能力为目标的系列实践课程类型。在课程内容上我校的社会实践课程主要有研学旅行课程、农林实践课程、领导力课程和穿越武汉课程。穿越武汉课程则是以学生们生活的城市为基础，开展相应的研学活动。

我校的穿越武汉社会实践课程就是通过课程资源的多方整合才最终确定的，通过技术手段的运用，许多社会实践课程都有了自己的"实践地图"，学生们不仅可以在学校以集体的形式参与课程实践，同时也能自主选择，同家人一起自主选择研学路线，开展特色的量身定制的社会实践活动。

一、穿越武汉课程资源开发与利用

社会实践课程目前已经从本科阶段延伸到中小学教育阶段，国内也处于大力发展的阶段。我校以社会实践课程为背景，结合穿越武汉课程的校本化形式，依托家乡文化资源，通过开发利用环境教育、系列化主题活动等校内外活动内容，探索校本教育课程、网络教育等内容的有效实施途径，使学校少先队活动课程更加符合本地学生的心理与认知。

（一）穿越武汉课程设计理念

综合实践活动课程是指在教师的指导下，由学生自主进行的综合性学习活动，综合实践活动课程是基于学生经验，密切联系学生的生活社会实际，体现对知识综合应用的学习活动。

我校的"3S"特色课程为学生提供了更多的学习机会，对学生的个性发展提供了广阔的空间、创造了极大的机会，丰富了学生的学习体验，深受学生欢迎。学生们表示"3S"课程的开设，为他们提供了选择课程的机会，上他们所喜欢的课，学起来特别开心。

"3S"特色课程中的社会实践课程，注重引导学生参与真实的社会实践活动，增强社会责任感，发展学生的社会实践能力，包括社会实践、社会素养、人生规划等。实践课程中的研学旅行课程是行走的课堂，深受学生喜爱。学校课程小组立足家乡开展了"穿越武汉"主题研学活动。

（二）穿越武汉课程资源的开发

1. 依托武汉城市文化资源，创设社会实践环境课程

环境是开展社会实践课程的重要资源，分为显性文化环境和隐性文化环境。显性文化包括外显的物质环境，而隐性文化更多地在于环境的内在精神。

（1）利用显性文化环境，开发接触性课程教育

显性文化环境映照着整个城市的文化积淀水平和样式，显示着整体的城市精神风貌，是其他文化样式存在和发展的基础。武汉有黄鹤楼、红楼、武汉长江大桥、吉庆街、武汉江滩等显性物质环境。我们的课程通过景点游览与介绍相结合的活动课程实施形式，让学生在环境课程中了解身边的历史文化。

（2）利用隐性文化资源，引领熏陶式课程教育

"道德教育如不关心隐性课程，期望得到满意效果是不可能的。"带领学生参观武汉的城市精神的外化环境，我们登高远望极目楚天舒，我们跨越长江体会天堑变通途，我们到

抗洪纪念碑感受武汉的抗洪历史，到吉庆街品尝武汉的名小吃，到十里江滩看滚滚长江东逝水，双桥飞架南北，品武汉现代城市发展人文变化。学校依据城市精神进行诗词创作、书法绘画、科技创作、作品展示、课本剧表演等活动，让学生在活动中感受、领悟、传承武汉精神，使精神活动课程达到"润物细无声"的效果。

2. 依托武汉城市文化资源，建设网络教育课程

互联网在我国已成为继报刊、广播、电视传统媒体之后的第四媒体，深入人们的生活。社会实验活动课程中也要积极运用新媒体。教育云空间在我们育才二小已经运用多年，特别是推出了手机客户端——"家校帮"之后，极大地方便了教师、家长和学生，使它的便捷性、及时性和互动性的优点更加凸显出来。穿越武汉活动之后，我和学生把我们拍摄的照片和感想发在各自的空间里，立刻引起了家长和同学的强烈反响，全校师生都可以通过空间动态看到我们外出游览活动的实况，他们可以通过手机在活动照片下即兴点赞、留言和评论，而我也可以及时看到并进行回复。这种线上线下的互动方式，扩大了活动的影响，增加了活动的参与面，学校很多同学都表示非常想加入我们的社团呢！

3. 依托武汉城市文化资源，挖掘校本教育课程

众所周知，武汉是湖北省省会，民国时期汉口高度繁荣，被誉为"东方芝加哥"，武汉三镇综合实力曾仅次于上海，位居亚洲前列。武汉地处江汉平原东部，世界第三大河长江及其最大支流汉水横贯市境中央，将武汉城区一分为三，形成了武昌、汉口、汉阳三镇隔江鼎立的格局。唐朝诗人李白曾在此写下"黄鹤楼中吹玉笛，江城五月落梅花"，因此武汉自古又称江城。2017年以来，我校广泛搜集、研读地方历史文化，创编了《走近楚文化》校本教材，"两江四岸"这一系列详细介绍了武汉极具特色的滨江滨湖水域生态环境，长江汉江以及龙王庙南岸嘴的历史变迁。"巍巍楼阁系列"就介绍了武汉的黄鹤楼、古琴台、红楼、晴川阁四大名楼。"百湖之市"这一系列专门介绍了以东湖为首的武汉市著名湖泊，凸显了大江大河大武汉的城市特色。还有"武汉美食"系列，介绍了户部巷、吉庆街、万松园、老通城、四季美等武汉特色美食街、名小吃，让学生们深入了解武汉城市饮食文化。"武汉的桥"系列，在介绍武汉长江大桥这座万里长江第一桥时，我们朗诵了毛主席的诗句"一桥飞架南北，天堑变通途"，让学生参观拍照写感想，除此之外，武汉还有很多的桥值得学生去调查、去了解。除了对以上材料进行教学课时保障外，还需对教材进行二度开发。我们通过分层学习，让低年级学生在喜闻乐见、新鲜有趣的形式中学习课程内容，如诵读黄鹤楼诗歌；中高年级采用演讲、表演、辩论等形式，了解历史文化故事。让学生通过在放松、观赏、游览、体验中，获得历史文化和自然风光的双重享受。

（三）穿越武汉课程实施效果

1. 横向活动开发，建立多样化社团实践活动

学生认知与行为是在各种实践活动过程中不断渗透养成的，对学生而言，单纯地让其学或懂得知识的教育，不能真正实现认知的发展与行为的养成。我校依据现有的城市文化资源建立参观游览活动团体，聘请学校优秀教师、家长、专家担任辅导员，给学生讲授武

汉当地景点知识。

2. 纵向主题设计，开设层次性校园主题活动

根据武汉文化精神与学生认知，我校开设形式多层次的校园活动。围绕"穿越武汉"这一主题，低年级开设参观与绘画——"画画我心中的武汉"活动；中年级开设参观与写话——"写写我心中的武汉"活动；高年级在此基础上加入征文——"赞赞我心中的武汉"活动。创作展示活动中，学校使低、中、高三年段学生都能参与同一主题不同层次要求的活动，体验系列研读活动的乐趣，实现展示自我、城市精神内化的过程。

3. 动态活动创新，开展个性化主题活动

在教育与生活过程中，学生会出现这样或那样的问题，班级也会出现一些特殊的状况，为此活动课程设置要依据时代主题和本班学生的认知与行为特点，开展个性化、班级化、具有时令性的主题活动，深化城市文化精神，促进活动课程校本化、班级化。在进行接近三个月的学习之后，我们发现学生搜集了很多素材，还外出积累了旅游的经验，为了提高学生的综合实践能力，我让社团的学生为武汉的游客设计一日游、两日游、三日游的方案。没想到学生给了我们很大的惊喜，设计的方案图文并茂、形象生动、时间活动安排合理、切实可行，当同学们把各自的作品上传学生群之后，还达到了学习和交流的目的。

活动组织是实施社会实践课程的具体组织形式，是实现学校活动课程目标，落实课程内容的途径。我校校本活动实践课程通过外在环境熏陶使活动生活化，利用网络武汉城市资源使活动更加现代化，运用校本课程使活动课程特色化，采用系列主题活动使活动更具层次性与个性化。这些多样化的实践活动使整个活动课程具有校本化的同时也更具生命力与生长性，为健全学生个体的心理品质、开发心理潜能、培养学生积极优秀人格和塑造可持续健康发展的人生奠定了扎实的基础。

（赵雯 品德教师 担任学校"3S"中的社会实践课程指导，全国电子白板说课一等奖获得者，注重引导学生参与真实的社会实践活动，增强社会责任感，发展学生的社会实践能力，实践课程中的研学旅行课程是行走的课堂，深受学生喜爱。）

二、"走进社区，关爱残疾人"教育实践探索

残疾人是一个特殊的群体，他们的成长道路上充满了艰难和困苦，他们在发展的道路上要付出比常人更多艰辛的努力。尊重残疾人的受教育权、发展权，给他们以平等的权利、同等的机会，是政府和全社会义不容辞的责任。关爱残疾人事业是一项公益事业，是一项社会事业，是一项教育事业，更是一项慈善事业，需要政府和社会的共同关怀和支持。我校紧密结合教育前沿发展方向，开展了以"基于学生核心素养发展的'3S'特色课程理论与实践研究"为主题的"走进社区，关爱残疾人"的教育研学实践活动。

（一）"走进社区，关爱残疾人"课程资源设计理念

尊重、理解、关心残疾人这一弱势群体，并给予帮助，是社会文明进步的标志。当前，在全社会大力弘扬人道主义，倡导和谐发展、扶残助残、团结互助，促进残健同行已成为现代人高尚的道德情操，这本身就体现了中华民族扶贫济困、助人为乐的传统美德，

是社会主义精神文明的重要内容，对社会稳定和文明进步有着积极的促进作用。扶残助残的传统美德和残疾人自强不息的精神，作为现代社会的宝贵精神财富，在社会主义精神文明建设和发展社会主义先进文化中得到广泛宣传和弘扬，有力地促进了良好的社会风尚的形成。同时，残疾人事业的发展，也是一个国家文明进步的标志，只有把关心残疾人事业变成全社会的自觉行动，残疾人事业才会有更大的发展，全社会的文明程度才会真正提高。但是，实际情况却不尽如人意。在社会上，歧视残疾人的事件屡屡发生。就在我们的身边，也经常会看到一些不尊重残疾人的现象，甚至在校园里，一些人还取笑同学的生理缺陷，背地里称他们"小瘸子""小四眼儿"等。他们对残疾同学的绰号叫得是那么轻松有趣儿，一点儿也没有意识到残疾同学内心有多么痛苦，一点儿也不理解残疾同学每天来上学需要多么大的勇气，需要克服多么大的困难。让学生帮助残疾同学做点儿事，大多数学生也愿意去做，不少人还很积极。但是，他们在做好事时，往往出于我能帮助你的优越，并没有意识到扶残助残是平等关怀残疾人的自觉行动，而不是轰轰烈烈的突击行为。对于残疾人，我们不能只有所谓的忘却和无视，而是要给予更多的关心和理解。只有这样，人与人之间才会团结起来，爱才会传播到每个残疾人的心中。关爱残疾人，并不是一味地同情他们，残疾人同样也有自己的自尊心，帮助他们找回生活的信心，积极地面对生活。关爱残疾人，使他们在黑暗的世界里看到美丽的世界和无限的光明；关爱残疾人，使他们在无声的世界里聆听大自然的声音和表达自己内心的愿望；关爱残疾人，使他们残缺的身体变得完整，心灵的创伤渐渐愈合。因此，我校开发"关爱残疾人"课程资源来增强学生们的扶残助残意识。希望通过这个课程，使每个学生都建立起自觉的社会公德意识。把扶残助残当成同学们的自觉行动，这是我们每个人的责任。帮助学生们提高对残疾人事业的认识，能在每个学生心里深深埋下平等关怀的种子，把扶残助残变成自己的自觉行动。

（二）"走进社区，关爱残疾人"课程资源的开发与利用

课程与课程资源之间有着非常密切的关系，课程资源开发与利用是课程研究领域的一个重要方面。基于此，"走进社区，关爱残疾人"课程资源的开发与利用结合我校发展目标"时空有真爱、教师有梦想、学生有未来"而进行展开，为每一个学生的成长和发展提供帮助和支持。

这一课程资源来自于一个偶然。劳动街道是江岸区教育局初教科科长林金桃"联包驻"包保单位，她在走访过程中，得知惠中社区有个专门为劳动街残障智障特殊人员开设的"阳光小屋"，这里集中着社区里的残疾人群体，他们有的肢残，行动不方便；有的智残，生活不能自理，每天集中在"阳光小屋"训练协调能力和生活自理能力，进行一些智力开发和学习。于是，她便指导学校挖掘身边资源，创造性地开展社区教育活动。从 2018 年 3 月 5 日起，我校党支部邱承军书记就带领党、团、队的志愿者们开展了定点助残行动。在林科长的牵线搭桥下，每周一和周三，学校都会安排音乐和美术教师到"阳光小屋"来，带领这些残疾人进行学习。同时每周四下午，我校的微爱志愿服务队的学生志愿者们也会在教师的带领下，来到"阳光小屋"和他们手拉手做游戏，与他们"同上一节课"，大家一起唱歌、画画、做手工，用温暖与爱呵护他们孤独的心。

（三）"走进社区，关爱残疾人"课程资源利用效果

1. 让学校教育服务社区

当前，学校教育是在一个前所未有的复杂环境中进行，各种因素制约和影响着学生的健康成长。学校教育与社区教育外部环境的矛盾更加凸显，单靠学校封闭式的教育已行不通，随着新一轮课程改革的进一步深入，传统教育的弊端日渐彰显，学生自主能力不足，依赖性强，缺乏创新精神和实践能力。这一切是造成我国科技进步在经济发展中贡献率较低的关键原因。如何从根本上转变经济增长模式，必须加强学校教育，提高学生的自主创新精神，真正实现科教兴国。

学校教育只有在实践中才能实现蓬勃发展，所以学校不仅仅在社区开展活动，更为重要的是，利用社区资源，弥补学校教育的不足，从根本上改变学校教育脱离现实的现象。

为了让学校教育更好地服务社区，在实施教育的过程中，我校成立了由校长、党委书记、教导主任担任的社区教育领导小组，加强对社区教育工作的领导和组织管理。同时，我校还定期组织一批优秀的教师来到社区，为这些残疾人授课，让这些特殊人群也能享受到优质的资源。

我们的学生来源于社区，将来经过学校教育后也要回归社区。这样的交流打通了学校教育与社区教育之间的障碍，延伸了社区教育的边界，不失为一种新探索，希望将来能发动更多的学校教育服务社区。

我们打破学校的围墙，充分利用社区的各种资源，使学生能够直接感受和学习来自社会的最真实的经验和认识。学校社区之间的社区文化建设能进一步造就了文明和谐的环境，并促进了学校精神文明建设。在共建活动中，不仅广大学生在各项社区活动中担当起了重要角色，也为社区的精神文明建设做出了贡献。在社区教育的参与中，学生受到良好的民族传统教育，学生的公民意识、思想道德修养不断提高，社会实践能力和回报社会的服务意识得到了增强，学校的校风建设日见成效，并推动了学校的办学水平，学校良好的办学声誉在社区中建立。

学校社区教育的开展是学校、社区双赢的工作。但是，学校社区教育工作的进一步深入也存在着一些值得进一步探讨的问题，如学校发展如何更好地利用社区资源、如何建立学校社区教育文化建设的长效管理机制、如何通过更高部门的领导引领社区的教育文化建设等，这些问题还需要更多的探索与思考。

2. 全面培养学生素质，同时提高社会对残疾人的关注度

学校社区互动的核心，是社区服务学校教育，教育服务社区发展。采取双向参与，共同管理，互相帮助等形式来开展社区教育活动。引导学生参加社会实践活动，提高学生的综合素质和社会化水平。结合学生和社区实际，组织开展内容丰富，形式多样的社区教育活动。

一是开展思想品德、行为规范教育系列活动。组织学生每周四为惠中社区打扫卫生，与残疾人同上一节课等社会公益活动。通过学生自身实实在在的善举来为社会做贡献，产生良好的社会效益。

二是与社区共同开展融科技、文化、艺术、体育等内容于一体的课外兴趣活动。带领学生每周四在"阳光小屋"和残疾人一起开展各种兴趣活动，如读诗歌、剪窗花、唱红歌等等，使学生学到了许多在学校里学不到的知识和体验不到的乐趣。这个课程资源的利用，首先，培养了学生的社会责任感，以实际行动为爱心事业的发展及美好中国梦的实现贡献力量。其次，丰富生活体验，学生利用每周四时间，参与一些有意义的活动，既可扩大自己的生活圈子，更可亲身体验社会的人和事，加深对社会的认识，这对志愿者自身的成长和提高是十分有益的。再次，提供了学习的机会，学生在参与活动的过程中，除了可以帮助残疾人以外，更可培养自己各方面的能力。学习新知识，增强自信心及学会与人相处等。与此同时，也提高了社区居民对于身边残障人士的关注，为社会弱势群体带来更多关爱。"志愿服务源于心，献出爱心在于行"。学校的微爱志愿服务队牵手阳光小屋的爱心助残课程会继续下去，更希望大家都携起手来，让爱心传递，共同创造和谐家园！

（王昕　语文教师　担任学校"3S""走进社区，关爱残疾人"的教育实践探索活动课程指导，武汉市优秀班主任，江岸区师德建设先进教师、江岸区优秀青年教师、江岸区优秀中队辅导员。这一课程能充分利用社区教育资源，把学生带进社会的大课堂中，对促进学生健康成长有着举足轻重的作用，而学生的参与也为社区提供了鲜活的力量。）

■第五章

"3S" 特色课程的组织实施

【核心提要】

　　课程设计方案最终需要在实践中检验其合理性与有效性，即在课程实施的过程中不断优化课程设计。课程实施是指把课程计划付诸实践的过程，它是达到预期课程目标的基本途径。武汉市育才二小秉承着"创建学习空间，为课程提供实践场所；培养特色课程教师，为课程实施提供师资保证；开发'3S'特色课程，打造'3S'特色教育课程体系；构建'3S'特色课程教育评价体系，促进核心素养发展"的理念，以制度建设和设施保障为两翼，确保"3S"特色课程稳步推进、落到实处。

课程实施是指把课程计划付诸实践的过程，它是达到预期课程目标的基本途径。我们秉承着"创建学习空间，为课程提供实践场所；培养特色课程教师，为课程实施提供师资保证；开发'3S'特色课程，打造'3S'特色教育课程体系；构建'3S'特色课程教育评价体系，促进核心素养发展"的理念，确保"3S"特色课程稳步推进、落到实处。

第一节 "3S"特色课程的实施路径

一、全方位实施准备

1. 学习空间再造

空间是与时间相对的一种物质客观存在形式，由长度、宽度、高度、大小表现出来。通常指四方（方向）上下。学习空间是我校"3S"特色课程实施关注的一个重点。从以往来看，我校的校园学习空间设有图书馆、数学广场等，校园建设与学校课程建设表面上分属两个完全不同的领域，学校空间使用者与建设者之间没有太多交集，教师和学生也很少有机会可以参与学习空间的建设。但是，学习空间往往承载着教育理念，不同的教育理念需要不同的学习空间来支撑，两者不是脱离的，而是相辅相成的。

我们充分意识到学习空间正在成为学校课程变革和"3S"特色课程实施的一个重要支点，在学习空间再造过程中，我们邀请学生代表及教师代表参与其中，着力打造满足师生发展需要的学习空间，提出了"学习空间再造"的课程实施理念。

在 2012 年，美国学者 Brooks 对传统教室的教学成果和新型教室的教学成果进行了对比研究，他认为，不同的学习空间塑造不同的教学行为和不同的学习行为，学习空间和学习活动关系密切，特定的学习空间会激发和促进特定的学习活动。我校课程实施团队的成员一致认为，学习空间不管是物理学习空间还是虚拟学习空间，都应能让学习者聚在一起，让他们或是探索、或是协作、或是讨论。因此，结合"3S"课程的实施需求，我们邀请专业的团队对学习空间重新设计与建造。

我校校园学习空间从"为集体授课而建"转向"为个性学习而建"，通过重新设计学习空间，对传统校园环境、教室、功能室进行改造，建立了悦读空间、电子悦读书屋、数学广场、小型高尔夫球场、微电影制作室、创意坊、非遗公园等多元化的学习空间，打破工厂式的布局方式，增加空间的开放性和课程实施的灵活性，支持教师开展创造性的教学活动，促进学生的深度参与，弥补了正式学习与非正式学习的界限。在数字化技术的支撑下，对物理教学空间进行多样化的设计，帮助学生和教师分别找到更适合自身的学习方式和教学方式，让环境为学生的核心素养发展注入新的动力。

2. 学习资源重组

课程学习资源建设是课程实施的重要保证。"3S"特色课程学习资源重组，我们根据学校"十三五"规划课题的精神，结合时代发展背景，设计适合学生的课程，拟定适合学生年龄特点和学习生活实际的课程内容。课程在前期准备阶段划分了三大领域：涵盖创想课程、美德课程、社会实践课程。创想课程包括三模课程、机器人魔盒课程、3D造物课程、动漫制作等；美德课程包括楚剧课程、舞蹈课程、韵律操课程、篮球课程等；社会实践课程包括社会实践、社会素养、人生规划等。在此基础上进行学习资源重组：

第一步构建新知"生长点"。为了实现学生学习效益的最大化，对各种显性和隐性的学习资源进行加工重组，极大限度地满足学生发展的个性化需求。每一门特色课程都有专属的"设计师"，剖析学情与教情，从学生的生活经验和知识起点出发，找到与课程的切合点，形成课程资源建构的构建新知"生长点"。

第二步形成学习"着力点"。在"生长点"上，课程"设计师"会针对自己所负责的"3S"课程进行课程设计指南和课程教学设计等一系列学习资源构建，从而形成课程资源建构的学习"着力点"。

第三步打造资源"增值点"。在充分挖掘校内学习资源基础上，课程"设计师"还会扩大资源范围领域，在校园外深度探索与本课程联系紧密的资源，并进行合理的利用与加工，打造课程资源建构的"增值点"。

第四步提升再生"连接点"。在前三步的基础上，课程"设计师"们会利用课程反馈学习评价表，在课程实施中和课程结束时对学生进行问卷、访谈等多样形式的测评与反馈，对课程资源重组的效果进行综合性评价，然后提升资源再生的"连接点"。

最后，教师针对课程需要进行学习资源设计，指导学生充分利用学习资源，获取和整合有价值的信息，实现学习资源的充分挖掘和合理利用，达到资源重组的最佳组合和学习的最佳效果。

二、线上选课与走班制教学

我国传统的教学模式以固定的班级授课形式为主，这种形式注重集体化、同步化、标准化，长于向学生进行集体教育，对文化基础知识的普及起到了积极的作用，但是在适应学生个别差异和个性发展方面稍有欠缺。学校教育教学如何兼顾全面性和个别性？我们不断地思考与探索，提出既要兼顾均衡发展，同时又要满足个体需要，并作为我们课程改革实施路径的指导思想。于是，我们尝试了走班制教学模式的构想。

"走班制教学"就是一种打破固定的班级授课形式，按"3S"特色课程内容重新编班，学生根据自己的兴趣、特长、爱好及已有的学习程度选择不同的学习内容，走入不同的班级进行学习的教学模式。

"3S"特色课程的参与学生可以根据前期对课程的了解，并结合自身的兴趣爱好、特长等在学校自主研发的网络线上选课平台在线选择课程及任课教师，每周四下午第三节课的学生"综合实践活动日"进行走班制教学，打破班级界限甚至年级界限，每位学生根据自己选择的特色课程走进不同的功能室、场馆等，进行个性化的学习。除了走班外，在综合实践活动日，我们还邀请了部分家长参与到走班教学中，实现了内容丰富、形式多样的家长课堂，充分拓展课程师资资源，丰富学生的学习体验。每周四的下午 3：40—5：00，三、四年级近 1200 名学生走进不同的功能教室或活动场馆，完成课程学习，确保学生全员参与、全程参与，提升学生能力，发展个性化、多样化的校本特色。

走班制极大地满足学生的兴趣爱好，给予学生学习自主选择权，充分地体现了学生的主体地位，很大程度上促进了个人特长的张扬，做到"个性化"发展，促进学生思维方式创新和身心自由发展。另外，走班制学习组织方式不仅仅体现在以课堂为主的教学中，也可以体现在学生的研学旅行、穿越武汉等社会实践的课程中。

为了让走班制落到实处，学校电教组教师团队进行自主设计与研发，设计了网上选课系统，该系统集选课信息的发布、查询与管理于一体，其关键是基于互联网的 Web 数据库连接技术及 Web 页面的动态生成和信息交互技术。选课系统的核心数据是有关课程信息的描述数据，在本系统中用课程代码和课程序号唯一确定一门具体的课程。课程代码描述某一特定类的课程，课程序号用来区分讲授此课的各个教师，每个教师赋予不同的序号。"3S"特色课程的基础信息在每次选课开始前在学校官网上进行公布，学生通过上网了解不同"3S"课程授课教师及课程学习内容的基本情况，以便做到心中有数，为选课做好充分准备。

学生正式选课时，通过浏览器将其预选课表及相关信息从服务器载入到学生客户端，并以醒目的方式显示在屏幕上。对线上选课中其容量满足报名人数的要求，系统则将其自动选中，并显示学生报名成功。如果超过课程容量的最大限度，系统会自动提示学生进行其他课程选择。线上选课系统为"3S"课程的顺利开展做好了扎实的准备工作。使用先进的技术手段和管理方法处理成百上千的选课数据，基本满足了本校千余名学生对"3S"特色课程的选课要求，为提高选课效率提供了不可缺少的技术支持。

三、无边界学习

由于受传统课程思想的影响和现行教育体制的制约，在当前的课程实践中存在诸多相互对立的二元结构，诸如社会与学校、教师与学生、课程与生活、知识与经验等，不对这些相互对立的二元结构进行有效的解构，就不利于学生自我生活意义和自我人生的建构。在这样的大背景下，我校针对课程改革提出了"无边界学习"的理念，指致力消解传统课程中广泛存在的二元对立结构，关注人的生活、生命与经验，重组学生个体"传记经验"，促成学生自我建构。

（一）学科课程无边界

分科教学在全世界范围的普及，有其时代必然性。今天学校普遍实施的分科教学，就是知识分化在学校教育中的映射。分科教学对于解释自然现象以及系统性学科知识的习得很有帮助，但它并不能完整反映现实世界的复杂性和趣味性。真实生活都是以整体的方式呈现的，城市建设、环境保护、交通治理等生活常见现象，都是任何单一学科无法解释或解决的。尤其是，对于处于基础教育的小学生来说，他们眼中的世界本来就是一个整体，分科教学强行对其进行划分，建立起一个又一个界限分明的学科领域，割裂了在校学习与生活经验的联系。近年来，随着交叉学科的大量出现，传统的学科界限愈加模糊，多学科知识的交叉与综合正在成为世界科技创新的重要途径。目前，在大学理工科教育中，率先出现了取消分科、进行整合教育的趋势，创想教育和创客教育的兴起也是这种趋势的体现。

我校从生活中真实问题出发来重新制订学习方案，开展基于跨学科的项目式学习，将散落于不同学科的知识碎片整合起来，找到共同点，形成一种更加全面、相互衔接、融会贯通的课程体系：

一是基于学科的整合模式。该模式以学科知识为基点，把相关领域的知识串联起来，加强学科之间的联系，引导学生在任务驱动下开展深度学习，帮助他们建构起属于自己的完整知识体系。例如，科学学科以六年级学生为对象开展以"设计制作一座桥"为主题的项目式学习，提出设计一座桥的学习任务，整合形状与结构单元的学习，学生自主研究不同类型桥梁结构的优缺点，进而对桥梁进行团队设计与建造，最后进行测试和调试。整个过程基于学科的整合模式，学生变"被动学习"为"自我驱动学习"，教师由"课堂主导者"变"课堂引导者"，实现教育教学的方式变革，促进知识的融合式学习。

二是跨学科的整合模式。该模式主张建立知识与现实世界的必然联系，鼓励学生像科学家一样思考问题，像工程师一样解决问题，开展面向真实生活的主题教学，灵活设置长短课、大小课和阶段性课程，引导学生用更加全面的视角来解决复杂的现实问题。例如，综合组以"武汉的美食"为主题开展跨学科项目式学习，从走进美食的人文历史到学习美食的制作方式、设计美食宣传画册、美食的外文推介……武汉的美食课程融合了语文的人文知识、艺术的手绘、英语表达等多学科学习，在基于问题情境下，一条主线联合多学科知识，使得学习进阶呈螺旋式上升，并延展到文学、美术等方面，着力培养学生的综合性学习能力。

（二）三尺讲台无边界

无边界学习离不开信息技术的深度参与，但绝不是在虚拟空间再建一所有围墙的校园。新技术与个性化学习理念紧密结合在一起，为学校"3S"特色课程带来了新的可能。打破三尺讲台的局限，换句话说，就是要解开空间的限制，积极整合各种学习资源，创设新型的教学模式。今天，我们再也不能把互联网当作一种单纯的技术手段，而要把它视为一种新的思维方式。用互联网思维改造"3S"特色课程，拆除三尺讲台的边界设置，打破传统课堂的时空限制、促成思维的跨越和创新、进行资源重构和整合的新型课堂模式。这种模式可以和传统模式一样，利用真实的课堂进行授课，但要在这基础之上充分利用网络多媒体进行辅助。

我校英语学科利用在线教育让学生直接与外教教师对话，以培养学生的口语交际能力。除此之外，教师还可以利用一些现代化的技术手段，利用网络通讯技术与学生进行实时沟通，在了解他们学习状况的同时，还可以为他们答疑解惑，并且基于此，努力培养学生学习英语的兴趣，引导他们积极发现生活中的英语元素（比如公共区域的一些英语标语），并有意识地去学习。最后，学校还采取一些措施来延伸三尺讲台的"界限"，比如建立"英语学习角"、在校宣传栏里专门抽出一个版块来讲解英语知识、在校园指示牌上和图书馆内帖一些英语标语等等。总而言之，但凡能利用的教学资源和校园空间都可视作学校"整改"的目标，要让英语元素渗透进整个校园的方方面面，让学习氛围充满整个校园，以此来充分延展三尺讲台的"边界"。

同时，我校的学生、家长及教师都可以在互联网上发布自己的课程学习资源和课程学习视频，让每一位参与"3S"课程的学生不一定要在具有三尺讲台的传统教室内进行集中学习，碎片化的时间可以在此种模式下得到极大的利用及优化。例如，语文学科组构建起"主题悦读"网络课程体系。课程分为国学经典、文学博览、百科探索三个模块进行网络教学，以开放性面对育才二小的全体学生，学生可以在三尺讲台之外找到学习的新途径。执教者会自己去广泛学习、搜集信息、提炼要素、设计教程、初步拟定后再到小组中进行研讨，共同研磨，寻求合适的教材整合内容，提高教学设计的高效性、科学性和创造性，最终录制微课或慕课教学视频共享于教育资源公共服务平台，实现建立虚拟世界的无形的学校，打破三尺讲台的边界。

（三）校园大门无边界

建立学校与外部社会的协同机制，推动学校与科研机构、高新技术企业、社区、家庭等开展跨界合作，构建多元共治的学校治理结构，形成校内外相互沟通、资源高度共享的办学格局。我校努力将知识学习与社会实践、社区服务、参观考察、研学旅行等结合起来，学习既可以在教室，也可以在田野、社区、博物馆、科技馆和高新技术企业，甚至可以去不同城市游学，把正式学习与非正式学习融为一体，让整个世界都变成学生学习的校园。例如，每年我校都会进行国际研学活动，赴世界各地感受不一样的人文底蕴与文化传统，将非正式学习穿插于行走的课堂之中。我校六（5）班孙冰晔曾赴澳大利亚进行研学，他发现墨尔本为教育培养青少年建设适合不同年龄段人群的多样化健身活动设施，回国后通过对汉口片区公共场所的实地走访调研，结合年初在澳大利亚交流学习期间的亲身经历，对武汉市公共户外健身设施的建设和发展颇有感触，给武汉市市长写了一封信《关于武汉市和墨尔本市公共户外健身设施建设的调查比较》，并提出了相关建议。他的建议获得回应，武汉市体育局在汉口江滩三期启动建设适合不同年龄段青少年的户外活动设施。2018年4月25日，这个命名为"汉口江滩儿童友好公园"的青少年活动场所就已经正式对外开放了。校园大门无边界让学生在行走课堂学习外又有了更多的体验与发现。

利用所有学习资源环境，给学生提供一个在任何地方、任何时间、使用身边任何可以获取的学习机会来进行学习活动。在无边界学习理念的引领下，学校、家庭、社区和共建单位以及所有的学习空间将能够有机地整合起来，形成学习者进行"3S"特色课程学习的合力。实现现实学科课程无边界、三尺讲台无边界、校园大门无边界……让一切的学习元素成为"3S"特色课程实施路径的关键要素，塑造学习的无缝平台。

四、构建学习共同体

"学习共同体"是指一个由学习者及其助学者（包括教师、专家、辅导者等）共同构成的团体，他们彼此之间经常在学习过程中进行沟通、交流，分享各种学习资源，共同完成一定的学习任务，因而在成员之间形成了相互影响、相互促进的人际联系。在传统教学中，教师、学生同时在一个教室中参与教学活动，彼此之间可以很容易进行面对面的交流，可以自然而然地形成一定的学习共同体，比如一个学习小组、一个班级，乃至一个学校，都可能成为一个学习共同体。而在基于网络的远程学习环境中，学习共同体必须经过有意识的设计才能形成。

师生学习体的提法是对"共同体"这一概念在教育领域的拓展与应用。在"3S"特色课程的指导思想引领下，我校师生共同体逐渐发展成为以教师和学生为主体自发结成有意义的平等关联，从而形成促进彼此学习与发展的一个有机生态系统。它主张平等地位、有意义关联、共同发展三个方面。在实践方面，首先，我校积极投身关系意识与提升师生关系的层级，促进产生师生平等地位的认知，如开展"我是小教师"活动，鼓励学生走上讲台，成为同伴的"小教师"，分享知识和掌握知识的方法；其次，我校大力构建师生学习共同体的平台，通过提供培训的机会，不断提升教师教育教学业务水平和"3S"特色课程建构能力水平，扎实推进师生的共同发展。

在构建学习共同体过程中，"学习共同体"被证明是一种高效的学习组织形式，能有效促进学习者的进步成长。

（一）有利于激发成员的学习主体性和积极性

学习共同体为其成员提供了一个具有良好学习环境和学习氛围的场所，能够最大限度激发他们的学习主体性和积极性，激发他们学习和探索问题的兴趣。在这种学习形式中，师生处于平等的认知地位，二者在轻松愉悦的氛围中获取解题思路、迸发思维灵感，学生是学习的主人，而不是被动的接受者。此外，在这种学习环境中，师生以合作探究的方式推进教学活动，教师不再以知识水平凌驾于学生之上的姿态出现，亦不再是教学活动中至高无上的权威，而是与学生共同学习、共同进步，这种新型的师生关系让学生不再依赖教师的输入或是对教师的指令言听计从，所有学生均能享受自主探索的快乐。教师以学习友伴的形式加以引导，而学习的过程则完整地还给学生，让学生体会思考的理趣，与自己对话，在体验中切实感知自己的进步，从而爱上学习。

（二）有利于发掘和共享共同体资源

在学习共同体背景下，成员的学习具有较强的交互性，大家共同学习，就某个问题进行磋商，和其他人一起分享自己的学习心得和体会，从而能够吸收他人的意见和建议，博采众人之长，加速自己的进步。同时，还能够在短时间内集中力量办大事，尽快解决所遇到的困难和问题。每个人的知识储备不同，传统学习方式是教师与学生进行一对多交互，信息传递以教师为中介，学生之间沟通的机会不多。在学习共同体中，学生与学生之间可直接进行多对多交互，极大地增加了沟通的路径，扩充了信息交换的数量，面对丰富的信息，学生必须同步进行分析、选择、辨认，不断输入新知。这一过程既扩充了学生的知识储备，又有利于资源的优化配置，促进群体间知识流动。

（三）有利于培养共同体成员的合作意识和团队精神

与个人处于孤立、封闭的学习状态相比，学习共同体要求其成员能够互惠互利、优势互补，营造宽松、和谐的学习氛围，加上成员之间分工合作，共同分享知识与经验，从而能够提升组织的凝聚力，锻炼和培养成员的合作意识和团队精神。学习共同体背景下的学习过程包含人际交往过程，学习参与者必须在心理相容、良好沟通的前提下方能开展有效学习。为实现良好的学习伙伴关系，学习者在关注学习目标的同时，必须时刻监控自己的交际行为，提升自己的人际关系，积极开展互助合作。同时，共同体成员有一致的学习目标，为实现这一目标，团队成员须克服困难、相互包容，紧密联系在一起，这一前提成为情感的催化剂和关系的润滑剂，极好地发挥了集体对个人的正向影响。

（四）能够大大提高学习效率

由于学习共同体背景下成员能够彼此交流和分享知识、经验，吸收他人的意见和建议，博采众人之长，为我所用，因此，能大大提高学生的学习效率，加速自己的进步。美国缅因州的国家训练实验室曾研究了不同学习方式的平均保持率，结果显示，"听讲"的学习效果最低，两周后学生只能记住 5% 的内容，"小组讨论"方式可以记住 50% 的内容，"做中学"或"实际演练"的学习效率可以达到 75%，"教别人"或"马上运用"则可以达到 90%。可见，团队学习、主动学习、参与式学习的效果更好。我校设置的"我是小教师"活动，正是通过"小教师"形式，鼓励学生输出知识，分享学习方法，在运用中提高学习效率。

总之，学习共同体是由学习者及其助学者共同构成的团体，他们共同学习、彼此分享知识和经验，追求学习的高效率。同质性、民主性、合作性、开放性、反思性是学习共同体五大特征，具有积极的意义。

师生共同体更加接近教师发展与学生发展的内在本真，它的提出使我校"3S"特色课程的实施有了实践基础，师生学会在共存、合作、交往的过程中共同学习与进步，注重以学生为中心建构学习共同体，确保学生更好、更有效地学习，促进学生的全面发展。

第二节 "3S" 特色课程的评价与管理

一、定期监测，追踪学生关键能力发展

（一）关键能力的内涵

中共中央办公厅、国务院办公厅印发的《关于深化教育体制机制改革的意见》明确提出："要注重培养支撑终身发展、适应时代要求的关键能力。在培养学生基础知识和基本技能的过程中，强化学生关键能力培养。"并进一步指出要培养四种关键能力即认知能力、合作能力、创新能力、职业能力[1]。我国学者钟启泉认为关键能力的概念不仅是单纯的知识技能，而是包括了运用知识、技能、态度在内的心理的社会的资源，能够应对特定的境脉中复杂课题（要求）的能力。"关键能力"涵盖了三个范畴：其一，运用社会的、文化的、技术的工具进行沟通互动的能力（个人与社会的相互关系）；其二，在多样化的社会集团中形成人际关系的能力（自己与他者的相互关系）；其三，自

---

[1] 中共中央办公厅、国务院办公厅印. 关于深化教育体制机制改革的意见 [N]. 人民日报，2017-09-25.

律地行动的能力（个人的自律性与主体性）。居于这种"关键能力"框架核心的是个人的反思性思维与行动的能力。这种"反思性思维"不仅是指能够应对当下的状况，反复地展开特定的思维方式与方法，而且具备应变的能力、从经验中学习的能力、立足于批判性立场展开思考与行动的能力。其背景是应对以"变化""复杂性"与"相互依存"为特征的未来世界的必要性①。

著名学者田中义隆认为"关键能力"（key competency）由三种能力构成（如图1所示）：其一，使用工具进行沟通的能力（使用语言符号及文本沟通互动的能力；使用知识与信息沟通互动的能力；使用技术沟通互动的能力）。其二，在异质集体交流的能力（构筑与他者关系的能力；团队合作的能力；处理与解决冲突的能力）。其三，自律地行动的能力（在复杂的大环境中行动与决策的能力；设计与实施人生规划、个人计划的能力；伸张自己的权益、边界与需求的能力)②。

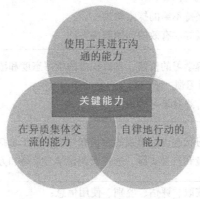

图1　"关键能力"的框架

（二）学生评价标准

针对学生关键能力的发展，我校制作出学生评价标准，并定期监测，追踪学生关键能力发展。"3S"特设课程侧重于动手操作和综合解决问题的能力，在对学生进行评价时不能通过传统的纸笔考试来进行反馈。美国创想课程强调在教师指导下的综合测评，即教师需要在课堂观察和记录方面多下功夫，通过观察和记录来考核学生对概念和创想课程知识/原理的理解。基于此，我们采用课堂观察评价表的形式对学生发展进行评价。经过反复的研讨与修改，确立学生评价标准，该评价标准由3个一级指标（即科学精神、学会学习、时间创新）、9个二级指标（即理性思维、批判质疑、勇于探究、乐于学习、勤于反思、信息意识、劳动意识、问题解决、技术应用）、25个评价要素构成，具体内容如下表：

---

① 钟启泉. 基于核心素养的课程发展：挑战与课题 [J]. 全球教育展望, 2016, 45 (01)：3-25.
② 田中义隆. 21 世纪型能力与各国的教育实践 [M]. 东京：明石书店, 2015：17-21.

表 1 学生评价标准表

一级指标	二级指标	评价要素	指标评分			
科学精神	理性思维	1. 崇尚真知, 能理解和掌握基本的科学原理和方法; 2. 尊重事实和证据, 有实证意识和严谨的求知态度; 3. 逻辑清晰, 基本能运用科学的思维方式认识事物、解决问题、指导行为。	A	B	C	D
	批判质疑	1. 具有问题意识; 2. 初步养成独立思考、独立判断的能力; 3. 思维缜密, 能多角度、辩证地分析问题, 做出选择和决定。	A	B	C	D
	勇于探究	1. 具有好奇心和想象力; 2. 能不畏困难, 有坚持不懈的探索精神; 3. 能大胆尝试, 积极寻求有效的问题解决方法。	A	B	C	D
学会学习	乐于学习	1. 能正确认识和理解学习的价值, 具有积极的学习态度和浓厚的学习兴趣; 2. 能养成良好的学习习惯, 掌握适合自身的学习方法; 3. 能自主学习, 具有终身学习意识。	A	B	C	D
	勤于反思	1. 具有对自己的学习状态进行审视的意识和习惯, 善于总结经验; 2. 能够根据不同情境和自身实际, 选择或调整学习策略和方法。	A	B	C	D
	信息意识	1. 能自觉、有效地获取、评估、鉴别、使用信息; 2. 具有数字化生存能力, 主动适应"互联网+"等社会信息化发展趋势; 3. 具有网络伦理道德与信息安全意识。	A	B	C	D
实践创新	劳动意识	1. 尊重劳动, 具有积极的劳动态度和良好的劳动习惯, 具有动手操作能力, 掌握一定的劳动技能; 2. 在主动参加的家务劳动、生产劳动、公益活动和社会实践中, 具有改进和创新劳动方式、提高劳动效率的意识; 3. 具有通过诚实合法劳动创造成功生活的意识和行动。	A	B	C	D
	问题解决	1. 善于发现和提出问题, 有解决问题的兴趣和热情; 能依据特定情境和具体条件, 选择制订合理的解决方案; 2. 具有在复杂环境中行动的能力。	A	B	C	D
	技术运用	1. 理解技术与人类文明的有机联系, 具有学习掌握技术的兴趣和意愿; 2. 具有工程思维, 能将创意和方案转化为有形物品或对已有物品进行改进与优化。	A	B	C	D
总计		A_____　　　B_____　　　C_____　　　D_____				
综合评价填写 (A/B/C/D)						

二、评价变革，旨向教师教学水平提升

（一）评价主体的变革

教师评价对促进教育事业的发展和教师素质的提高具有重要意义。由于种种原因，以往的教师评价在评价的主体、目的、手段等方面存在许多问题。在以往的教师评价中，评价的主体主要是学校领导、同事、学生等"他人"，教师成为了被评价的对象。这些评价主要是在学生考试成绩的基础上，参照听课效果以及平时印象做出的。虽然评价者对教师的教学和为人等方面的认识有一定的客观性，也可能提出一些有针对性的建议，但他人评价中问题却不少：其一，学生虽然对教师有真切的感受，但容易在事实判断与价值判断上产生偏差，有的学生把评价教师的活动误解为一种"挑刺"的事情；其二，同事评议时往往存在"好好主义"或妒忌心理，由此容易导致形式主义或弄虚作假之类的问题；其三，作为评价者的领导往往具有高于被评价者的权力，被评价者总是担心评价结果，对评价者有戒备心理，小心翼翼，甚至处处设防，二者之间容易形成一种对立关系，被评价变成了一件极不愉快的事情，成了教师的负担。一些被评价的教师还可能产生被"审"心理、应付心理、迎合心理、防卫心理、回避心理等消极心理。所有这些都极大地阻碍了评价活动的开展，影响了评价结果的客观性和公平性。这种情况告诉我们，教师评价中完全依赖他人评价是不够的。

"3S"课程实施中对教师的评价，受主体性评价、发展性评价、过程性（形成性）评价、表现性评价等评价观念的影响，意图通过实现教师评价主体多元化来建立促进教师不断提高的评价体系。强调教师对自己教学行为的分析与反思，建立以教师自评为主，校长、教师、学生、家长共同参与的评价制度，使教师从多种渠道获得信息，不断提高教学水平。

"3S"课程评价改革的一项重要措施是教师评价主体的多元化，这意味着教师主管部门、学校领导、教师同事、教师本人、学生都是教师的评价者。对教师的评价是综合各评价者的意见之后形成的。在评价中，教师不再是被动的评价对象，而是和其他评价者一样，可以主动地描述自己的工作和状态，阐述自己的看法，既可以进行自我表扬，也可以进行自我批评。这样，教师作为自己评价的主人，没有必要像被动评价中那样迎合或防备他人，可以使自我评价的过程成为自我反思和发展的过程。其他评价主体也可以以各种方式对教师进行客观公正的评价。这样就容易形成一个"开放"的评价氛围，而且多主体评价能够从不同的角度为教师提供有关学习、发展状况的信息，有助于教师更全面地认识自我。

（二）评价目的的变革

众所周知，作为一种管理手段或工具，教育评价有多种功能，比如有导向、解剖等发展性功能；也有筛选、预测等甄别性功能；还有奖励或惩罚等奖惩性功能。我们"3S"课程实施中对教师评价的目的，既不重于评价的甄别性功能——如为了选拔教学能手、优秀教师，晋升职称、提拔职位之类，也不在于评价的奖惩性功能——如为了对教师发放奖金

和岗位津贴，或者实行末位淘汰之类。评价结果不作为奖惩或升降的决策的依据，其根本目的是通过评价促进教师和学校的发展。以甄别功能与奖惩性功能的评价面对的是教师已承担的职责和已取得的工作成就，不需与教师的教育教学过程同步，评价完成的时间短，甚至一堂课或一次活动便可达到评价目标，所以在评价过程中教师能够积极表现的空间就相当有限，而"3S"课程中对教师的评价是贯穿整个课程的，教师有足够的时间来逐步完善课程，并进一步反思自己的教学行为，为下一步的课程做铺垫，循环往复。

"3S"课程的教师评价更加关注评价的发展功能，并以促进教师的发展为目的，评价不仅注重评价对象的现时表现，而且注重评价对象的未来发展，注重使评价对象"增值"。这种评价与教师的教育教学活动同步进行，评价双方协商确定评价目标，共同完成制定评价计划、收集评价信息、实施评价、指导反馈等整个评价过程。被评价教师不仅能客观认识自己的教育教学过程，也能全面了解评价过程，学会自我评价，不断地完善自我。育才二小充分认可教师的地位，在"3S"课程的教师评价体系中亦吸收了发展性教师评价的主要观点：①学校领导注重教师的未来发展；②实施同事之间的教师评价；③由评价者和教师配对，促进教师的未来发展；④提高全体教师的参与意识和积极性；⑤制定评价者和教师双方认可的评价计划，由评价双方共同承担实现发展目标的职责；等等。

（三）教师评价标准

"3S"课程的实施过程中，育才二小在进行教师评价时，不仅使用量化评价，也重视质性评价的价值，旨在评价时抓住更多内在的、过程性的内容。对教师的课堂教学评价将从活动目标、活动设计、活动过程、活动方法、活动效果及教师素质等 6 个方面进行评价，涉及 21 个评价要素，具体内容如下：

表2 教师评价标准

评价项目	评价要素	指标评分				得分
		A	B	C	D	
活动目标	目标明确，能针对"3S"课程特点和学生实际确定具体适度的要求。	10	8	6	4	
	关注全体学生核心素养发展，突出科学精神、学会学习以及实践创新在教学目的中的地位。					
	体现"3S"课程标准、课程主题、学生三要素的和谐统一。					
活动设计	课程活动方案设计科学、完整规范，渗透生活理念、体验理念、创新理念及学科整合理念。	25	20	15	10	
	关注不同层次学生思维和能力的发展，分层次设计合适的学生实践探究体验。					
	合理使用学生已有的课程基础和活动条件，开发必要的教育资源并且得到有效的利用。					
活动过程	面向全体学生，兼顾个体差异，激发学生的学习兴趣。	25	20	15	10	
	以课题（项目、任务）为载体，引导学生自主探究，体验和感受生活及生产实践，发展实践能力和创新能力。					
	指导学生获得结果和体验的过程，引导学生进行自我评价、相互评价，培养学生注重反思、自我改进。					
	实践活动的延伸与拓展有明确的目标指向和内容指引。					
活动方法	主题引入生动有趣，体现知识、兴趣、求知的统一。	15	12	9	6	
	互动交流注重层次性、开放性、科学性和艺术性，善于倾听、引导和鼓励。					
	真实体验，创新活动内容，丰富活动体验。					
	各环节时间分配合理，环节整合有序。					
活动效果	课堂气氛融洽，学生兴趣浓，积极性高，师生互动有效。	15	12	9	6	
	学生能在教师的指导下独立地思考、自主地动手操作和创造性地解决问题。					
	学生的参与面广，能积极主动地参与活动之中，不同层次的学生各有体验和收获。					
教师素质	体现先进课程改革思想，以培养学生科学精神与创新能力为着眼点，创设适合学生兴趣和自我发展的开放性学习空间。	10	8	6	4	
	教态亲切自然，普通话流畅，表达准确严谨。					
	板书工整，体现活动内容和训练重点，条理清楚。					
	能有效并且熟练地操作教学媒体。					
自评						
总评						

三、平台建构，完善学校课程评价体系

"3S"课程更加关注过程而非结果。它不是由教师编写、教材式的一成不变的东西，也不是单纯的由教师执行的，物化的、静止的、僵化的文本形态。"3S"课程是师生在教学过程中，共同创生的，鲜活的、过程性的、发展着的形态，课程开发与课程实施是合二为一的。因此，学校本身对于"3S"课程的评价就是对自身开发历程进行评价的过程，是对自身开发的质量监控过程。学校课程评价要求在对成果的评估和变革过程本身的关注间寻求平衡。学校的课程评价体系不仅仅用来评价课程，它本身也是学校不断发展过程中的一个健康指标。我们针对"3S"课程进行的一系列行动研究，本身也是学校发展变革的一部分，在这个研究过程中，学校也在不断完善它的课程评价体系。

（一）学校评价的目的

学校课程评价的重要功能之一，是完善学校课程开发的理念，加强学校课程开发的责任感、针对性和适应性。这要求我们的教育行政部门和学校行政人员、教师，在对待"3S"课程评价上，不仅需要关注外部评价，并且要重视内部评价，逐步地完善学校课程评价体系。我国学者林一钢总结了内部评价与外部评价在诸多方面存在着差异（表3），并指出最为关键的因素是评价主体的差异①。校本课程评价的主体应该是：学校课程开发委员会、教师及学生。

表 3　内部评价与外部评价的差异

项目	内部评价	外部评价
评价的主体	学校内部人员	学校外部人员
评价的目的	自求改进	证明学校的绩效
评价的属性	诊断性评价 形成性评价 过程性评价	诊断性评价 总结性评价
评价持续的时间	长（通常为一至两年）	（通常为几天）
评价报告的处理方式	不公开	公开
评价报告的运用	作为工作改进的参考	作为学生、家长选择学校的依据 作为政府或其他单位经费补助的依据

具体而言，育才二小的课程评价体系有以下几个重要目的：一是促进学校的自我绩效，使其转化为更广泛的绩效——教师和校长们需要知道课程确实对学生们的成长、发展和学业成就产生了影响；二是提供有效的指标，使人们发现学校的哪些地方运转良好，哪些地方有待改进；三是保证为全体学生提供平等的机会充分利用学校效能和学校改进的信息，迈向持续发展。

---

①　林一钢．略论校本课程的评价［J］．课程·教材·教法，2003（09）：14-17.

（二）学校课程评价的基本框架

我校"3S"课程开发经历了五个阶段：学校分析情境；然后依据情境分析的结果拟定适切性的目标；同时建构适切性的课程方案；最后进行解释、交付实施；进行追踪与方案的重建。（如图2所示）

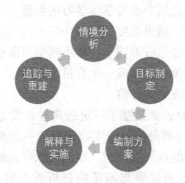

图2　"3S"课程开发的过程

因而，育才二小学校评价体系中对3S课程的评价的对象主要包括：对"3S"课程开发的情境与目标定位的评价分析、对"3S"课程方案可行性的评价、对"3S"课程实施过程的评价、对"3S"课程实施效果的分析评估。学校针对"3S"课程构建了新的评价体系，对这些方面的评价，最重要的意图不是为了证明，而是为了改进。基于对"3S"课程评价主体和评价对象的分析，我们构建了以下学校课程评价的基本框架。

表4　"3S"课程评价的框架

评价主体	评价对象	评价目的
学校课程开发委员会	"3S"课程开发的情境与目标；"3S"课程方案	诊断、甄别和筛选
同伴教师	"3S"课程实施	提供反馈信息
教师自我	"3S"课程实施；课程实施效果	改进、提高和完善
学生	"3S"课程方案；"3S"课程实施；"3S"课程实施效果	筛选、提供反馈信息

学校课程发展委员会的成员包括学校行政人员代表、年级及领域教师代表、家长及社区代表，以及课程领域内学者专家。下列是学校课程开发委员会对"3S"课程开发的情境与目标、课程方案的评价主要考察的维度。

学校课程开发委员会对"3S"课程的评价主要是对课程开发的情境与目标的评价，主要考察以下几个维度：

● "3S"课程总目标与国家教育方针政策的关系

● 学校教育哲学、价值追求在"3S"课程总目标中的体现程度

● "3S"课程总目标与社区政治、经济、文化发展的协调程度

● "3S"课程总目标与学生发展需求与学习兴趣的一致性程度
●学校教师、学生对总课程目标的认同感
●总目标内在要素的协同性与发展性

学校课程开发委员会对"3S"课程具体的课程目标的评价,主要考虑以下几个维度:

●课程目标是否与总目标导向一致
●课程目标是否符合学生发展需求与学生学习的兴趣
●课程目标对知识、技能、情感态度的要求
●目标的表述有层次性,能适应不同学生的不同学习需求
●各项目标之间是否协调统一,形成一个有机的整体
●学校课程委员会对课程方案的评价

"3S"不是让教师去编教材,而是基于一定的课程开发方案而进行课程编制与实施的过程。因此,"3S"课程方案是教师编写的实施课程的一个规划和蓝图,它主要包括课程目标的制定与叙写、课程内容的选择与组织、预期的课程实施方略、课程资源的安排、对学生学业评价的方法、本课程的优势与不足的分析等内容。它是一个概要性的课程说明,总体上反映出该课程的特征。对"3S"课程方案的评价主要目的是诊断其是否成熟可行,从而对"3S"课程做出鉴别与选择,为进一步的课程修正提供信息,为学生进行课程的选择做出前进行质量监督。

第三节 "3S"特色课程的保障机制

"3S"特色课程的建构是学校课程不断发展与变革的结果。虽然并不是所有的变革都是改进,但所有的改进一定包含了变革。迈克尔·富兰强调学校改进和学校变革的关系:"成功的学校改进依靠实践层面上对各个变革难题的理解,并根据这种理解制定出相应的变革策略。"

一、多方面人员配合,形成课程整合的变革意识

课程整合虽是教育理论研究中一个传统而古老的领域,却是教育实践探究中一个崭新而日趋重要的命题。课程整合是应对现代学校学科门类庞杂、课程体系臃肿的必然要求。课程整合的历史探索,历经赫尔巴特学派的观念联合整合观、进步主义学派的经验统合整合观、后现代主义的知识建构整合观等不同阶段。我们推进"3S"课程的过程中,学校中所有成员互相配合,逐渐形成课程整合的变革意识,更新课程整合的观念。

(一)课程整合是打造学校课程特色的有效方式

在现代学科发展日趋精细化、学科门类日趋多样化的前提下,学校课程体系的构建需要在保持传统学科课程的优势的基础上,利用课程整合的方式,在三级课程之间、不同学科之间建立有机联系,以拓展课程内容的广度和深度,从而也使学校课程呈现出"学科门类齐全、课程类型多样、相依并存、协同发展"的良好态势。我校"3S"课程通过实现相关内容的整合,建构具有本校特色、能提升学习兴趣而又不加重学生负担的学校课程体

系。围绕着学校文化的塑造，探究出"3S"课程的整合方式。整合后的"3S"课程类型和存在形态多种多样，课程类型有逻辑严密的学科课程、学科融合的拓展课程、学科统整的广域课程以及专题研究的核心课程等；"3S"课程既包括系统规划的学期课程，亦含有专题研究的微型课程。

（二）课程整合是手段而非目标

整合是方法而不是目的。在"3S"课程的推进过程中，先明确课程整合的价值与目标，将课程整合看作实现有效教学的一种方式，试图把握课程整合的时机、方式与策略，避免课程整合中的盲从与混乱。帕克曾经旗帜鲜明地指出："教师应该把整合看作另外一种教育手段而不是目标本身"①。学生的学习从两种意义上被看作一个连续体的组成部分。第一，时间上具有连续性。学习被认为与以前积累的经验和接触的文化密切相关，并贯穿于人的一生。第二，空间上的连续性。学习被认为是学生生长的整个客观环境的产物，而学校只是该环境的一个组成部分②。这一概念真切地反映了课程经验在时间上的序列性和空间上的延展性，课程经验理应依照其关联性而建构成一个整体，以此来提升个体学习者作为本体的存在，这也是整合之后的"3S"课程的根本价值。

（三）学科的分化与整合相辅相成

整合并不是课程开发与管理的初始目标，我们学校课程的建设过程是在传统学科的基础上进行的。学科的分化是整合的基础，"3S"课程的开发与建设旨在适当的学科分化与整合中取得平衡，将学科知识的学习作为课程整合的基础，将课程整合作为知识拓展与应用的必由之路。学科课程可以支持持续整合，从而为学生知识面的拓展和创新思维的锻造提供条件。深度整合需要在学生具备一定的学科素养的基础上，有组织有计划地加以实施。每一门学科都有一个深刻的、内在的结构，课程内容的呈现应务必使学生理解这种学科结构，并基于这种结构框架而摄取更大范围的知识，整合后的课程与教学活动应该在其所关涉的学科领域具有重要的教育意义。

二、全方位资源联动，构建课程整合的实施情境

教育教学活动可以开发的资源多种多样，有来自于自然界的，也有来自于社会的；有显性的，也有隐性的；有校内的，也有校外的；有人力的，也有物力的；等等。多种多样的资源为学校和教师提供了广阔的空间，但是并不是所有的资源都是课程资源，只有那些真正进入课程并与教育教学相关的资源，才是现实的课程资源。课程资源的内涵可以概括为：课程资源是形成课程的要素来源和实施课程必要而直接的条件。前者包括知识、技能、经验、活动方式与方法、情感态度与价值观以及培养目标等。它们的特点是直接作用于课程并成为课程的要素，因而也称素材性课程资源；后者包括与课程实施有关的人力、物力和财力，以及时间、场地、媒体、设备、设施和环境，还有对课程的认识状况等。它

① Elizabeth R. Hinde. Revisiting Curriculum Integration：A fresh Look at an Old Idea ［J］. The Social Studies，2005（5）：105-111.

② 戴维·米德伍德，尼尔·伯顿. 课程管理［M］. 杭州：浙江教育出版社，2008：14-15.

们的特点是在课程中被使用，但其本身并不是形成课程的直接来源，只是在很大程度上决定着课程的实施范围和实施水平，因而也称条件性课程资源。

我们"3S"课程资源的构成有：

（一）物力课程资源

现代课程活动不仅要有具体形态的物质内容，而且更离不开财力。因此，物力课程主要由物质资源和财力资源组成。物质资源可分为自然物质资源和人造物质资源两大类。有效开发学校物质课程资源，能使学生的学和教师的教突破教材的局限，为学生的探究提供更加广阔的学习空间，实现教学延伸，能够有效提高学生综合素质，培养学生创新能力。财力课程资源按来源分为三部分：一是国家课程财力资源，二是社会课程财力资源，三是教育机构课程财力资源。学校课程财力资源的获得，一方面是国家和政府的拨款，另一方面是社会捐助等①。

（二）人文课程资源

人文课程资源开发的理念在于体现学校的民主性、合作性、科学性和创新性，以人为中心，开发出人所具备并能进入课堂与教育教学活动发生联系的文化知识、技能、经验、情感和价值观、道德水平、创新意识、创造观念等。其中既囊括了人，也包括与人有密切联系的教育教学活动和文化氛围。人是教育中最重要的资源，从人的角度出发，人文课程资源主要有学生、教师、家长和社会人士。

学生。"学生是教育的对象"，我们往往是这样定位学生的。苏霍姆林斯基曾强调，学生是教育的最重要的力量。如失去了这个力量，教育也就失去根本。因此，学生不仅仅是教育对象，而且是教育的重要资源。"3S"课程将学生的经验视为一种资源，将学生的兴趣也视为一种资源，将学生的差异更视为一种资源。

教师。教师是重要的课程资源。教师不仅决定着课程资源的选择，是素材性课程资源的载体，而且教师自身就是课程实施的首要的基本条件资源。从这个意义上讲，教师是最重要的课程资源，是具有很大开发潜力的课程资源。教师要成为可开发的课程资源，必须具备以下素养：①现代意识和时代精神；②职业道德素养；③科学文化素养，即教师应有扎实的基础知识、精深的专业知识、广博的相关学科知识、基本的科学知识，包括课程教学理论知识，教育学、心理学知识，教学艺术知识和美学知识等；④能力素养，包括信息能力、交往能力、课程设计能力、教学能力、表达能力、组织能力、教育科研能力、学习能力以及全面创新的能力；⑤良好的身心素养，即有健康的体魄和良好的心理适应能力。教师在具备这些素养的同时，还应该形成相应的课程观念：①课程制度观。实施"3S"课程打破了原来大一统的课程体系，而向多元化发展。国家只制定各学科的课程标准，对课程进行宏观控制，我们选择统一性与多样性相结合的课程制度观。②课程价值观。课程最重要的价值在于满足学生的需求。教育是一种创造人的事业，人是教育的出发点，是课程开发的逻辑起点。③课程开发观。教师要在学校认可的前提下自己确定开设什么课，这门课的教学目标是什么，具体的内容有哪些，如何呈现这些内容，等等。

---

① 何世冰，张建梅．论校本课程资源的开发［J］．教育探索，2005（12）：20-22.

学生家长和社会人士。学校设立家长委员会和社区教育委员会，设立学习开放日，让学生家长和社会人士走进校园，参与学校重大问题的决策和学校开展的重大活动，了解学校教育规律和学校发展前景；设立学校人员授课日，学校结合重要节日、重大历史事件，邀请有关学生家长和社会人士来校作专题讲座，从不同的角度对学生进行教育。我们定期向家长发出邀请函，邀请家长进课堂；或作为教师的助手，与教师一起完成课堂教学的某一个片段；或作为学生学习的陪伴者，与学生一起完成课堂中的某一项任务；或将身份换位成学生，做课堂中的编外学生。下课后先进行亲子交流，然后家长和教师共同研讨。这一开放形式，催生了家校合作的新境界，生成了许多有价值的课堂教学改革的建议，家长的教育主张成了课堂教育教学智慧的新来源。

（三）文化知识资源

文化知识资源是指学校或社区在长期发展中形成的文化氛围和活动，包括校内人文资源，如教师群体、师生关系、班级组织、学生团体、校纪校风、校容校貌等；与教育教学密切相关的各种活动，如实验实习、座谈讨论、文艺演出、社团活动、体育比赛、典礼仪式等；还有社区中的乡土历史地理、民风习俗、传统文化、文化古迹、文化遗产、生活方式、价值规范、行为准则、人际关系、社会风气、生产经验等。

学校文化对学校变革有着强大的影响力，文化可以描述事物发生的方式，起着镜子或者透镜的作用，它是人们观察世界的方式。对于学校系统内部的每一个人来说，学校文化是真实存在的，它让每一个成员互相支持，互相认同。我们的核心理念是共同成长，协同成人，心同成功，志同成才。它有以下几个含义：

●共享的目标——"我们知道我们要到哪里去"

学校所有成员共同的方向是将教与学和学生的兴趣置于首要和中心位置，每一个人都去追踪相同的愿景，每一个人都有一种参与和分享的感觉。

●成长的责任感——"我们一定会成长"

学校的基本宗旨是所有的学生都能学会学习，我们坚信每一个学生都能成长。学生不管目前他们的水平如何，我们都会支持他们，知道学校对他们有高期望，明白学校给予学生们的是学校给提供的范围中最好的。家长、社区也会明白这一点。

●良好的同行共治——"让我们一起解决问题"

这个复杂的概念包含了教职员间的相互分享和帮助，代表了学校整体发展的方向，它是自发、自愿的，以发展为导向的。教师之间互相观察与讲述、帮助与支持、互相分享。具体的形式有团队教学、指导、行动研究、同辈指导、规划、互相反馈等。相互依赖、集体承诺、分享责任、回顾和评论，这些共同工作带来的创造性，使师生可以获取力量。

●终身学习——"人人都要学习"

学无止境是我们的一条基本文化信念。不仅仅是学生在成长，教师也要成长。对教师来说，学习的主动权在教师自身。不断学习是学校存在的基础，学习意味着教师与同行分享专业知识，这种分享会促使学校成员思考自己的工作方式。

●获得支持——"永远有人帮助你"

学校"同"的理念，不仅包括工作中的合作，它也意味着私人关系中的互相帮助、照顾。教师、学生、管理者彼此间真诚地互相关心。如果你需要我的帮助，我就在那里，学校给每个成员提供了一个舒适的心理安全线。

●互相尊重——"每个人都可以有所作为"

在育才二小，个人的差异性和多样性被视为一种优点。个人可以自由选择不同的方式来实现共享的目标，教师们有足够的空间来施展自己的想法。尊重表现为充分的信任，尊重学生也是一种文化规范。

●开诚布公——"可以公开讨论我们的分歧"

当学校成员之间有分歧的时候，成员们能公开说出自己的意见和关心的问题，这一点非常重要。批评被看作是自我改进的机会而不是威胁；负面的情绪和分歧都是成人交流中可以接受的必要组成部分。教师之间的争论对于教师之间的合作非常重要。我们鼓励不同的意见，倾听它、引导它、回应它。

三、开放化管理机制，强化课程整合的制度保障

（一）"3S" 课程管理制度的组成结构

如下图所示，我校的"3S"课程编制阶段分为课程规划和开发两个环节，主要功能是满足学生需求、学校发展、社会需要，形成内涵丰富的"3S"课程库，为建设"3S"课程体系打下最根本的基础。"3S"课程实施阶段则分为课程确立、开设、完成三个环节，主要功能是选择可满足当时学生需求的课程加以实施，完成相关教育目的；同时将课程实施中产生的并经分析处理过的有效数据，作为课程二次修订后再入库；如此反复循环滚动，推进"3S"课程充满活力、持续不断地发展。对应五环节，设计课程委员会组织制度、课程库建设制度等多项管理制度。

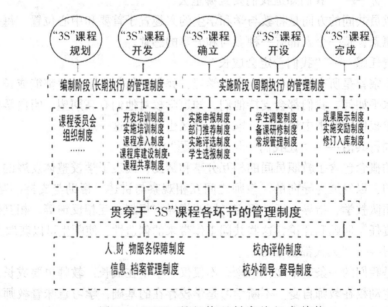

图 3 "3S" 课程管理制度的组成结构

（二）"3S" 课程规划环节的主要管理制度

学校成立了课程委员会，由学校领导、师生代表、社会人士（行政部门、课程专家、

校外合作方代表、家长代表）等人员共同组成。它的主要工作是，在课程委员会的组织管理下，设计、审议、评估课程规划方案；规范课程规划编制、实施的程序要求和质量要求；下设课程学术委员会，研究、设计、优化每一学年的课程计划①。并建立了组织制度，主要内容是明确课程管理的基本规范，规定学校课程的组织领导，规定校内外各部门及其成员的课程管理职权和职责。

（三）"3S" 课程开发环节的主要管理制度

1. 开发和实施的培训制度

主要内容是在课程学术委员会指导下，定期组织课程开发者、实施者，学习课程规划方案、"3S" 课程开发和实施的一般方法等内容。

2. 课程准入制度

主要内容是课程学术委员会常年审批课程开发者、修订者或提供者所上交的 "3S" 课程。符合准入的课程方案，其背景、理念、目标、结构、课时、资源、实施、评价、管理和保障等课程要素清晰、科学；使用他人的教材要有详细的授课计划，自编教材则要有详细的文本等。

3. 课程库建设制度

主要内容一是规范准入的 "3S" 课程，按学校课程体系分类编目，借助信息化技术将课程各要素完整入库，形成课程库。二是规范已实施完成的 "3S" 课程，带着实施后的各类有效数据，以及二次修改开发的数据资料，再次进入课程库。在课程库建设中，不以课程数目，而以课程内涵为 "3S" 课程质量衡量标准，实践课程统整的思想，将课程管理提升至课程领导。

4. 课程共享制度

它是规范课程库使用的管理制度，主要内容是课程库中的课程，可供校内外人员查询浏览；更可提供给非开发者、外校人员在本校或他校授权使用；同时可对等引入外校的 "3S" 课程，由此搭建和外校课程建设相联系的桥梁②。

课程准入制度、课程库建设制度、课程共享制度，以及下文课程完成环节的课程修订入库制度，构成了 "3S" 课程库完整的管理制度，是设计 "3S" 课程管理制度中的特色制度，这使得 "3S" 课程不再是静止的、固化的，而是动态的、变化的，这样的 "3S" 课程将充满生命活力，持续不断地健康发展。

（四）"3S" 课程确立环节的主要管理制度

---

① 徐玉珍. 校本课程开发：概念解读 [J]. 课程·教材·教法，2001（04）：12-17.
② 陈栋. 基于教育质量保障的校本课程管理制度设计 [J]. 教学与管理，2014（16）：23-25.

1. 实施申报制度

主要内容是实施者递交课程实施申报，一是申报准备实施的课程（含实施计划），说明该课程符合本阶段课程计划的要求，以及完成各项准备情况；二是申报证明其具备开设该课程的能力，课程实施者不一定是课程的开发者。

2. 部门推荐制度

主要内容是学校教学管理部门按照本阶段课程计划，推荐本阶段所需开设的"3S"课程目录，招募或邀请实施者开设这些课程。

3. 遴选审批制度

主要内容是课程学术委员会，按当前阶段课程计划的开设要求，对从申报或公开招募渠道递交的材料展开遴选，进行"立项""修改立项""不批准"的审批；如批准"立项"则直接进入学生选课预报环节；"修改立项"则要求按修改意见修订后再立项；"不批准"则明确该课程不可开设，并反馈不批准的原因。

4. 学生选报制度

主要内容是学生学习课程介绍（包含实施者介绍）及选课指南后，预报相关课程；学校或实施者认可后批准选报，若未批准，学生自行调换或由学校指定。

（五）"3S"课程开设环节的主要管理制度

1. 学生换课制度

主要内容是学生参加"3S"课程 1~2 次后，发现该课程不适合个人发展要求，则准予调换至其他课程。

2. 备课研修制度

主要内容是定期组织"3S"课程实施者集体备课研修。有些教师误以为只有基础性的学科课程，形成备课组，才有备课研修。其实不然，一方面，虽然一门"3S"课程实施时当前实施者往往只有一位，但当前阶段一定是有众多"3S"课程实施者。他们所实施课程的内容虽然不同，但组织的形式、实施的方法均可以交流。另一方面，相关课程可以开展课程统整实践，一门课程的涵盖领域可以是多方面的，实施者则是多人组成。上述两种情况都可组成合作学习组织，定期开展课程同领域或不同领域的集体备课研修。

3. 常规管理制度

主要内容同一般教学常规管理制度。

（六）"3S"课程完成环节的主要管理制度

1. 成果展示、实施奖励制度

主要内容是课程实施完成后，规范课程本身及师生的成果展示、评比评选活动。

2. 修订入库制度

主要内容是课程实施完成后，该课程按实施情况的评价反馈，修订课程；然后带着实施过程中所采集到的有效数据，进入课程库。实施过的课程入库，将提升课程库中课程的内涵价值，下一循环实施时，也将更为有效。

（七）贯穿于"3S"课程各环节的主要管理制度

1. 校内评价制度

它是"3S"课程管理的核心制度，始终贯穿于各个环节。主要内容是"3S"课程规划环节，有对课程委员会成员的考评制度、课程规划的评估制度；"3S"课程开发环节，有用于规范课程开发过程、开发成果的评价制度；"3S"课程确立环节，有对该实施周期立项课程的评价制度、对立项课程实施准备的评价制度；"3S"课程实施环节，有规范课程实施的诊断性、过程性评价制度；3S课程完成环节，有课程本身、学生学习、教师教学的效果评价制度。校内评价制度的设计，坚持评价主体的多元化，学校行政、师生和社会人士等各方均可参与评价。

2. 校外视导和督导制度

主要内容是规范教育行政管理部门、教育研究机构（包含大学、科研院所等社会机构）等社会力量，对"3S"课程各个环节进行综合性或专项视导或督导。教育质量保障思想方法的基本观点指出，来自学校外部对教育质量的体制关注和支持，是学校内部质量进步的必要条件。所以引入校外视督导制度，可以有效地支持、指导和帮助"3S"课程管理。校外视督导制度和校内评价制度的组成，形成了"3S"课程评价的完整制度构建，避免传统教育质量管理体制在一个封闭的系统中评价教育质量的局限性[①]。

3. 人、财、物服务保障制度

主要内容是规范"3S"课程各环节的人、财、物服务保障工作。

4. 信息、档案管理制度

在"3S"课程编制和实施中，各个环节会产生大量的数据。这些数据有何作用？又如何应用？教育质量保障思想方法的基本观点指出，学校教育质量管理要"靠数据管理""用事实说话"，"数据"和"事实"是学校教育质量管理的基础性资源。所以设计该制度，主要用于规范数据的收集、分析、解释；积累有效数据，优化实施过程，真正做到"靠数据管理""用事实说话"。

我们的"3S"课程是为学生的终身发展而设计的个性化课程，"3S"课程建设是一个系统工程，是一项不断探索、逐步完善的工作，需要各层面、各环节的有机衔接。

---

① 廖哲勋. 关于校本课程开发的理论思考 [J]. 课程·教材·教法，2004（08）：11-18.

■第六章
"3S" 特色课程的课堂案例

【核心提要】

　　"3S" 特色课程究竟在课堂教学中如何展开？"3S" 特色课程的课堂案例为我们提供了解答。课堂教学案例是教师在 "3S" 特色课程探索研究中的智慧结晶，也是教研成果之一，展示了教师的教学水平和教研能力。在 "3S" 特色课程的研究中，教师们撰写了大量的课堂案例，各具特色，缤彩纷呈。这里选取部分案例，可见一斑。

"3S"特色课程的课堂案例，是教师在"3S"特色课程探索研究中的智慧结晶，也是教研成果之一，展示了教师的教学水平和教研能力。在"3S"特色课程的研究中，教师们撰写了大量的课堂案例，各具特色，缤彩纷呈。这里选取部分案例，可见一斑。

第一节　美德课例展示

一、美育课例

我是演奏家

　　管弦乐课程是小学音乐教育中的重要环节，属于美德课程。管弦乐课程能让学生们更了解音乐表现形式的多样化，立体地感受到声音的层次和变化以及当中的情绪表达，启迪他们追求艺术、向往美好。在课程中，学生从单体的乐器学习到组建管弦乐队，再通过集体合练直到能完成合奏曲目，在此过程中他们的音乐知识、身体律动、团队协作等多方面能力得到锻炼，并自然形成健康的审美情趣和对美好生活的向往。

　　管弦乐课程是小学教育阶段中培养学生的艺术气质、协作精神、审美情操的一门课程。

(一) 课程目标

　　(1) 让学生认识各种乐器，丰富音乐知识，学习并掌握一种乐器的演奏技巧；

　　(2) 指导学生进行合奏排练，并能演绎一到两首难度适当的曲目；

　　(3) 使学生在学习过程中加深对乐曲的理解，能听懂音乐中的情感，感受音乐的美好，唤起他们对音乐的学习热情以及对艺术的向往；

　　(4) 通过管弦乐课程学习，使学生的精神世界健康饱满，感悟艺术的真谛。

(二) 课程设计流程

　　第一阶段：欣赏管弦乐曲、认知管弦乐器

　　欣赏管弦乐曲《欢乐颂》《我心永恒》，分清楚乐曲中出现的声音各自是由什么乐器发出的，认识各种乐器的形状和管弦乐演出的形式；欣赏长笛、长号、小号、单簧管、双簧管、小提琴、大提琴等乐器的独奏片段；认识各种乐器的奏鸣特点；观察各种器乐的演奏方式。

　　[设计理念：通过校内互联网、广播电视、多媒体教室等资源，挑选出适用于小学管

弦乐学习的相关影音资料，采取音乐欣赏和作品分析等方式向学生展示管弦乐的魅力，使他们熟悉将要学习的课程内容并对管弦乐有直观的了解，形成正确的认知，同时激发大家的学习兴趣，使学生愿意主动接受教师的指导并能利用课余时间来进行自主训练。]

第二阶段：学习演奏技巧、完成独奏曲目

让学生接触乐器实体，了解并选择自己感兴趣的乐器进行学习，直到能够完成教师规定曲目的独立演奏。在此过程中要注重教师示范教学，展示不同乐器的演奏方法。在学生的学习方式上按照管弦乐器的特点分组练习。

由于学习难度较大，应在合适时间安排晨练，例如每日上午利用30分钟时间督促学生练习乐器演奏。

[设计理念：利用校内现有的乐器，让学生们真正接触实物，感受将各种乐器奏响的乐趣，了解和尝试独立演奏以及合奏，使他们真正学习并掌握管弦乐器的演奏方法和技巧，感受到其中的乐趣。]

第三阶段：合奏乐曲赏析、指挥合奏训练

选取适合学生集体演奏的曲目，安排和指导学生进行联排，使每名管乐队成员均能熟练掌握演奏技巧。布置曲目练习的家庭作业任务，并激励学生的学习热情和表演热情，以学期末的成果展示来激励学生努力学习，在此基础上多组织合排。

[设计理念：让学生充分感受到合奏的乐趣，锻炼大家的团队协作能力，不对学生作出过高的要求，以鼓励和表演的方式快乐教学。]

第四阶段：完成合奏曲目、公开演出展示

布置演出任务，组织预演。设计好表演方式，协调好演出场地和灯光舞美并规划好演出后的持续训练，带领学生进行彩排，最后通过正式演出，展示管弦乐的学习成果。邀请学生家长参加演出展示活动，向全校学生教师们以及父母亲友公开展示学习成果，开展演奏会，登台展示管弦乐的魅力。

[设计理念：学有所成，让父母和教师的鼓励成为学生今后保持学习管弦乐热情的最大动力。]

（三）课后反思

课程面对的是学校中的一群特殊的学生。他们不仅仅需要了解管弦乐器，还需要了解管弦乐队是一个怎样的团队。管弦乐队是利用学生们课余的时间进行训练的团队，所以相对于学生的要求也会高一些。他们不光需要在规定时间内完成文化课教师的要求，还需要拥有一定的乐理知识和艺术修养，能在专业课时间内尽快了解自己所学乐器的原理和演奏方法。所以进行课程学习后，会有一些不适合的学生学习效果不太好。在之后的学习中，我会更加注重挑选适合的学生进行管弦乐的学习，挑选一些在学习上不吃力、有一定的音乐基础、对管弦乐有满腔热忱、并在放学回家之后能主动拿乐器出来练习的学生。

当然，我校的管弦乐团课程还是非常成功的，通过一段时间的学习，新队员能吹出《我心永恒》《欢乐颂》2首曲目；老队员除了一些简单的曲子之外还能吹出较难的 *Let it go*，*Havana* 等曲目。在之后的管乐课程学习中，我会更加努力地调动学生的学习积极性，通过各种练习和演出加深学生的学习成效，加大学生的学习兴趣，让学生能在轻松的氛围之下自信地学习，培养学生的艺术气质、协作精神、审美情操，使学生的精神世界健康饱满，感悟艺术的真谛！

（张亚丹 音乐教师 担任学校"3S"管弦乐团活动指导，任教音乐教师以来曾获得各类奖项，其中所执教的音乐课《山谷静悄悄》获得武汉市优质课一等奖；参加江岸区教师"三优"比赛获得一等奖；论文《兴趣是开启学生的一把钥匙》获得全国二等奖；带领校管乐队、校鼓队、校楚剧队参加武汉市各类大赛均获一等奖。承担管弦乐团"3S"课程以来，学生的进步显著。）

二、美感课例

合唱中的艺术

中国的合唱音乐发展至今已有百余年的历史进程，随着时代的发展，人们已不再拘泥于传统的、严肃的合唱风格。现代的多元音乐风格的合唱音乐创作应运而生，来自不同背景的作曲家加入到当代中国合唱音乐创作的行列，创作了带有探索性的"交叉"式时尚合唱作品。杨鸿年在《论合唱音准问题（一）》一文中指出："合唱艺术最主要的要求是：理想的音色、良好的音准、准确的节奏。其中最基本的是对音准的要求。"可见，在这位合唱指挥大师的眼中，音准问题既是合唱训练中最基本的问题，也是合唱训练中最关键的要素之一。合唱，顾名思义，"合"取的是配合之意，要求组织内的各个部分协调统一。若以个人为单位，少则几人、多则百人要在音高、时值、音乐变化上取得统一；若以声部为单位，少则双声部、多则十几个声部同样要做到协调统一，因此，作为音乐最基本的要素，音色、音准、节奏也就成为了合唱训练中最基本的要素。

（一）课程目标

（1）通过聆听和演唱练声曲训练声音，达到声音统一的效果；

（2）通过视唱练耳的日常训练培养学生的音高概念；

（3）学唱作品《细雨》和 *Whisper*，解决旋律、节奏上的基本问题，完成读谱；

（4）通过编排队形、动作设计，完整演绎作品。

（二）课程设计

1. 音色美

到底什么样的声音才是有美感的声音呢？在这个学期的训练中，我们对合唱团音色的要求是非常严格的，音色的优劣直接影响到歌唱艺术的品质。合唱演唱者要想完美地通过声音来提示作品的内容和含义，传达给听众一种美的艺术享受，就必须熟悉、了解和掌握产生美好的声音及音响的规律和要求，从而在音量、音色、音准上能把握自如，将声音的美在瞬间传达给听众。

（1）合唱团声音的训练包括了和声、音色、音量、气息、吐字、声音共鸣、强弱的控制、动与静、纵与横、连与跳、松与紧、刚与柔、快与慢、起与收，是一种高度的艺术创造和综合艺术修养培训。歌唱的原动力是气息在结合练声曲的呼吸训练，可以试着做"自然吸——自然吐、自然吸——缓吐、缓吸——缓吐、急吸——缓吐"等无声练习。让学生正确体会小腹及横膈膜的控制力及推动作用。但是最好是能结合练声曲的训练，大量的练声曲都是适合于合唱的呼吸训练。

1=C~A 2/4

（2）上面这条练声曲在连音、长音、保持音等有针对性的训练，另外还有对咬字和吐字的训练，这种训练能够增强合唱效果，熟练的咬字、吐字技巧，不仅是为了把字音准确、清晰地传达给听众，重要的是通过正确的咬字、吐字与歌唱发音有机地结合起来，以达到生动形象地表达歌曲的思想感情，使歌声富有感染力。咬字与声音的统一很关键，声音韵母要一次性发出，咬字时开口音如唱"呀"就是拢着唱。闭口音如唱"咪"要开着点。合唱团里每个人条件不一样，求共性统一，不求音量统一，力度要因人而异。

[设计理念：通过长短音、连跳音等练习，学习气息、咬字、发音等技巧。]

2. 音准好

有了良好的发声状态，合唱团就可以开始单音和旋律的音准训练。

（1）单音训练的目的更多的是建立基本的音高概念。因此，在单音的训练上，可以先借鉴声乐发声的一些练习，提升各个部分的协调能力。然后和我们日常的练耳训练结合起来，这样不仅训练的了固定音准，同时，也训练了演唱者的抗干扰能力。除此之外，我们还可以结合用不同力度、速度、呼吸方式、表情状态等多方面的要求。例如，标准音 a 的演唱，可以有强到弱，也可以让合唱团成员逐一轮唱，也可以快吸快唱、慢吸慢唱等。

（2）关于旋律训练是横向关系的音准训练，也是对音准中调式调性关系的一种针对训练。这一部分的训练可以由浅入深、循序渐进。在我们日常的训练中，我们一般会采用自然大小调来进行练习，如谱例所示的旋律乐句，简单明了的自然大调调性，进一步让合唱团深化音级的概念。

（3）在自然调性的音阶得到巩固了之后，我们再逐步地加入不同的变化。下面这个谱例是我们本学期学习的一首带有现代风格的无伴奏合唱作品《细雨》中的一个片段，其中低声部部分的旋律就是由下行音阶衍生而来的音列，如果没有前期自然音列的良好基础，合唱团是无法正确表达的。

（4）有了好的单音音准基础就可以开始进行和声音准的训练了。和声训练是纵向关系的音准训练，是直接指向于最终合唱效果的训练。我们同样是采用了循序渐进的方式，首先由单音的累加入手，例如最常见的大调主和弦：1-3-5 的训练，三度关系非常稳定，因此演唱的时候比较轻松。然后再逐次地加入小三和弦、减三和弦、增三和弦甚至七和弦的训练。在单个和弦的演唱之后，我们就开始了从双声部的旋律练习入手，最先是关系大小调的练习，然后是属关系调、下属关系调的结合等。下面这个片段同样是选自合唱作品《细雨》中的引子部分，这是一个旋律音程，五个声部先后通过不同时间的进入，最后形成一个不完全和谐的和音状态，是典型的现代风格的体现。

（5）最后就是关于乐曲的音准训练了，这是音准训练的综合体，任何形式的音准练习最终都必定要上升到乐曲练习当中来，只有经过了乐曲合唱音准的考验，之前的训练才可以被认为是有效的。如谱例所示，这个是经典曲目——贝多芬《第七交响曲》第二乐章的主题片段，里面包含了对力度、速度、保持音、气息等综合把控。在乐曲训练的阶段，我们可以尽量地让合唱团接触和体验到不同背景、不同风格、不同调试调性、不同情绪的音乐。

［设计理念：通过演唱上下行音阶、琶音、单声部和多声部练声曲等不同片段建立音高概念和音准意识。］

（三）对不同音乐风格的演绎

2019年上学期我们主要学习了两首作品，分别是中国作品《细雨》和外国作品《悄悄话》，这是两首风格、创作背景完全不同的合唱作品。

（1）无伴奏合唱《细雨》这首作品既强调和声的音响立体感，又要求发出各声部旋律线条的独立性，以往的中国合唱作品由于过分强调纵向歌声效果，而忽视了各声部的"独立性"，而现代合唱创作则更强调合唱各声部的音乐"独立性"和"自控力"的挖掘。作品在一开始采用了复调写作技巧，表现阵阵细雨拂面的美好意境。

（2）合唱作品《悄悄话》，是由音乐家格雷格·吉尔平作词作曲的一首充满童趣的作品。作品的主题一句话就能概括——耳朵凑过来，我想和你说说悄悄话！这首关于耳语的合唱作品活力满满，充满机智。音乐家吉尔平创作的初衷是为了提高和训练合唱团团员的合唱动态处理能力以及发音吐字。歌曲中拟声词的演唱表现了学生童真、有趣、诙谐的一面。在合唱中有多次即兴发挥留出的空间，既可以有独唱者即兴演唱，又可以由各声部之间相互进行和声、节奏的呼应，这样的环节让音乐更具个性化和风格化，让人耳目一新。

［设计理念：通过学习演唱原创中国作品《细雨》和外国作品 *Whisper* 训练学生在音色、音准、节奏、舞台表演等方面的综合表演能力。］

（四）课程反思

时至今日，带有各种风格的合唱已经成为了全世界流行的音乐形式之一。而在我们的身边这类多元化风格的作品还不是很多，虽然这学期我们才刚刚开始尝试对不同风格作品的了解，但的确能给我们很多的启迪和触动，这种具有融合文化特质的音乐更好地展现了合唱的艺术魅力，也拓宽了我们合唱团的眼界和理解力，这样的表演必然给听众在欣赏习惯带来的冲击，甚至是审美观念的改变。

（杨婷婷　音乐教师　担任学校"3S"课程合唱课程指导，曾获武汉市教师声乐、器乐大赛一等奖；区教师五项技能大赛一等奖。育才二小合唱团旨在让天籁之声重返校园，对学生进行听觉和乐感的培养，发展学生综合音乐素质，潜移默化培养学生的集体荣誉感，通过练唱国内外不同风格的歌曲来提高学生的音乐修养和自身素质。）

三、美术课例

沙瓶画

（一）课程目标

（1）尝试用装饰设计等方式激发学生利用瓶子和沙子进行艺术创造的热情，进而引导学生运用身边的自然资源探究艺术本质、特性和文化内涵。

（2）指导学生掌握沙瓶画的制作方法，能够运用装饰语言进行创作。

（3）通过一系列活动发现存在于身边的沙子、瓶子艺术，领略其艺术美。

（4）激发学生对艺术创新的热情，设计出有一定创新的艺术品。

(二) 课程设计流程

第一阶段：欣赏大师沙瓶艺术、认知沙瓶画

欣赏手艺人根据当地的文化所制作出的富有地方特色的沙瓶画。了解沙瓶画是人们用特殊工具将五颜六色的沙子灌入形态各异的玻璃瓶中，利用沙子的可塑性，不使用任何粘合剂，在瓶中堆砌出五彩斑斓的艺术。

过程与方法：

1. 欣赏手工沙瓶画制作片段。

2. 观察大师的铺沙方式。

3. 欣赏各类沙瓶画。

[设计理念：通过校内互联网、广播电视、多媒体教室等资源，挑选出适用于沙瓶画学习的相关影音资料，采取作品欣赏和作品分析等方式向学生展示沙瓶画的魅力，使他们对将要学习的课程内容有直观的了解，形成正确的认知，同时激发大家的学习兴趣，使学生愿意主动接受教师的指导并能利用课余时间来进行自主创作。]

第二阶段：学习制作技巧、完成彩色沙瓶

让学生了解制作工具，制作步骤和方法，尝试不同的创作方式，将自己喜欢的图案表现出来。

学习基本技法：

1. 亲身示范，展示不同制作方法。

2. 观看视频，观察每种技巧达到的艺术效果。

3. 学生练习，让学生从基础技巧开始练习，循序渐进。

4. 教师演示，学习封口技法，完成作品。

[设计理念：利用生活中现有的各种玻璃瓶、彩色沙子，让学生们真正接触了解和尝试制作，使他们真正学习并掌握沙瓶画的制作方法和技巧，感受其中的乐趣。]

第三阶段：丰富图案造型、尝试更多技巧

通过欣赏讨论交流沙瓶画技法，对沙瓶进行装饰。将简单图案进行组合，尝试更复杂的图案造型。

[设计理念：让学生充分感受制作的乐趣，以鼓励的方式进行快乐教学。]

第四阶段：完成精美作品，公开展示成果

将学生的精美作品通过学生作品展的形式，在全区进行展览。

展示实践：

1. 布置展览任务，挑选每位学生的优秀作品。

2. 组织预备。规划展出形式，设计好摆放方案。

3. 作品收集，布展。展示学习成果。

[设计理念：学有所成，让父母和教师的鼓励成为学生今后保持学习沙瓶画热情的最大动力。]

(三) 课后反思

"沙瓶画之所以吸引人，在于它用沙子堆砌的图案只是贴近瓶壁薄薄的一层，瓶子中间是用沙子填充的，通过挤压力顶住瓶壁的图案防止塌掉。这不是一朝一夕能练就的。"制作工具难，制作沙瓶画更难。沙瓶画看起来简单，实际做起来并非易事。沙子的堆砌是环环相扣，哪一步都不能出差错，否则前功尽弃。

小小一个沙瓶画，从挑选瓶子、堆砌沙子到制作、封瓶都不能忽视。其中的抖沙环节，是沙瓶画制作最重要的技艺，需要用特制的小勺将沙子缓慢均匀地撒到瓶壁上，力度至关重要，多一分少一分都不行，不仅需要制作者全神贯注还需要技艺的娴熟。

我们从做彩虹瓶开始，先从彩虹的七种颜色开始做，让学生们注意到色彩搭配：色相的对比、明度的对比、冷暖的对比等。色彩对我们来说是有视觉生理反应的，任何两种颜色并置在一起，都会产生色彩对比的感觉。学生们还戳出了花纹，进行了创新。瞧，多么有趣呀！

学生们学习了基本的填沙、戳沙技巧，我们还练习了制作爱心瓶。沙画艺术瓶与沙画相比有它自己的优势。它比沙画更亮丽、更小巧，更重要的是方便携带、有意义，因此逐渐演变为赠送亲朋好友的极佳礼品。母亲节、父亲节时，学生们将自己制作的爱心瓶送给自己最亲的人，其乐融融！

相信学生们今后一定会做出更多出色的作品，会尝试更多不同风格的图案、文字。现在也有部分手工技术高超的手工艺者专注于制作表现山水国画独特魅力的沙瓶画，使这项手工技艺不断发展，不断与时俱进！

（王晶　美术教师　担任学校"3S"沙瓶画活动课程指导，曾获江岸区"青年突击手"光荣称号，全国小学课堂教学技能展评活动一等奖、湖北省教育教学信息化交流展示三等奖，江岸区小学美术学科特色项目展示优秀指导教师，多次指导学生获市、区各类奖项。通过沙瓶画活动，很好地锻炼了学生们的动手、动脑能力，这是很棒的人生体验！在快乐中收获知识、在体验中收获技巧、在成长中收获爱！）

四、美景课例

精彩一"夏"

"读史使人明智，读诗使人灵秀。"学习古诗词不仅能使人灵秀，更重要的是可以塑造学生们的心智，丰富学生们的感情，健全学生们的人格，滋养学生们的气质，并且，温暖他们的整个生命。一首好诗就是一位良师益友。

"小荷才露尖尖角"的生机，"接天莲叶无穷碧"的热烈，"阴阴夏木啭黄鹂"的旋律……古往今来，无数文人墨客为夏天写下了动人诗篇。"精彩一夏"引导学生阅读夏日诗词，迎接美好夏天，在"夏"的世界中徜徉，染其色、闻其香、尝其味，品味名家笔下的夏韵！

（一）课程目标

（1）知识与技能：引导学生与描写夏日的古今诗词进行亲密接触，品味名家笔下的夏韵，并能用不同的方式表达眼中的美好夏日。

（2）过程与方法：通过读一读、看一看、想一想、说一说、画一画等活动，品味夏日诗词，迎接美好夏日。

（3）情感态度与价值观：通过对夏日的古今诗词的阅读品味，丰富对夏日的感性认识。

（二）课程设计流程

1. 品味夏日的美

小朋友们还记得我们学过的《所见》吗？大诗人袁枚在一个夏日的树林中，看到了活泼的小牧童，听到了阵阵的蝉鸣。夏天是山村里最美的季节。天空那么蓝，远处是青青树林，池塘里，还有那一朵朵鲜艳的荷花正在盛放。来，让我们一起诵读这首古诗吧！

小朋友们大声朗读，读出你的感受吧！

这学期咱们还诵读了宋代诗人杨万里的两首七言诗。他为我们展现了美好的初夏图景——《小池》。一汪清泉正默默地流出涓涓细流，晴日里绿树的影子倒映在水面上，嫩嫩的荷叶刚刚将尖尖的叶角伸出水面，早就有调皮的蜻蜓停在上面了。多有趣呀！看看这幅图，你想起来古诗的内容了吗？赶快大声背一背吧！

小池

泉眼无声惜细流，树阴照水爱晴柔。

小荷才露尖尖角，早有蜻蜓立上头。

初夏悄悄地过去了，炎热的夏日来到了。小池塘里的荷花，红的似火，粉的似霞，美不胜收。想去看一看吗？让我们一起读一读《晓出净慈寺送林子方》。

你的朗读太好听了！为你点赞！现在我们难度升级啦，你想和同桌一起比比赛吗？看看谁能又快又好地将诗中的名句背下来，你能行的！

接天莲叶无穷碧，映日荷花别样红。

125

有一群可爱的小朋友们将心目中的接天莲叶画了下来，他们呀，等不及要和你们分享啦！快去看一看吧！

多么美的荷花，多么美的夏天呀！

小朋友们，读书活动结束后，你还可以邀请家长、教师和同学们登录对你的阅读成果进行点评哦！

[设计理念：引领学生与描写夏日的古诗词进行多种方式的亲密接触，在"夏"的世界中徜徉，染其色、闻其香、尝其味，迎接美好的夏天。]

2. 欣赏夏日的趣

古代诗人笔下的夏天是那么美好，在现代文人的眼里，夏天也非常有趣哟！让我们也去感受一下吧！看看插图，再听教师来读一读。

夏日急雨
（周作人）

一霎狂风急雨催，太阳赶入黑云堆。

窥窗小脸惊相问，可是夜叉扛海来。

火萤虫
（周作人）

阶前喜见火萤虫，拍手齐歌夜夜红。

叶底点灯光碧绿，青灯有味此时同。

怎么样，的确很有意思吧！赶快邀请小伙伴再和你一起看一看、想一想、说一说、读一读吧！

[设计理念：引导学生阅读名家的夏日儿童诗，欣赏名家的插图，感受夏天的真与趣的无穷魅力，品味名家笔下的夏韵！]

3. 表达心中的夏

同学们，这节课上我们已经欣赏了很多关于"夏天"的诗歌，相信你一定有不少的收获哟！将心目中的"夏天"用你的巧手画一画吧！画好以后记得上传个人云空间哦！欢迎大家阅读更多的有关"夏天"的诗歌，相信大家一定会有很多的收获。加油吧！

[设计理念：激发学生学习兴趣，通过多种方式表达自己心中的夏，进一步丰富对夏日的感性认识。]

（三）课后反思

《义务教育语文课程标准》指出："小学语文教学应该立足于促进学生的发展，为他们的终身学习、生活和工作奠定基础。"古今诗词距离学生遥远，我们可以开辟多种途径引发学生对古今诗词的体验、感受、联想和想像，从而拉近古代和现代的距离，赋予诗文以新的生命力。因此，我们要创造性地理解、使用教材，积极拓展课程资源，灵活运用多种教学策略，和学生一道开发和生成开放、富有活力的语文课程。勇于把语文课堂的触角伸向更广阔的天地，也就是学生的生活和大自然。

诗词作为中华民族艺术宝库中的一颗璀璨的明珠，它凝炼着含蓄的语言、深邃的意境，倍受人们的喜爱。它以极简练、形象的语言生动地描绘了一幅幅色彩明丽、动静相宜的画面，创设了优美的意境，表达了深挚的情感，千百年来脍炙人口。它作为中华民族的文化瑰宝，其价值不仅在于给人以艺术的熏陶，更能启迪人的思想，陶冶人的性情。

一年级小学生正值脑力记忆高速发展佳期，接触新东西快，记忆性强，学习或开设一些诗词课程极有必要。虽然他们对诗词的涵义还不明白，但是在熟记硬背之后，通过教师或家长的点拨，大体意思很快就能搞懂。古往今来，诗词课程就是从娃娃抓起，先以背诵记忆为主，然后通过多读多背多练，"功"到自然成。这种强化记忆的方法，大多数小学生喜欢，只要正确引导，坚持下来，而且会形成一种学习古诗词的新潮流。

这节课，学生们与描写夏日的古诗词进行多种方式的亲密接触，在"夏"的世界中徜徉，染其色、闻其香、尝其味，通过读一读、看一看、想一想、说一说、画一画等活动，品味夏日诗词，迎接美好夏日，感受夏天的真与趣的无穷魅力，品味名家笔下的夏韵，并通过多种方式表达自己心中的夏。让我再一次看到了他们的活力和潜力，他们学习的兴趣十分浓厚，如鱼之江海中，自有无穷乐趣，学习效果自然事半功倍。

（张莉　语文教师　担任学校"3S"诗词阅读活动课程指导，执教的课例或撰写的论文、案例、课例曾获国家级的 10 余次奖项及 40 余次省、市、区级奖励，11 篇教学设计、课例、论文被刊登在省、市、区级丛书、刊物上；多次被授予省、市、区"先进个人""优秀班主任"等光荣称号。一首好诗就是一位良师益友。学生们在我校的诗词阅读课程中，心智得以塑造，感情得以丰富，人格得以健全，气质得以滋养，古诗词的学习温暖了学生们的整个生命。）

走进鸟的天堂

（一）课程解读

著名教育家陶行知先生提出："教学做合一。"他主张教育要同生活实践相联系，教师在"做"中教，学生在"做"中学的观点。于是，语文教学就不再像以往那样，仅停留于课本知识，而是为学生创设更多的实践条件，提供更多的实践机会，开展更多的实践活动，让学生在活动中学语文，用语文。利用身边随手可拾的教育资源，教他们学会生活、学会学习、学会做人。语文创想课程最主要的学习方式是实践，让学生通过实实在在的"做"学知识。但这种实践性学习活动，必然包括一定的文本学习。文本学习是对前人的认识成果，通过多种间接学习的方式来获得，是一种符号学习。实践学习和文本学习的关系就是直接经验和间接经验的关系，是学生自主实践活动与教师讲解的关系。同时教师要注重实践的深度，要求学生在实践活动过程中，理解实践的真正目的和意义，把握各种实践方式的基本要求，掌握其操作要领，结合活动情境，恰当地选择活动工具和相关手段，完成活动的具体任务，达到活动目的。

（二）课程目标

（1）认识生活中常见的鸟类，感受鸟的形态美、声音美、动作美。

（2）初步学习鸟与古代文人的精神情结，感悟鸟所寄托的人文情怀。

（3）探究鸟与科技进步的关系，培养学生收集整合、合作探究的能力。

（4）帮助学生树立爱鸟护鸟意识，培养学生独立分析问题和解决问题的能力。

（三）课程设计流程

1. 原文回顾

学过《灰椋鸟》这篇课文，我们为鸟类世界的神奇而惊叹！清晨，我们在啾啾鸟鸣中醒来；傍晚，鸟儿们又伴随着落日余晖从天空飞过。可爱的鸟儿与我们如此亲密，它们是我们的好朋友。就让我们，倾听鸟语，一起走进鸟的天堂。

亲爱的同学们，还记得我吗？我就是那"远远望上去黑乎乎的"的平凡普通的灰椋鸟。刺槐林里极为壮观的归林场面，一定给大家留下了深刻的印象吧。来，我带你们再去看看吧。

一开始还是一小群一小群地飞过来，盘旋着，陆续投入刺槐林。没有几分钟，"大部队"便排空而至，老远就听到它们的叫声。它们大都是整群整群地列队飞行。有的排成数百米长的长队，有的围成一个巨大的椭圆形，一批一批，浩浩荡荡地从我们头顶飞过。先回来的鸟在林内不停地鸣叫，好像互相倾诉着一天的见闻和收获，又像在呼唤未归的同伴和儿女。后到的鸟与林中的鸟互相应和，边飞边鸣，很快找到自己栖息的处所，与熟悉的伙伴汇合。

［设计理念：以《灰椋鸟》原文导入，既有亲切感，又能自然地激发学生对鸟类的兴趣。对原文的回顾可以巩固课本知识，也使学生们对鸟类独有的生活习性产生探究欲望。］

2. 认识护鸟使者

徐秀娟（1964年10月16日—1987年9月16日）女，1964年10月16日出生于黑龙江省齐齐哈尔市一个满族渔民家庭，一个养鹤世家。她从小就受到了良好的家庭教育。徐秀娟小时候常帮着父母喂小鹤，潜移默化中也爱上了丹顶鹤。1987年9月16日为寻走失的天鹅溺水牺牲，被追为烈士，誉为"中国第一位驯鹤姑娘"。以她的事迹谱写的歌曲《一个真实的故事》曾被广泛传唱。

同学们，让我们一起去听听那首动听的歌曲《一个真实的故事》，轻轻吟唱！

［设计理念：这首动听的歌曲讲述了一个动人的故事，让学生们静心欣赏，了解救鸟护鸟的英雄，激发学生们对鸟类的热爱！］

3. 倾听鸟语

鸟是我们人类的好朋友，可是，你真的了解它们吗？接下来，咱们就一起走进鸟的世界。

鸟类的基本特征：

鸟类是整个动物世界唯一长着羽毛的生物，属于恒温的高等脊椎动物。鸟类没有牙齿，体内有气囊，大多数鸟都善于飞翔。

4. 鸟类的进化

远古地球世界，到处是巨大的恐龙和能飞行的动物。在一个后来被称作巴伐利亚的地方，一只似乌鸦大小的鸟死去了，它从栖息地掉进一个热带淡水湖内，尸体很快被湖中从石缝里渗出的钙质颗粒所覆盖，从而延缓了尸体的腐烂，最后变成了化石。这只鸟就在那里安埋了150万年！这期间，大陆飘移将这些沉积物向北移动了数公里。剧烈的造山运动像撕纸一样把大陆板块分裂开，并将这个湖底沉积物推出水面好几米。1861年，一个采掘矿石用来制作石印画的工厂，终于将那块鸟化石作为安息地已安息了150万年的石灰质母岩挖掘出来。这只化石鸟被学者们命名为始祖鸟，它的发现被科学界认为是古生物学上的奇迹。

这只鸟不同于现存的任何鸟，而更像鸟的祖先——爬行动物。它的整个骨架在本质上还像一只小恐龙，又为什么称之为鸟呢？其原因是它的前肢骨和尾椎，在结构上相当于现代鸟类的前肢骨和尾骨，很清楚地表明它有羽毛附着的痕迹，这一点绝不会错，羽毛为鸟类所特有。根据始祖鸟开头分析看来，始祖鸟是爬行动物进化为鸟类的过渡动物。到了白垩纪的鸟类，如黄昏鸟，它的体形已和现代鸟类中的潜鸟很相像了，到了新生代时，鸟类已进化到现代鸟类阶段，在近7000万年中，其构造已无多大变化，只是更趋完善，能适合各种生态环境。鸟类现在还处于兴盛阶段，数量、种类繁多，形态各异，约有1000亿只。

鸟类的世界里还藏着许多有趣的知识，赶快去看看吧！

最大的鸟、产蛋最大的鸟——鸵鸟

体积最大的飞鸟——柯利鸟

形体最小、产蛋最小——蜂鸟

嘴巴最大、嘴峰最长的鸟——巨嘴鸟

飞得最高的、羽毛最多的鸟——天鹅

了解了这么多有趣的知识大家的收获一定很大吧！同学们还可以登录"鸟百科"——中国最专业的鸟类百科大全网站 https://www.niaobaike.com/，选择自己最感兴趣的资讯来学习！

[设计理念：鸟类的世界如此丰富多彩，通过图片文字的补充介绍，让学生对鸟类有更全面的了解，提供网址，让学生们能自己动手，上网查找搜集，使学生们的能力得到锻炼！]

在我们的周围处处看见鸟在飞、在叫，多么美的景色呀！在作家的笔下有许多描写鸟类的成语，与鸟类有关的古诗，展现鸟儿们生活的美文，让我们一起来学习欣赏吧！你知道有关鸟的成语吗？（鸟语花香，惊弓之鸟，鸟尽弓藏，百鸟争鸣等）与同桌比一比，看谁说得多。

你知道有关鸟的诗句吗？

春眠不觉晓，处处闻啼鸟。（孟浩然）

几处早莺争暖树，谁家新燕啄春泥。（白居易）

两个黄鹂鸣翠柳，一行白鹭上青天。（杜甫）

鸟向檐上飞，云从窗里出。（吴均）

登录古诗文网站 http：//www.gushiwen.org/，查一查，你会有更多发现。

著名作家巴金先生也写过一篇关于鸟的文章《鸟的天堂》，咱们一起静静品读其中的精彩部分，背诵下来吧。

（四）课后反思

语文创想课程具有实践性、自主性、开放性等特点，该课程特别强调以活动为主要形式，要求学生积极参与到各项活动中去，在实践活动中发现和解决问题，体验和感受生活，发展实践能力和创新能力。综观这节课，我认真反思了以下几点：

1. 没有真正落实"学生主体"的课程观，更未能正确定位自我角色

学生是综合实践活动课程的主体。从活动主题的提出，到活动方案的制订，再到活动实施，以及活动的总结、交流与评价，都应当尽可能地让学生自主活动，从而充分发挥学生在综合实践活动课程中的能动性。在综合实践活动课程的教学过程中，教师的主要任务就是激发和指导学生如何获取自己所需要的知识。掌握获取知识的工具以及根据认识的需要去处理各种信息的方法。

2. 学生活动空间单一，实践形式单调

这节课，学生的活动空间始终局限于教室，而学生的实践形式也只是传统语文课教学中的讨论、讲故事、制作卡片等，学生的综合实践能力不能得到很好的锻炼和提高，更不用说是发掘学生的潜能，培养学生的创新意识了。

阅读创想课程为学生的发展提供了一种开放的发展空间和发展机会。在活动形式上，综合实践活动课程主要是结合实际开展课题研究，进行调查、访问、实验等活动使学生走出学校，深入社会，获得亲身体验。方案经过修改之后，我不仅可以指导学生讲故事，还可以指导学生表演故事，只要学生感兴趣，可以教他们自己制作多媒体来展示自己的成果，凡此种种，学生就可以充分发挥自己的能动性，各施所长、各展其才，达到知识、技能、情感、态度和价值观的全面和谐地发展。

3. 缺乏与主题相应的及时有效的课程评价

阅读创想课程倡导促进学生全面发展，尊重学生个性的养成。在评价方式上主张采用"自我参照标准"，引导学生进行自我反思性评价，它的评价内容包括学生参与活动的态度、学生的实践能力和创新意识以及学生对学习方式、方法的掌握情况等。它强调培养学生的情感、态度和价值观的形成，而这些目标体现在综合活动过程之中，因而综合实践活

动课程的评价更注重对学生过程的评价，而不是对活动结果的评价。在具体的实践中，即使学生没有得出科学的结论，只要学生在活动中获得了对自然、社会的实际体验和认识，提高了交往能力和解决问题的能力，就应该给予学生积极的评价。

（盛丽君　语文教师　担任学校"3S"悦读创想活动课程指导，武汉市"五一劳动"奖章获得者、江岸区十佳魅力教师。在阅读创想的课程中，学习方式不再是一篇文章的闲敲碎打，而是一个主题式问题的结合，是学生发散的思维最终集中于单元主题这一点上。）

领略祖国风光

（一）课程解读

"读万卷书，行万里路。"让学生们通过课内迁移，课外阅读拓展，了解祖国名山大川的美丽。增进热爱祖国的思想情怀。从梁衡这些名家的著作中汲取灵感，与生活体验水乳交融，进一步挖掘学生的创新能力，激发他们对文学的喜爱。

（二）课程目标

（1）吸收名家作品的营养，学会赏析美文，领悟名家写法。
（2）培养对祖国名川大山的热爱，情景交融，感受风景文字的独特魅力。
（3）从模仿风格入手，在观察和感受的基础上，学习如何写景抒情。

（三）课程设计流程

1. 谈话引入，引出名家著作片段

（1）你喜欢欣赏祖国美丽的风光吗？（PPT展示风景图片）这些祖国的著名风景地，你知道吗？
（2）你印象最深刻的名家写景作品有哪些？
（3）祖国的大好河山在名家笔下，究竟焕发出怎样神奇的魅力，让我们一起来欣赏！
［设计理念：从美景入手，激发学生们的生活体验，与阅读体验相融合。从而生成探讨兴趣：名家笔下的祖国风光究竟具有怎样的独特魅力，展开深入学习之路。］

2. 赏析美文，比较风格

（1）让我们沧海撷贝，去感受一下巴金在广西游览"鸟的天堂"时描写的景象吧。（演示视频片段，配解说《鸟的天堂》片段）
（2）你感受到巴金的文章哪里写得好？
反馈：动静结合，朴实自然。
（3）为了渲染这活跃的场面氛围，作者用了许多短句，节奏明快，让我们一起来读一读。
（4）齐读片段。
（5）梁衡写山西的晋祠时，用了很多优美的长句，请看以下这片段。（PPT显示梁衡的《晋祠》片段）
说说你从这位名家的笔下悟到了什么？

反馈：娓娓道来，写的很有条理。用了好多成语，比如细流脉脉、如丝如缕、碧波闪闪、如锦如缎、历历可见、冉冉不绝等。这些叠词读起来朗朗上口，富有音律美。

（6）把两位名家的作品比较一下，他们风格区别在哪里？

反馈：巴金的文章浅显易懂，亲切朴实，是口语化写作。梁衡写的条理清楚，层次分明，是书面语言写作。

[设计理念：以学生熟悉的课内文字为引子，通过比较两位名家风格的不同，碰撞出新的思维火花，不光知道名家写得好，还深入探讨为什么写得好，好在哪里？从而打开借鉴模仿之窗。]

3. 课外拓展，体会风格

（1）示例（PPT显示梁衡的《壶口瀑布》片段）

"黄河在这里由宽而窄，由高到低，只见那平坦如席的大水像是被一个无形的大洞吸着，顿然拢成一束，向龙槽里隆隆冲去，先跌在石上，翻个身再跌下去，三跌、四跌，一川大水硬是这样被跌得粉碎，碎成点，碎成雾。从沟底升起一道彩虹，横跨龙槽，穿过雾霭，消失在远山青色的背景中。当然这么窄的壶口一时容不下这么多的水，于是洪流便向两边涌去，沿着龙槽的边沿轰然而下，平平的，大大的，浑厚庄重如一卷飞毯从空抖落。不，简直如一卷钢板出轧，的确有那种凝重，那种猛烈。尽管这样，壶口还是不能尽收这一川黄浪，于是又有一些各自夺路而走的，乘隙而进的，折返迂回的，它们在龙槽两边的滩壁上散开来，或钻石觅缝，汩汩如泉；或淌过石板，潺潺成溪；或被夹在石间，哀哀打漩。还有那顺壁挂下的，亮晶晶的如丝如缕……而这一切都隐在湿漉漉的水雾中，罩在七色彩虹中，像一曲交响乐，一幅写意画。我突然陷入沉思，眼前这个小小的壶口，怎么一下子集纳了海、河、瀑、泉、雾所有水的形态，兼容了喜、怒、哀、怨、愁，人的各种感情。造物者难道是要在这壶口中浓缩一个世界吗？

（2）点拨。

梁衡写景"语不惊人死不休，片无新意不出手"。他追求的是"新"和"高"。

"新"是指不人云亦云，发现别人所未发现的，也不复制自我。"高"则要求高瞻远瞩，从大处着眼，笔下的山川景物都有深刻的思考。

请以上文为例，说说你在他的文中找到的"新"和"高"。

（3）学生独立思考，在阅读材料上圈点勾画。

（4）小组交流讨论。

（5）反馈：把壶口瀑布的宽宽大大的浪比作一卷飞毯，又比作一卷钢板出轧，这两个比喻非常新颖。因为壶口瀑布这儿有各种水的形态，作者把它联想成兼容了喜、怒、哀、怨、愁，人的各种感情，上升到新的高度。最后一个反问结尾："造物者难道是要在这壶口中浓缩一个世界吗？"引发我们所有人的思考。

[设计理念：以梁衡的《壶口瀑布》片段作为阅读拓展训练的范例，从析词品句入手，让学生体会他如何贯彻写作"新"意和"高"度，做到语不惊人死不休。提升学生的阅读感受，搭建了一座通往创新的桥梁。]

4. 拓展体验，仿写名篇

（1）拓展：其实每位名家的风格都不一样，各有特色。哪位名家的风格让你印象深刻呢?

反馈:例如冯骥才细腻,有很多心理活动活动的描写。林清玄的文字像诗一样简洁优美。

(2)启发:回忆你的旅游经历,能不能把眼中看到的,结合想到的,以大胆的创意写出来。

祖国的美丽风光也在等着我们用自己独一无二的文笔,让他们鲜活起来,熠熠生辉。

(3)学生仿写一个小片段。

(4)教师进行反馈点评

[设计理念:让学生中课外阅读的"领头羊",将自己在课外阅读中的收获侃侃而谈,教师的赞扬和激励也触动了其他的学生,从课外阅读的宝库中去寻找精神食粮,为触发写作灵感打开了一扇门。]

(四)课后反思

教学相长,在这节阅读拓展课程中,我被六年级学生们的博识、勤思、乐学所触动了。有好多学生在父母的引领下,算是资深的小旅行家,有的足迹走得比我还远,游览了祖国的大好河山。把这些美好的经历通过文字描述出来,要经历"由眼入心动笔"的过程。眼高手低是常态,想写写不出,写不好,怎么解决呢?从借鉴名家写作的特点入手,一步步"筑路","搭桥",开启灵感之窗,打开思维之门。这节课我想要传递给学生们的是:笔下的风景往往比现实中更有灵性,因为经过了我们的创新、再造,具有独特不一般的美丽。

首先从学生熟悉的课内文字入手。以巴金《鸟的天堂》和梁衡的《晋祠》片段为例,通过比较两位名家风格的不同,寻找自己喜欢的描述方式。然后重点欣赏梁衡的《壶口瀑布》片段,既尊重模糊的感受,体验情景交融的境界,也庖丁解牛般地剖析妙处,体会在他的作品中"新"和"高"的理念的渗透,"语不惊人死不休","片无新意不出手",就是这种执着的追求让文章焕发出与众不同的魅力。阅读和写作都具有私人情感体验,在最后的仿写环节,给予学生充分的回顾时间,将生活体验和创造热情互相激发,灵感自然喷涌而出,哪怕有的学生仅有几个词,几句话写得精彩,也是非常值得的,课堂上自然而然地洋溢着文学之美,生命之爱。

(晏昭 语文教师 担任学校"3S"悦读创想活动课程指导,江岸区语文学科带头人,区百名新秀,区青年教师赛课一等奖,撰写论文、课例多次获全国、省市区一等奖。在指导校悦读创想课程中,为拓展学生知识覆盖的领域,从悦读中获得丰富的体验和感悟,做出了很多探索和尝试。最是书香能致远,悦读情怀伴终生!)

第二节 创想课例展示

一、悦读创想课例

安徒生的童话世界

童话是富有儿童特点的最受学生欢迎的文学。学生喜爱童话的原因在于学生以形象思维为主要思维方式，他们具有丰富的想象力。学生的想象常常带有夸张性、多变性，可以说学生的形象思维就带有童话的特点。童话的幻想内容融进了学生特殊的心理、特殊的情感和特殊的思维方式。学生天真活泼，知识不多，但他们的想象力很发达，想象的内容丰富而美妙，并且能想象很多现实以外的事物。想象力是学生思维的翅膀，古今中外的事例证实，凡是创造想象能力发达的学生，大都具有强烈的责任感和好奇心，对事物的想象大胆而创新，创造能力也很优秀。

伟大的爱因斯坦说得好："想象比知识更重要！"童话能锻炼幼儿的想象力、创造力及增长幼儿的艺术思维能力。而在此之前，语文课堂上学生们就学习了《丑小鸭》这篇课文，这节课就基于以上观点，选出世界著名童话《安徒生童话》中的其他几个故事，让学生在读中交流，读中想象，读中创作。

（一）课程目标

（1）了解安徒生。

（2）复习回顾童话故事《丑小鸭》。

（3）读《海的女儿》《卖火柴的小女孩》《皇帝的新装》三个故事，简单谈一谈自己的看法。

（4）展开想象，把故事变成图画。

（二）课程设计流程

1. 课程导入，了解安徒生

同学们，我们又在一起读书了，苏联作家高尔基说过："书籍是人类进步的阶梯。"的确，读书会让我们聪慧，更会让我们变得温文尔雅。今天就让我们继续在书的海洋里畅游，一起走进有趣的安徒生童话王国吧。

你们还记得安徒生是谁吗？他呀，迫不及待地想要向大家做自我介绍了！

"安徒生"：同学们，你们好，我是汉斯·克里斯汀·安徒生，我出生在丹麦欧登塞城一个贫穷的鞋匠家庭。曾经，我的梦想是当一位明星，在舞台上唱歌跳舞。但是很可惜，天赋不足，我的这个梦想破灭了。后来，我决定开始写剧本，起初我也经常失败，但是经过我的不断努力，我终于成功了，后来我就创作了小朋友们都喜欢的《安徒生童话》。

[设计理念：以安徒生自我介绍的方式，激发学生了解安徒生的兴趣，让学生产生强烈的阅读安徒生童话故事的欲望。]

2. 回忆《丑小鸭》

同学们，你们还记得语文书上学到的《丑小鸭》吗？这是安徒生最骄傲的作品，谁愿意把这个故事讲给大家听呀？

讲故事的时候一定要注意：

①语句通顺不打结;

②简洁明了不重复;

③重点内容不能掉;

④感情起伏不能少。

丑小鸭最后终于变成了美丽的天鹅,我们大家都为它高兴。当它再次遇到曾经欺负过它的哥哥姐姐、公鸡、猎狗时它会说些什么呢?请同学们开动脑筋,想一想、说一说吧。说的时候一定注意语句通顺哟。

[设计理念:从《丑小鸭》切入,回忆故事内容,复习讲故事的方法,打开思维拓展,想象丑小鸭变成美丽的天鹅后可能会发生的故事。]

3. 拓展阅读

看得出来大家都非常喜欢《丑小鸭》这个故事。安徒生实在太有魅力了,他的灵魂飞翔了200多年,他的文字温暖了数代人的心。不同的人看安徒生童话会有不同的感受,同一个人在不同的年龄阶段也会有不同的感受。我国台湾著名作家张晓风曾经说过这样一段话:

"如果有人5岁了,还没有倾听过安徒生,那么他的童年少了一段温馨;

如果有人15岁了,还没有阅读过安徒生,那么他的少年少了一道银灿;

如果有人25岁了,还没有细品过安徒生,那么他的青年少了一片辉碧;

如果有人35岁了,还没有了解过安徒生,那么他的壮年少了一种丰饶;

如果有人45岁了,还没有思索过安徒生,那么他的中年少了一点沉郁;

如果有人55岁了,还没有复习过安徒生,那么他的晚年少了一份悠远。"

接下来,就让我们一起去阅读安徒生的其他童话故事吧!

(1)海王有一个美丽而善良的女儿小人鱼。小人鱼爱上了王子,为了追求爱情幸福,不惜忍受巨大痛苦,脱去鱼形,换来人形。但王子最后却和人类女子结了婚。巫婆告诉小人鱼,只要杀死王子,并使王子的血流到自己腿上,小人鱼就可回到海里,重新过无忧无虑的生活。然而她却自己投入海中,化为泡沫……

(2)一个卖火柴的小女孩在圣诞夜因为没有卖掉一根火柴,她一天没有吃东西。她又冷又饿,她擦亮了第一根火柴,看见了喷香的烧鹅;她擦亮第二根火柴,看见了美丽的圣诞树;她擦亮了第三根火柴,看见了久违的外婆,她想让外婆留在自己身边,于是她擦亮了一整把火柴。然而当火柴熄灭的时候,这所有的一切都不见了,小女孩就是这样在圣诞之夜悲惨地死去……

(3)一位奢侈而愚蠢的国王每天只顾着穿衣打扮。有一天,王国来了两个骗子,他们声称可以制造出一件神奇的衣服,这件衣服只有圣贤才能看见,愚人不能看见。骗子索要了大量财宝,不断声称这件衣服多么华贵,被派去的官员都看不见这件衣服,然而为了掩盖自己的"愚昧",他们都说自己能看见这件衣服,而国王也是如此,最后穿着这件看不见的"衣服"上街游行……

同学们，读完这些故事，你有什么感受呢？和大家说说吧。

提示：可以谈谈你从中明白的道理或者对某一人物的看法。

同学们，我的这些故事有你喜欢的吗？选一个，展开你的想象，用四格漫画的方式画一画吧。画完之后记得在云空间展示哟！

[设计理念：给学生充足的时间阅读，给学生足够的时间思考，让后让学生畅所欲言，谈自己从阅读中受到的启发，最后展开想象，把最喜欢的故事画下来。]

（三）课后反思

这是一节特殊的阅读课，常规阅读课中我们教给学生阅读的方法，带着学生一起体会语言文字的美。但在这节课上，我没有设计任何这样的环节，仅仅只是把故事给学生，给他们足够的时间阅读、思考。学生的想象力是丰富的，而且学生常常分不清现实中和想象中的事物。这种无处不在、无所不能的想象，带有明显的夸张性和幼稚性，它们是学生们欣赏童话的心理基础。童话借助幻想，将许多常见的人、事、物或现象交错编织成一幅幅图画，展现一个超现实的世界。而我需要做的则是鼓励每一个学生大胆发表自己的看法，果不其然，课堂上学生们的发言五花八门，比如有的学生为小美人鱼的勇敢点赞，也有学生认为小美人鱼这么做不值得；有的学生同情卖火柴的小女孩，也有的学生觉得卖火柴的小女孩虽然在生命的最后阶段没有真正接触到那些美好，但在这样的美梦中去世也减轻了她许多的痛苦；有的学生在嘲笑愚蠢的皇帝，也有学生说这两个骗子没把聪明用在正确的地方就是狡猾……对于学生们的发言，我都表示认可，这是学生们在阅读后最原始的感受，他们能够像这样大胆的表达是童话给他们的力量与想象思考的空间。学生都喜好新奇向往不平凡的事物，充满神奇和变幻莫测的童话故事会深深地吸引他们，童话能给学生带来巨大欢乐，更能帮助他们培养和发展想象力，让学生感受童话世界的奇妙从而激发他们的想象，这正是这节课的价值。

（赵依恒　语文教师　担任学校"3S"悦读创想活动课程指导，2019 年获得江岸区"智慧+名课堂"优质课比赛一等奖。"3S"悦读创想课程是与平时阅读教学不一样的教学模式，这样不一样的教学模式让师生教学相长，共同进步。）

二、数学创想课例

数　独

"数独"是一种风靡全球的数学填数字游戏。它的前身为九宫格，最早起源于中国的"洛书"，后源于 18 世纪初瑞士数学家欧拉等人研究的拉丁方阵（latin square）。19 世纪80 年代，一位美国的退休建筑师格昂斯（Howard Garns）根据这种拉丁方阵发明了一种填数趣味游戏，这就是"数独"的雏形。"数独"（sudoku）一词来自日语，意思是"单独的数学"或"只出现一次的数学"。它通过"数独课程"的实施，培养学生的分析、逻辑、推理能力，提高学生运用排除法、假设法等基本推理的数学运用能力。提升学生的数感和全局观，发展学生的合作交流，体会数学游戏的乐趣。

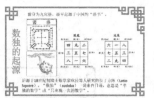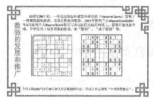

（一）课程目标

（1）认识各类简单的、不同形式的数独。

（2）初步学习"九宫格数独"的基本解答方法。

（3）培养学生的观察能力、逻辑能力，推理能力和坚定的意志品质，同时增强学生的数感和对数学的兴趣。

（二）课程设计流程

活动一：了解"数独"的历史、现状和发展

"数独"是一种填数学游戏，前身为九宫格，最早起源于中国的"洛书"，到18世纪瑞士数学家欧拉等人发明了拉丁方阵。

1997年3月新西兰人Wayne Gould将其写成电脑程式放在网络上，"数独"开始风靡全球。并衍生出了很多类似的游戏，如"数和""杀手数独"等。

事实说明，正在有越来越多的人加入进来，有关"数独"的各种比赛也越来越多。

在欧洲国家地铁和公车上随处都能看到埋头玩"数独"的人，很多人因此坐过了站。有人预言，"数独"很可能重演20世纪80年代人手一个魔方的盛况。

[设计理念：通过了解数独的历史发展和现状，激发学生的求知欲，培养学生勇于探索的精神]

活动二：认识不同的数独

1. 认识"数独"的行、列

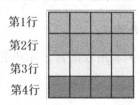

2. 四宫格数独

每行、每列、每宫都要有数字1~4，字母或水果。

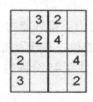

3. 六宫格数独

每行、每列、每宫都要有数字 1~6。

4. 九宫格数独

每行、每列、每宫都要有数字 1~9。

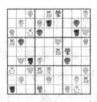

[设计理念：通过对数独结构的了解，认识九宫格数独的游戏规则。]

活动三：学习"九宫格数独"的基本解答方法

在每一个小九宫格中，分别填上数学 1 至 9，让整个大九宫格每一列、每一行的数字都不重复，一个合格的数独题目只有唯一的一组解。

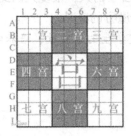

从第1行到第9行分别叫A、B、C、D、E、F、G、H、I行。

从第1列到第9列分别叫1、2、3、4、5、6、7、8、9列。

每个格子的名称中字母放在前，数字放在后。如第2行第6列叫做B6。

1. 基本解答方法：行、列、宫摒弃法

从右图中观察 G8 也就是①所在的行、列和所在的宫，你知道 G8 处应填什么数？

2. 假设法

在填写某一格数时，在两个数之间无法确定时，可以先填上一个数，并假设它是正确的，这样继续填下去，如果后面填的数与前面所填的数不矛盾，则假设填的是正确的。反之另一个数是正确的。

"数独"这种游戏能锻炼脑力，培养观察能力、逻辑能力、推理能力。想成为一个出色的数独选手，也要像跆拳道那样努力来考取数独段位。数独一共分为九段，每段要求大不相同。如第一段要求掌握单区唯一解法等多种简单方法，并在 45 分钟内正确完成 1 星标准题 3 道。

[设计理念：学会用九宫数独的规则，来进行推理，并掌握几种简单的推理方法。培养学生逻辑思维能力和具备全局观念。]

活动四：设计不同的数独

（1）完成一款数独。

（2）试一试，设计一款"数独"并上传到自己的云空间。

[设计理念：学以致用，让学生在学习数独的基础上，能自己编写简单数独题目。增强学生学习兴趣，培养学生的创造能力和激发学生创新意识。]

（三）教学反思

本节课首先由教师介绍"数独"的历史发展和现状，然后了解组成数独的行、列和数独的游戏规则，再学习玩"数独"游戏的几种基本方法和基本技能，最后让学生试着解决简单的"数独"并能根据"数独"的规则自编一个数独游戏。

在整个活动中我根据学生的情况，把握好学习的进度。比如在了解"数独"的历史和现状时，由于学生刚接触到"数独"，对数独的历史和数独的分类不了解，所以要配合图片，清晰地介绍"数独"，从而使得同学们对"数独"这种古老而又有魅力的游戏有了更加深刻的认识，为以后的学习打下了基础；在数独的解答方法学习中，注重教师精讲、学生多想，留下充足的时间让学生感受两种基本方法的奥妙所在，使学生能有时间边学习、边思考、边感悟，从而提高学习效率。

在学习解答"数独"的基本方法后，给出了一个较简单的"数独"让学生尝试着用所学的知识去解答，这时学生表现强烈，个个争先恐后一试身手。由于学生兴趣的极大提高，所以使整个活动达到高潮，特别是可以将自己设计的"数独"发到云空间，也使学生的信心极度膨胀，从而将简单的学习转向为学习后的自我创新创造。

在独立完成"数独"时，还可以有层次的多准备2-3题，一方面让有能力的同学加深练习，另一方面也给其他学生提供更多的思考时间，使所有学生在同一时间内分层思考，达到各有所学，从而获得更有效的学习。

（张杨峰　数学教师　担任"3S"课程数学思维创想课程的主要授课者和教材开发者，区数学学会会员，长期在小学数学高段教学一线，个人在培养学生兴趣，启发学生创造性思维上较为深入的研究，致力于常规教学中培养学生创造性教学的研究。所撰写的论文《浅谈创造性教学的有效性》荣获全国论文二等奖。）

玩转七巧板

（一）课程解读

七巧板是我国流传久远的一种智力游戏，使用形状、大小各异的七块薄板，就可以拼摆出各种各样的图形，引人入胜，具有开发智力的功能。"玩转七巧板"是学生在初步认识了三角形、长方形、正方形的基础上安排的实践活动。通过探索七巧板，引导学生深刻感受祖国传统文化的魅力，提高学生的分析鉴赏能力，感悟平面图形的特点。

（二）课程目标

（1）知识与技能：通过探索七巧板的秘密，进一步丰富对平行、垂直及角等有关内容的认识，能用适当的图形和语言表达自己思考的结果。

（2）过程与方法：通过七巧板的制作与拼摆活动，培养学生动手动脑的能力及创新的意识。

（3）情感态度与价值观：培养学生主动参与及合作意识；通过了解七巧板历史，增强学生民族自豪感。

（三）课程设计流程

活动一：七巧板简史

七巧板是一种古老的中国传统智力游戏，顾名思义，是由七块板组成的。而这七块板可拼成许多图形，例如：三角形、平行四边形、不规则多边形，玩家也可以把它拼成各种人物、动物、图像，也可以是一些中、英文字母。七巧板是古代中国劳动人民的发明，其历史至少可以追溯到公元前一世纪，到了明代基本定型。在18世纪，七巧板流传到了国外。至今，英国剑桥大学的图书馆里还珍藏着一部《七巧新谱》。

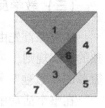

七巧板发展史：

燕几图　　　　　蝶翅几　　　　　七巧板

燕几图——燕几的意思是招呼客人宾宴用的案几。引发这个点子的人是北宋进士黄伯思，他先设计了6件长方形案几，于宴会时能视宾客多寡适当调整位置，随后又增加一件小几，7件案几全拼在一起，会变成一个大长方形，分开组合可变化无穷。

蝶翅几——明朝戈汕依照燕几图的原理，又设计了蝶翅几，由13件不同的三角形案几而组成的，拼在一起是一只蝴蝶展翅的形状，分开后则可拼成出100多种图形。

七巧板——现代的七巧板就是在燕几图与蝶翅几的基础8上加以发展出来。

[设计理念：通过了解七巧板发展史让学生感受祖国光辉灿烂的文化，同时也让学生初步感知七巧板的变化无穷的魅力，激发学生学习兴趣。]

活动二：板块的秘密

1. 形状的秘密

通过探究，我发现：2个完全一样的三角形能拼成（　　）或（　　）、（　　）。

通过探究，我还发现：1个三角形+1个平行四边形（正方形）能拼成（　　　）。

2. 角的秘密

请你找一找七巧板中的锐角、直角、钝角。

3. 大小的秘密

请你比一比，找出每块巧板之间的大小关系或每块巧板的大小与整体之间的关系。

[设计理念：通过3个活动，让学生体验七巧板中蕴藏着丰富的数学知识，进一步认识感受七巧板的神奇与有趣，并加深学生对平行线、垂线、锐角、钝角、直角等有关几何概念以及分数的认识，丰富学生的几何概念和用数学意识。]

活动三：七巧板拼图

拼一拼，请用七巧板拼出图形。比一比，看谁拼的图案最美！

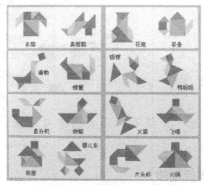

[设计理念：让学生在拼摆图形的过程中，积累数学活动经验，给学生一个发现自己，表现自己创造力的空间和时间，培养了学生动手动脑能力及创新意识，让学生充分玩转七巧板。]

活动四：智慧妙巧板

1. DIY七巧板

步骤与方法：

（1）首先，在纸上画一个正方形，把它分为16个小方格。

（2）再从左上角到右下角画一条线。

（3）在上面的中间连一条线到右面的中间。

（4）再在左下角到右上角画一条线，碰到第二条线就可以停了。

（5）从刚才的那条线的尾端开始一条线，画左上与右下的对角线的四分之三。另外，在左上右下这条对角线的四分之一处画一条线，与上边的中间相连。

（6）最后，沿着黑线剪开，你就有一副全新的七巧板了。

2. 创意拼板

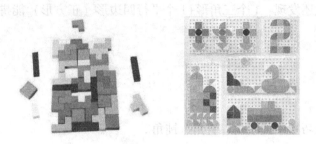

3. 趣味四巧板

四巧板又称 T 字之谜，是一种类似七巧板的智力玩具。四巧板由一块长方形（拼图中大写"一"字）分解出来的 4 块不规则形状组成。其中有大小不同的直角梯形各一块，等腰直角三角形一块，凹五边形一块．这几个多边形的内角除了有直角外，还有 45°、135° 和 270° 的角。

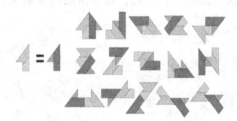

［设计理念：介绍不同形式的智慧巧板，拓宽学生思维，发展他们的想象、联想能力。］

（四）课后延伸

（1）收集其他的趣味巧板的相关知识，上传到云空间。

（2）你会计算组合图形的面积吗？开动脑筋，用七巧板拼一拼，算一算拼出图案的面积。

［设计理念：课后延伸让学生进一步巩固本节课的教学目标，反馈教育教学效果，培养学生自学及自主创新的能力。］

（五）课后反思

本节课是一节综合与实践课，以七巧板为载体，设计了探索七巧板的秘密等一系列活动，并在活动过程中，加深学生对平面图形的组合、分解，进一步丰富学生的几何概念和用数学意识。反思活动过程，我注重了以下几方面的设计：

（1）激发学生学习兴趣，"兴趣是最好的教师"。为了更加生动形象地引入课题，我借助微视频展现了七巧板悠久的历史，使学生感受到七巧板是我国古代智慧的结晶，激发了学生的民族自豪感和学习兴趣。唤起了学生对七巧板的记忆，又使学生感受到七巧板的神奇，激发学生学习七巧板的欲望。

（2）培养学生的探究性学习能力和合作学习意识：通过一系列的有思维价值活动（如形状的秘密、角的秘密、大小的秘密）的呈现，调动了学生思维的积极性，培养了学生思考问题的能力，也锻炼了学生的语言表达能力。课堂中通过小组合作、师生互动、生生互动，从而实现教学相长和共同发展，体验教与学的乐趣。

（3）动手操作，体验成功：让学生自己动手拼摆图案、制作七巧板，使学生形象感知七巧板变幻多姿的魅力，进一步感悟七巧板的"巧"。学生在操作体验、反思交流中形成积极的情感与态度，在不知不觉中培养了学生的动手实践能力和创新精神。通过一系列活动的完成，不但丰富了学生的活动经验，还使学生掌握了解决问题的方法。

（辛文静　数学教师　担任学校"3S"思维创想活动课程指导，2014年获"江岸区先进工作者"称号，2016年获江岸区"三优"比赛一等奖，2017年被评为"高效课堂先进个人"，2018年被评为"有爱心和良心的江岸好教师"。让学生在"3S"的思维创想活动感悟数学文化的魅力、体会数学的价值，从而提升学生的数学文化素养。）

对决 24 点

（一）课程解读

"对决24点"课程是以班级为单位，用扑克牌算"24点"的系列数学实践活动课程。先让学生从一张牌上的数字开始，选择加减乘除运算符号拼凑24点，再过渡到用两张、三张牌上的数字得到24，最终用四张牌多种算法快速地得到24。通过"家庭对决"练兵到"小组对决"晋级，再到"优胜者对决"挺进"王者对决"胜出的竞争规则激发学生主动探索解决问题的意识和策略，从而加强学生对四则运算的口算能力，激发学习数学的积极性。

[设计理念：通过学生喜闻乐见的对决挑战赛的方式让学生学会玩24点，爱上玩24点，并从中掌握数学知识，加强计算能力，激发进取精神，拓展兴趣爱好，同时促进形成和谐的家庭氛围，团结争先的班级凝聚力。]

（二）课程目标

（1）知识目标：进一步让学生掌握四则运算的顺序，学会计算"24点"的基本知识和基本技巧，探究"24点"的不同算法，知道有些牌型不能算出24。

（2）能力目标：尝试用枚举法找出符合条件的解题方案，调整计算思路，逐一验证，从而提高解决问题的能力。

（3）情感目标：在活动中增强学生学习数学的兴趣，培养合作意识，提高探究能力。

[设计理念：学生都喜欢玩游戏，让他们在玩中学，在学中玩。从学生熟悉的生活情境和感兴趣的扑克牌出发，为他们提供观察和操作的机会，感受数学的趣味，形成数感，培养思维的敏捷性、灵活性和发散性，同时获得玩游戏的满足感。]

（三）课程设计流程

第一阶段：入门

1. 出示课题

教师拿出扑克，介绍游戏道具。数学常常会出现在我们的生活、工作、甚至娱乐中，今天我们要学习的内容就和扑克有关。（板书课题："对决24点"）

2. 开展初阶活动

介绍游戏的玩法：去掉大小王，A表示1，J表示11，Q表示12，K表示13，同学们要想方设法算出24点。

活动一：对决一张牌

（1）教师抽取一张扑克牌，让学生用加减乘除一步凑出24，看谁算得快，凑得多。例：A + 23 = 24，25 - A = 24，A × 24 = 24，24 ÷ A = 24；2+22＝24，26-2＝24，2×12＝24，48÷2＝24。

（2）依次出示3～K，让学生用加减乘除一步凑出24。请学生汇报，教师板书验证，发现5、7、9、11、13这几张牌不能用乘法凑出24。

活动二：对决两张牌

（1）教师抽取两张扑克牌，让学生添1个或2个数，把它们凑出24。看谁算得快，凑得多。例：教师抽到A和2，A+2+21=24，27-（A+2）= 24，（A+2）×8=24，8×9÷（A+2）= 24，等等。

（2）学生分小组对决两张牌，并记录下来，比比哪个小组记录的解法最多。

（3）小组汇报，总结规律。发现很多凑法都用到了3×8=24，4×6=24。

（4）教师介绍：一副牌，去掉大小王，如果4张牌一组（即一个牌组）可有1820种不同的组合，其中有1362个牌组有解，458个牌组无解，如（A，A，A，5），其中有976个牌组是可以用两数相乘的方法算出24的，占有解牌组的72%。

（5）活动布置：回家和父母一起抽取一张或两张牌对决24点，也可以尝试选三张或四张牌对决24点。

第二阶段：进阶

1. 总结上一阶段玩24点的经验

我们可以用1～2张扑克牌运用加减乘除和小括号凑出24。一张牌有的可以凑出4个算式，还有的只能凑出3个算式，而两张牌就可以凑出许多算式。

2. 家庭对决24点展示。

交流过程与经验，介绍谁是家里的"24点王"。

3. 展开进阶活动

活动一：对决三张牌

（1）先去掉大小王和J、Q、K，再随机选三名同学分别抽取一张扑克牌，让同学们计算24点，小组交流算法。

（2）出示扑克牌（2，3，4）；（3，8，9）；（3，5，9）让学生计算24点。

（3）让学生回答他是如何思考的，同时鼓励学生用不同方法来进行计算。

（4）提问：计算 24 点的方法是唯一的吗？

活动二：对决四张牌

（1）如果要将活动一中的三个牌组增加一个数算 24 点，你想添加哪个数？学生都选择"1"，因为 1 乘 24 还得 24。

（2）教师介绍可以利用 0、1 的运算特性求解。（一个数加 0 还得这个数，一个数乘 1 还得这个数）

（3）出示扑克牌（A，2，5，8），让同学们算 24 点，并汇报验证。

（4）四人小组成员，每人抽一张扑克牌，计算 24 点，谁先算出 24，谁获胜，并验证记录。

（5）教师巡视，及时关注到选择的 4 张牌算不出 24 的情况。

（6）教师将不能算出 24 点的情况公布，请所有同学帮忙计算。最后总结出：不是所有牌组都能算出 24 点。

（7）活动布置：用 4 张牌进行第二轮家庭对决 24 点，并把不能算出 24 的牌组也记录下来。

第三阶段：高阶

（1）回顾前两个阶段学到的关于算 24 点的知识。

（2）第二轮家庭对决 24 点成果展示，汇报不能算出 24 点的牌组情况。

（3）展开高阶活动。

活动一：尝试用分数解题

1. 有些牌组很特殊，要考虑到分数的情况

算式解密：$9 \times \dfrac{10}{6} + 9 = 24$

算式解密：$4 \div (1 - \dfrac{5}{6})$ 或 $6 \div (\dfrac{5}{4} - 1)$

2. 勇敢尝试

（5，5，5，1）；（1，8，Q，Q）

3. 小组交流，汇报验证。

活动二：介绍用特殊运算解题

有些牌组运用加减乘除的四则运算是无论如何也是算不出来的，但如果运用特殊的运算就可以算出来。

1. 用平方的方法

例：（A，A，A，5）可以用 $5^{(1+1)} - 1 = 5^2 - 1 = 24$

2. 用阶乘的方法

阶乘指从 1×2×3×4 一直乘到所要求的数。

例：4！ ＝1×2×3×4＝24

　　6！ ＝1×2×3×4×5×6＝720

　　n！ ＝1×2×3×4…×n

那么（A，A，A，A）就可以用阶乘算出 24 点啦！

活动三：自我实践电脑版算 24 点，可课外在家尝试练习

第四阶段：对决产生"班级 24 点王"

活动一：产生"小组 24 点王"

计时 5 分钟，在小组内算得最快、最多的同学成为"小组 24 点王"，晋级活动二。

活动二：产生"大组 24 点王"

将活动一产生的"小组 24 点王"进行分组，再计时 5 分钟，产生 3~4 名"大组 24 点王"。

活动三：终级对决，产生"班级 24 点王"

在全体同学的见证下，抢答最多、最快，并通过验证的同学成为"班级 24 点王"。

活动四：颁奖

为获胜同学颁发荣誉证书，得奖者发表获奖感言。

最后，全课总结。同学们，你们都有什么游戏心得？写出来跟大家分享一下吧！

[设计理念：整个"对决 24 点"课程，我设计了四个阶段：入门、进阶、高阶和对决。前三个阶段是引导学生逐步深入地学习、探究算 24 点的方法及策略，而第四个阶段是总结和检验，也是这个系列课程的高潮，让学生享受到数学游戏带来的快乐！]

（四）课后反思

"对决 24 点"这个课程内容，是在四年级学生刚学完整数的四则混合运算及运算定律的基础上进行的。那时我刚接手两个新班，有些学生对运算顺序还不熟，有些学生觉得计算很枯燥，还有些学生口算基础弱，一算就错，学习积极性不高，我就想如何能改变现状？教学生们玩游戏——"算 24 点"是个好办法，但是"算 24 点"听着简单，想要算得好，算得快，在班级中形成良好的学习氛围，靠一节课是远远不可能实现的，正好学校开设"3S"课程，我有了连续四周每周 1 节课的活动课时，为我设计"对决 24 点"实践课提供了充足的时间，也为学生充分掌握、探究"玩 24 点"的规律技巧提供了内化的时间。在活动形式上，我借鉴了综艺节目中比较流行的"对决"，并提前告知学生：优胜者会有奖励！这极大地增强了学生的学习激情与欲望，产生了良好的学习效果。学生主动参与率达到了百分之百，尤其使基础较差的学生觉得我能学会，让中等生感到我能行，使优等生产生试一试更有成功的期望。不仅在班级中形成了浓厚的学习氛围，学生们还把家长都发动起来参与到我们的"对决 24 点"实践课程中，有的家长向我反馈，说学生现在非常喜欢玩 24 点，做口算主动多了，而且正确率也比以前高了。这种把一个数学知识点分成若干课时，层层推进，人人参与，人人落实，竞争评优的方式，是符合由浅入深的认知规律的，在不知不觉中化解了学习难点，学生能在课后积极、主动地继续玩 24 点，也就实现了本系列活动课的终级目标。

（鄂敏　数学教师　担任学校"3S"数学思维创想课程指导。从事数学教学21年，曾撰写的多篇案例、论文获省市级一、二等奖。与"教师"这个称谓相比，我更喜欢被学生们叫做"鄂了妈"，和学生们学在一起玩在一起，享受当教师最简单、最质朴的快乐！）

三、造物创想课例

建筑模型

建筑模型制作与其它学科存在很多联系，如建筑结构设计涉及数学学科中形体的认识，环境造型的设计涉及美术学科；作品人文背景及介绍与语文学科有直接联系，一个小小的模型，其建筑史和工艺的研究涵盖了很多方面，学生在思考、观察、分析、制作、创新的过程中，综合素养得到大幅度提升。

（一）课程目标

丰富学生课外生活，培养他们对建筑（桥梁、房屋建筑及园林设计）的兴趣爱好。引导学生动手动脑，掌握必要的科学知识和实践技能，了解模型制作的一般过程，理解建筑的结构原理，认识各类模型构件的用途，正确和安全使用工具。树立科学思想和科学态度、学会分析和观察。积极合作克服困难，体验交流的乐趣、分享创作的喜悦，善于总结经验教训，大胆展示自我成果，在活动中提升自我成就和满足感；对建筑美学有初步的了解，陶冶学生鉴赏美的艺术情操，渗透中国传统文化，对中国劳动人民的智慧产生敬仰之心，从小立志：传承与保护中华文化、努力建设祖国的博大胸怀。培养学生自主、自立、自强、自信的个性品质

（二）项目主题

"建筑模型"研究项目主题：桥

"桥文化"是伴随人类文明发展的建筑文化，中国是"桥文化"的故乡，自古就有"桥的国度"之称，中国古今桥梁的科学技术，不少曾走在世界桥梁建筑前列，它的建筑形式多样化、艺术化，以及历史价值都是人类的瑰宝。活动旨在让学生深入了解人类桥梁文化的发展，对古代及现代技术升起崇敬和感恩之心！

（三）项目目标

（1）了解桥文化的丰富内涵，它是各个历史时期社会生产力水平的典型标本。

（2）体会与欣赏桥梁建筑的艺术特征，激发学生对美的向往，陶冶艺术情操。

（3）搜集各类学者、文人从不同角度创造的桥文化（如桥联、桥名、桥梁书法、故事、影视作品等），让学生感受桥梁文化的博大精深。

（4）制作简单的桥、学会搭建框架结构、将艺术美学与结构美学融为一体。

（四）课程设计流程

第一阶段：确定学习项目"桥"，激发兴趣

学生从生活实践出发，结合自己的经历，交流自己了解的"桥"，可以用讲故事、照

片、PPT等形式向大家展示。

[设计理念：通过校内互联网、多媒体教室等影像资源，学生生活照片、小作文等作品，相互交流生活体验和生活乐趣，从同伴的对比中发现中国的桥是多种多样的。]

第二阶段：学习"桥的发展史"

让学生初步建立一个思维框架，延展活动主题的横向空间，对要研究的主题有情感上的认识。

[设计理念：利用多媒体、互联网等影视资源，对不同历史时期的桥梁相关事件和故事进行了解，初步建立桥梁发展史的宏观构架。]

第三阶段：学习"框架结构"

学生能画出简单图纸设计，说明科学理论，并能依据图纸从平面到立体像"三维空间"过度，工具的选择和使用、安全操作的教育、初步尝试制作的乐趣。

[设计理念：在经历了前期的初步分享、探究和了解，学生对桥梁的外部造型已经有了初步的了解，通过画一画我喜欢的桥，过渡到立体的三维空间，开始训练学生的空间感。这是建筑模型制作的重要转折点。]

第四阶段：小组合作"建一座桥"

材料不限、结构不限（梁桥、独木桥、塔桥、拱桥、拉索桥等），能有一定的支撑能力。

[设计理念：学会合理使用工具，掌握安全造作的方法，利用多媒体展示各结构和制作步骤，学生对于结构和框架的设计，能有效地说明理由，并能有一定的承重性。]

第五阶段：展示评价分享

说明自制作品的结构特征，同学对其艺术性及稳定性给予评价。

[设计理念：学生能依据自己的作品，介绍相关的设计理念，师生共同评价作品的艺术性和实用性，并能积极鼓励创新。]

（五）课后反思

时间有限、场地有限、材料有限，如何在有限的条件下保持学生们的创造热情、激发不断创新的火花，需要教师积极动脑，一物多用、借鉴其他学科拓展更大空间。开展课程以来，学生的学习热情依然高涨！"建筑模型"班的学生们，以老带新、互帮互助、学习借鉴，很快掌握了建筑模型的工具使用及制作技巧，从学习图纸、设计图纸、搭建一座房屋、做一座桥、整体规划一个生活区域、再到局部装饰美化等，学生们的认识由平面到立体、由局部到整体、由框架到细节，大大提高了学生的逻辑思维和空间运用的能力，动手操作本领有明显进步。他们思维活跃，想象力丰富，彩绘水平极高，有时会给教师带来意想不到的惊喜，学生们也是教师学习的榜样！

在实际教学的过程中，还存在以下几个方面需要改进：①"结构"教学过程中，实验方面较为突出的问题是实验材料不合适或不足。比如，教师没有指定使用统一的实验材料导致学生自备不合适的材料；教师准备的实验材料不足导致争抢，这样给教学的顺利推进和教学评价方式的公平性形成阻碍。②另一个突出问题是学生很难按照图纸或实验记录表的流程进行实验。例如，有的小组搭建的模型完全没有参照图纸，随意选用材料，这种随意性，使学生的作品精密度打折，久而久之，个别学生做事不严谨，甚至半途而废。③教师自我对创想的理念还没有完全透彻，在实际操作中，传统守旧的教育观念时有呈现，不肯放手，总想多讲一些，学生相应的活动时间就减少了。创想教育的一大亮点是对学生核心素养的培养，这个过程主要通过设计、搭建和评价来体现，教师要把更多的时间交给学生，自己主要起引导作用，而不是主导作用。

随着课程的不断深入，学生们的求知欲望也不断加强，要想使我们的课程更具有学科特色和时代先进性，我们还需要继续学习，把握时代发展，拓宽眼界，与学生共同成长！

（杨锐　科学教师　任"3S"发明制作活动课程指导，学校科学教研组长。辅导学生发明的作品获得第15届中国青少年创造力大赛银奖，多次辅导学生获得武汉市青少年创新大赛一等奖，武汉市优秀辅导员教师，江岸区优备课组长，江岸区关爱学生优秀教师。在担任"3S"发明制作课程辅导过程中，希望在每一个学生心中种下"创新创造"萌芽。）

第三节　社会实践课例展示

一、穿越武汉课例

舌尖上的武汉

目前，研学实践课程还处于实验摸索阶段，我们放手让教师们边实践、边研究、边提升，将课程建设与教学实践充分接轨。教师们还大胆打破时空界限、学科界限、课时界限，将研学与生活紧密联系起来。

（一）课程目标

通过以解说词为内容的研学实践课程活动，提升学生的语文理解及表达能力，激发学生热爱家乡的情感，培养学生的收集信息、人际交流等综合能力。

（二）课程设计流程

活动一：主题导入，学习解说词

师：我们的故乡武汉不仅历史悠久、文化荟萃，美食也是花样众多、独具风味。我记得《舌尖上的中国》中有一集就专门讲到了武汉的美食。（播放视频，分发解说词文稿）同学们现在拿到的就是这段节目的解说词，边听边思考：主持人讲到了哪些武汉美食，又是怎么去进行解说的？

学生交流汇报。

师：给你留下最深刻印象的是哪种美食？它的解说为什么给你留下深刻印象？

生：我印象最深的是排骨藕汤，因为这段解说词中讲了莲藕的营养成分……

生：我对热干面印象最深，因为主持人告诉我有关热干面的来历，很有意思……

学生选择自己感兴趣的一段，给视频配音。

师：这段视频的解说词运用了各种各样的方法，目的只有一个，就是充分激发我们看下去、听下去的兴趣，并且给我们留下深刻的印象。接下来这段时间的学习，我们就围绕着"舌尖上的武汉"来阅读、来思考、来写作。

［设计理念：研学课程可以从课内文本出发，也可以根据学生的生活和社会热门话题

来寻找主题阅读点，这个课例阅读点的选择就采取了后者的方式，观其实效，确实充分激发了学生们的阅读兴趣，让课堂跟美食一样变得有滋有味。]

活动二：实地参观，寻找解说词

（带领学生来到著名美食一条街——吉庆街进行社会实践活动，让学生以小组为单位到各个美食店铺搜寻有意思的解说词，并拍照记录下来。）

师：昨天在吉庆街找到了有趣的解说词吗？分别在什么地方找的的？它们各自重点介绍了什么内容？为什么要这样介绍？

小组汇报交流，并大声读出自己寻找到的解说词。

生：老字号"汪玉霞"的解说词就印在食品袋的背面，还配了一幅很老的店铺照片，它的解说词主要介绍了"汪玉霞"这个品牌的由来，读了这个解说词让我们特别想知道有悠久历史的"汪玉霞"点心到底味道如何。

生："老通城"豆皮的解说词就在操作台的下面，好大一张广告啊，主要介绍了豆皮的食材、制作工艺、色泽味道，太诱人了，读得口水都要滴出来了。

通过学生的介绍，全班共同完成一张阅读卡片：

各式各样的美食解说词

美食名称	呈现的位置	主要内容	有趣之处	吸引人的原因
……（建议举例）				

[设计理念：打破时空界限，把学生的学习范围扩大到校园外，提供场所化学习，这是研学课程的一大特点。]

活动三：亲自品尝，创作解说词

师：其实我们武汉的美食不光在吉庆街聚集，在我们附近的大街小巷就有很多诱人的美食存在。明天就是周六，和家人一起上街去发现美食、品尝美食吧，我们还要来一次创作大赛，写一段解说词并配上图片，看谁的文字最能勾起大家的馋虫？

（周末时间，学生们自由活动，自由创作。）

周一课堂上，举行"舌尖上的武汉"解说词创意大赛，评选出优胜选手，将他们的解说词汇集为一本《舌尖上的武汉》的攻略小手册。

[设计理念：以读促写，读写结合是语文课上培养学生表达能力常用的方法，在我们的悦读创想课程中也得以保留与发扬。]

活动四：网上学习，交流解说词

师：武汉不仅美食出名，而且有很多名胜古迹和风景区，我们可以向外地来的朋友们多方位地介绍武汉。今天回家上网查找有关的视频，将解说词记录下来，上传云空间。

（学生在家完成活动内容，并在班级云空间里阅读其他同学上传的解说词。）

第三天的课堂上交流互动，说说这些解说词都好在哪里。

师：围绕"舌尖上的武汉"这一主题，我们进行了两周的研学，大家品读了多篇解说词，经过比较，了解了解说词的特点，并且试着创作了自己的解说词。今后大家还可以去阅读和创作更多有趣的解说词。

[设计理念：网络空间支持下的悦读创想课程充分锻炼了学生网上搜集信息、提取信息、整理信息的能力，还在班级云空间上实现了无障碍的阅读交流，让海量阅读不再是一句空洞的口号。]

（三）课后反思

在课例中，教师和家长志愿者带领学生到吉庆街品尝美食、寻找阅读文本，就是非常有创意的做法，充分锻炼了学生的社交能力、自理能力以及判断能力。回校交流互动的环节又充分体现了悦读创想课程的策略特点——比较阅读，将不同美食的解说词进行比较，发现解说词的创作角度和创作方法的丰富多彩。

学生们在比较阅读了大量有关美食的解说词后，已经对解说词的写法有了一定的储备，这时便可以水到渠成地进行自由创作了，再加上有创意大赛的活动背景支撑，学生们的创作热情高涨，创作成果惊喜连连。

从美食解说词到涉及大武汉方方面面的解说词，从单篇阅读到多篇阅读，从比较阅读到自主创作，从校内交流到校外实践，再到空间互动，悦读创想课程实现了华丽的转身，让学生们在阅读中体会幸福，感受快乐。悦读，悦成长！

（雷春　语文教师　担任学校"3S"社会实践活动课程指导，江岸区学科带头人，江岸区有影响的高水平人才，曾获武汉市作文教学竞赛一等奖，武汉市信息技术与学科整合教学竞赛一等奖。社会实践活动课程要坚持与各学科有机融合，让学生们走进社会，走进生活，拓宽视野，学会思考，学会合作。）

二、智慧农场课例

蔬菜的种类

（一）课程目标

（1）德育目标：通过了解蔬菜的种类，认识劳动的意义和价值。
（2）知识目标：了解蔬菜的种类。
（3）能力目标：认识 10 种以上蔬菜。

（二）教学重点：蔬菜的种类

（三）教学难点：蔬菜的分类
（四）教具：多品种蔬菜
（五）教学时间：90 分钟
（六）教学过程：

1. 情景导入，认识蔬菜家族

师：同学们，蔬菜作物种类繁多，据统计，世界范围内的蔬菜共有 200 多种，在同一种类中还有许多变种，每一变种中又有许多品种。为了便于研究和学习，就需要对这些蔬菜进行系统的分类。

大家想一想，说说按什么方法分类比较科学？

生：……

师：看来同学们对蔬菜知识知之不多，今天我们就走进劳动基地，从了解蔬菜的分类开始，全面学习蔬菜有关知识。

2. 研学蔬菜种类，了解分类方法。

目前常用蔬菜分类方法有三种，即植物学分类法、食用器官分类法和农业生物学分类法。

研学点一：植物学分类法

师：被子植物是植物界进化最高级、种类最多、适应性最强的类群。全世界有 20 万~25 万种，超过植物界总种数的一半。被子植物通常分为双子叶植物和单子叶植物两个主要类群。根据粗略的估计，已描述的双子叶植物大约有 165000 种，单子叶植物 55000 种。所谓双子叶植物就是种子具有两片子叶的植物；单子叶植物就是种子具有一片子叶的植物。

大家想想，单子叶蔬菜与双子叶蔬菜有哪些？

生：……

师：有同学说对了一些，但不够全面。具体分类如下：

①单子叶蔬菜——禾本科：毛竹笋、麻竹、茭白等；百合科：黄花菜、洋葱、大蒜、韭菜等。天南星科：芋、魔芋；薯蓣科：普通山药等；姜科：生姜等。

②双子叶蔬菜——藜科：菠菜等；落葵科：红落葵、白落葵；苋科：苋菜；睡莲科：莲藕、芡实；十字花科：萝卜、芥蓝、花椰菜、青花菜、小白菜、辣根、豆瓣菜、荠菜等；豆科：菜豆、豌豆、蚕豆、豇豆等；伞形科：芹菜、根芹、水芹、胡萝卜、小茴香等；旋花科：蕹菜；唇形科：薄荷等。茄科：茄子、番茄、辣椒等；葫芦科：黄瓜、南瓜、笋瓜、西瓜、冬瓜、普通丝瓜、苦瓜等；菊科：莴苣、茼蒿。楝科：香椿；

研学点二：食用器官分类法

师：这种分类方法是根据食用器官的不同进行分类，因为蔬菜生产中必须满足其食用器官发育所需的环境条件，才能得到丰产。而相同食用器官形成时，对环境条件的要求常常很相似，所以这种分类方法对掌握栽培关键技术有一定的意义。

大家想想，按食用器官分类方法怎么分类？

生：……

师：这种分类方法比较简单，如：

①根菜类——肉质根类：以肥大的肉质直根为产品，如萝卜、胡萝卜、根芥菜等；块根类：以肥大的不定根或侧根为产品，如豆薯。

②茎菜类——肉质茎类（肥茎类）：以肥大的地上茎为产品，如莴笋、茭白、茎用芥菜、球茎甘蓝等；嫩茎类：以萌发的嫩茎为产品，如芦笋、竹笋；块茎类：以肥大的地下块茎为产品，如马铃薯、菊芋等；根茎类：以肥大的地下根茎为产品，如生姜、莲藕等；球茎类：以地下的球茎为产品，如慈菇、芋等；鳞茎类：以肥大的鳞茎为产品，如洋葱、大蒜等。

③叶菜类——普通散叶菜类：以鲜嫩脆绿的叶或叶丛为产品，如小白菜、茼蒿、菠菜等；香辛叶菜类：有香辛味的叶菜，如大葱、韭菜、芹菜、茴香等；结球叶菜类：以肥大的叶球为产品，如大白菜、结球甘蓝、结球莴苣等。

④花菜类——花器类：如黄花菜、朝鲜蓟等；花枝类：如花椰菜、青花菜、菜薹等。

⑤果菜类——瓠果类：以下位子房和花托发育而成的果实为产品，如黄瓜、南瓜、西瓜等瓜类蔬菜；浆果类：以胎座发达而充满汁液的果实为产品，如茄子、番茄、辣椒等；荚果类：以脆嫩荚果或其豆粒为产品的豆类蔬菜，如菜豆、豇豆、蚕豆等；杂果类：主要指菜玉米、菱角等以外的果菜类蔬菜。

研学点三：农业生物学分类法

师：这个方法是以蔬菜的农业生物学特性作为分类的根据，综合了上面两种方法的优点，比较适合于生产上的要求。

大家想想，按农业生物学特性分类方法怎么分类？

生：……

师：具体分类如下：

①根菜类：包括萝卜、胡萝卜、根用芥菜等。以其膨大的直根为食用部分，生长期间喜冷凉气候。在生长的第一年形成肉质根，贮藏大量的水分和糖分，到第二年开花结实。

②白菜类：包括白菜、芥菜及甘蓝等，以柔嫩的叶丛或叶球为食，喜冷凉、湿润气候，对水肥要求高，高温干旱条件下生长不良。

③绿叶菜类：包括莴苣、芹菜、菠菜、苋菜等，以幼嫩的绿叶或嫩茎为食用器官。

④葱蒜类：包括洋葱、大蒜、大葱、韭菜等，叶鞘基部能形成鳞茎，因此又叫"鳞茎类"。其中的洋葱及大蒜的叶鞘基部可以发育成为膨大的鳞茎；而韭菜、大葱等则不特别膨大。性耐寒，在春秋两季为主要栽培季节。

⑤茄果类：包括茄子、番茄及辣椒。这三种蔬菜在生物学特性和栽培技术上都很相似。要求肥沃的土壤及较高的温度，不耐寒冷，对日照长短要求不严格。

⑥瓜类：包括南瓜、黄瓜、西瓜、冬瓜、丝瓜等。茎蔓性，雌雄异花同株，要求较高的温度及充足的阳光。尤其是西瓜和甜瓜，适于昼热夜凉的大陆性气候及排水好的土壤。

⑦豆类：包括菜豆、豇豆、毛豆、刀豆、扁豆、豌豆及蚕豆，多以新鲜的种子及豆荚为食。除豌豆及蚕豆要求冷凉气候以外，其它豆类都要求温暖的环境。

⑧薯芋类：包括马铃薯、山药、芋、姜等，以地下块根或地下块茎为食用器官的蔬菜。产品内富含淀粉，较耐贮藏。均用营养繁殖。除马铃薯生长期较短，不耐过高的温度外，其它的薯芋类，都能耐热，生长期亦较长。

⑨水生蔬菜：包括藕、茭白、荸荠、菱和水芹等生长在沼泽地区的蔬菜。多分布在长江以南湖沼多的地区。

⑩多年生蔬菜和杂类蔬菜：多年生蔬菜包括竹笋、黄花菜、芦笋、香椿、百合等，一

次繁殖以后，可以连续采收数年。杂类蔬菜包括菜玉米、黄秋葵、芽苗类和野生蔬菜。

3. 小组活动，尝试蔬菜分类

以小组为单位到基地采集样本蔬菜，每种只采集一个，不要浪费，进行分类，作好汇报准备，推举小组发言人。

4. 小组汇报，交流分类方法

5. 研学评价，提升学习效果

表5 研学评价表

姓名：_____ 班级：_____ 指导教师：_____ 时间：_____

1. 过程性评价（80分）				2. 总结性评价（20分）			
评价项目	关键评估点	赋分	我的分数	评估项目	观察评估点	赋分	我的分数
纪律意识	能够做到守时，没有无故缺勤、迟到等现象	20		学习效果评价	学习达成	研学手账的完成情况（完成率），研学手账的完成质量（认真书写、正确率）	5	
学习态度	态度认真，准备充分，积极参与课程活动，有成果收获	20			研究成果	研究项目完成情况，学习资料的收集情况，手账中拓展延伸的完成情况，是否能在研学中发现新问题。	5	
团队意识	能够自觉服从辅导员及教师管理，听从指挥，维护大局	20		学习效果评价	学习内容与形式	是否参与小组研究项目，是否形成研究报告，是否参与小组活动分享，是否形成研学小报，是否形成学习记录	5	
文明礼仪	公共场所能注重个人礼仪规范，文明用语，保护环境	10						
品德修养	严于律己，乐于助人，能够始终保持良好的学生形象	10			学习效果表达	分享及报告是否新颖有创意，小组讨论及分享语言表达是否清晰，有无自己见解，同学及教师对自己的见解的反馈情况	5	
	合计得分				合计得分			

（杜晓燕　语文教师　担任学校"3S"休闲活动课程指导，区学科带头人、市百名优秀班主任、市优秀教师、区首席班主任，课例及撰写的论文多次在国家级、省市级评比中获奖。"3S"休闲课程将学生引入更广阔的学习天地，有效实现了教学资源的整合。活动中，学生们充满求知和探索的热情，极大激发了他们的学习潜能，促进学生成长。）

第七章

"3S" 特色课程的初步成效

【核心提要】

我校"3S"特色课程经过近三年的理论研究与实践探索，不断优化，已经取得了初步成效，学生核心素养和关键能力均有不同程度的提升，逐步实现由"单纯的知识教育"向"人的教育"转变，"立德树人"的根本任务得到有效落实。同时，"3S"特色课程为教师的专业化发展提供了良好的平台，促进了学校课程的质量提升，提升了学校整体办学水平。因此，对于学校近三年的研究进行回顾与反思实属必要。

　　"3S"特色课程开发的价值在于弥补学校在满足学生个性化需求和学校文化特色发展的不足；特色课程的开发有利于进一步提高课程对学生的适应性，为学生提供更多、更适切的可供选择的课程；有利于各类学生的发展，满足不同学生和学生不同类型的学习需求。在这个过程中，赋予了教师课程开发的权力和责任，使教师成为课程开发的主体，从而改变了教师只是既定课程执行者的角色，有助于提升教师课程开发的水平与能力，更好地促进教师的专业发展。此外，学校特色课程建设很大程度上决定了学校的办学特色，特色学校只有用高质量的特色课程支撑才能够具备强大的生命力。"3S"特色课程以教育民主为前提，充分展现生活理念、实践理念、创新理念及学科整合理念。学校选拔部分优秀教师组成专门的资源开发小组，并聘请家长和社会人士加入，生成储备了丰富的教学资源和社会资源。

　　"3S"特色课程具有选择开放性、民主性、主体参与性，并且重视各方的沟通、交流与合作，不仅满足了学校特色化建设及学生核心素养发展的需要，而且使教师角色发生了革命性的转变。学生可以根据自己的兴趣爱好自主选择自己感兴趣的课程，实行"走班制"听课，在一、二年级还聘请了部分家长进入综合实践活动日的整班教学课程中，实现了内容丰富、形式多样的家长创想课堂，充分拓展课程师资资源；实现课程场馆化、场所化、场景化，突出项目式学习。教师针对课程制定详细的课程规划实施方案，不断改进完善自己的教学，对应师生的教学与学习效果还有专门的评价标准体系落实。此外，学校联合其他学校构建了"同成"网络学区，从名师工作室、网络教研、校长论坛、公共资源四个方面推进学区办学品位的整体提升，实现区域高位均衡发展。

第一节　学生核心素养的显著效应

一、"3S"特色课程助推学生核心素养的培育

　　学生发展核心素养，主要指学生应具备的，能够适应终身发展和社会发展需要的必备品格和关键能力。中国学生发展核心素养以培养"全面发展的人"为核心，分为文化基础、自主发展、社会参与三个方面，综合表现为人文底蕴、科学精神、学会学习、健康生活、责任担当、实践创新等六大素养，具体细化为国家认同等18个基本要点。

　　核心素养是由两部分组成的：一是作为社会化的人应该具备的基础性品质（如健全的人格和美德素养），二是作为个性化的人适应不同情境的关键性能力。前者是"根"，是

内隐的，决定着一个人的方向；后者是"本"，是表现性的，影响着一个人的状态。学生的核心素养不是随着知识的增加自然而然形成的，而是需要以课程为载体，加以系统的引导和培育。只有建构起基于核心素养的新课程体系，才能有力保证学生核心素养的培养落到实处。无论是对学科思维的强调，还是对个性化教育、综合素质的强调，在本质上都反映了学生核心素养培养过程中教育理念由"结果"向"过程"的转变，由"知识教育"向"人的教育"转变，是教育改革的新抓手、新生长点。发展学生的核心素养，必须重视学校课程建设和课程再造。在课程开发过程中，要建立相应的基于核心素养的课程体系，主要包括教学目标、内容标准、教学建议、质量标准等四个方面。教学目标和质量标准是学生核心素养的具体体现；内容标准和教学建议只在通过学科的教学促进学生核心素养的形成。四方面紧密结合才能使得新课程体系能够实现培养

学生核心素养和关键能力的目的。围绕"同成教育"思想和"有梦想、有爱心、有智慧、有担当"的学生培养目标，育才二小构建了"3S"特色校本课程：

S1，即美德课程。注重德育与审美教育课程化，建构活动德育、生活德育、实践德育，以及德性养成、心性陶冶与审美体验的体系。

S2，即创想课程。注重创想课程场馆化、场所化、场景化，突出问题意识、观察与想象能力、创新精神与实践能力的培养，开发与建设机器人课程、3D建模课程、3D打印课程、科技发明、微电影制作等创想课程及场馆。

S3，即社会实践课程。注重引导学生参与真实的社会实践活动，增强社会责任感，发展学生的社会实践能力。开发与建设现代农林实践课程、社会服务与社会参与课程、研学旅行课程、穿越武汉课程、职业体验课程、领导力培育课程、传统工艺等。充分地将学生的文化基础、自主发展、社会参与三个方面的核心素养一一落实到位。

二、"3S"特色课程实现学生核心素养的提升

在"3S"特色校本课程的推动下，学生且学且思，活学活用，得以多元成才。在教师的关爱中，在书香的环境中，在自主、合作、探究的氛围中，学生形成了喜欢学习、乐于学习的学习风气，掌握正确的、适合自己的学习方法，促进了自主发展层面的核心素养的提升。我校始终坚持以生为本，助生成才，学生科学文化素质不断提高，创新实践能力不断增强。"3S"课程为培养学生的创新能力和科学精神提供了肥沃的土壤。在全面实施"3S"课程以来，学生的健康水平得以大幅提升，课外兴趣的大力发展让学生的各项综合素质得到了全面的发展和提升。

以杜威为代表的经验主义流派认为，课程应该以儿童的活动为中心。课程内容应该要结合儿童的心理特点，使儿童深感学习，爱好学习。张载认为兴趣是搞好学习的重要心理条件，杜威的活动课程思想很好地结合了儿童的兴趣和知识，学校基于儿童经验组织儿童参与实践，使儿童"以内乐外"地学习、发展。小学教育是义务教育的重要阶段之一，良好的教学体系对于促进学生的全面发展具有积极的作用。

课外活动作为小学教育工作中的一项重要的内容之一，可以促进学生学习能力和认知能力发展以外，还可以使学生的身心健康、社会情感、人生态度、社会交往能力、独立性、创造性和责任感方面得到充分的发展。课外活动在小学阶段的开展是学生发展必不可少的重要内容，也是小学教育目标的组成部分。儿童的全面发展，需要借助灵活多样的儿童活动课程才能得以实现。

我校学生体质健康合格率100%，学生近视率控制在10%以内，每名学生至少能掌握2项基本体育锻炼技能。2018年我们又增设了高尔夫球队和击剑队，让学生充分感受体育的力与美。校篮球队多次在市小学生篮球比赛中获冠军。同时，学生的艺术审美素质逐步提高。我校全体学生艺术兴趣爱好广泛，近三年来学生在市区展示和体艺竞赛中有1580人获奖。学校戏曲广播操曾被中央电视台戏曲频道采录，校戏曲广播操代表队还受邀参与2019年"世界军人运动会"开幕式表演。校合唱团参加全区合唱比赛当之无愧地荣获一等奖，并代表学校、代表中国受邀参加世界和平合唱节荣获银奖，让育才二小的天籁之音再次响彻维也纳音乐大厅！我校原创的校歌代表江岸区参加全市琴台音乐节原创校园歌曲大赛，最终以全场最高分夺得"十佳"第一名和最佳演唱奖！此外，我校还参加了湖北卫视社区春晚的演出，学生们将《诵唐诗》的歌声通过电波传递到华夏大地。第十九届小学数学世界邀请赛在中国香港举行，我校思维创想课程班的师生代表湖北省出战，最终荣获一金三银和团体冠军的佳绩。我校机器人魔盒课程学员先后参加9次全国竞赛，8次省级竞赛，曾获得全国及省级竞赛获金牌18枚、银牌22枚、铜牌5枚。由教育部组织的全国学生"学宪法 讲宪法"演讲比赛，小学组决赛在北京全国青年学生法制教育实践基地举行，我校六（10）班的杨志成同学通过层层选拔作为湖北省代表，取得了全国一等奖的好成绩。我校戏剧课程学员参演的原创音乐剧《三毛的宝葫芦》获湖北省黄鹤美育节一等奖第一名、武汉市校园课本剧艺术节第一名，2018年9月代表湖北省参加全国艺术节比赛荣获二等奖。武汉"小小外交家"青少年英语口语大赛中，我校英语口语课程的学员每年参赛均荣获集体项目最佳风采奖。2019年5月，我校微电影课程班学员参加拍摄的学校原创微电影《校长爷爷》代表中国参加由联合国教科文组织在意大利举办的第三十届国际青少年微电影大赛，荣获全场最高奖项——最佳影片奖，让世界为中国、为育才二小点赞！

近三年来，七百多名学生在楚才作文竞赛上获奖，获奖人数均居全市第一，并屡破记录。学生在市级科学探究大赛中名列前茅，近两百名同学获奖，在小发明、小论文、小制作中成绩突出，省市创新大赛获一等奖5人，二等奖8人。学生被评为区级优秀学生264名，市级30名，市优秀少先队员2人，市形象大使2人，市十佳少先队员1人。

第二节　教师专业化程度明显提高

一、管理团队创新出成效

学校拥有一支高素质、干劲强的干部团队。在学校"3S"特色课程推进过程中，从2015年到现在，在现任校长李文华、书记邱承军的带领下，初步营造了"时空有真爱、教师有梦想、学生有未来"的文化氛围。李文华校长在办学方面提出"十三五"发展教学新目标：打造教师幸福工作、学生健康成长的命运共同体，并对学校管理层提出"谨言

笃行 主动思考 勇于创新"的十二字要求，明确每位学校管理人员的责任分工，落实包保学科制度，推进分布式管理，引导管理人员养成学习、思考、笔耕的习惯，促进管理人员具有管理魄力、学科引力、科研能力。近三年来，学校干部从教学业务到管理业务都取得累累硕果，获得各级各类奖项64人次，彼此之间主动挖潜，主动突破，让十五个"我"汇聚成"我们"——找到的是"内生源"，形成的是"内生力"，实现的是"共生力"，共同构建学校教师共同体。

所谓教师共同体，就是由学校推动，或是由教师自发，基于教师共同的目标和兴趣所自愿组织的、旨在通过合作对话与分享性活动，促进教师专业成长的专业性团体。首先，教师共同体能够为教师的专业发展提供支撑。一方面，从精神层面而言，教师共同体为教师提供了精神依托，帮助教师分担教学和科研的压力，提高教师成员的幸福指数与职业自豪感。成员之间相互学习、相互激励，实现可持续发展。为构建学校教师共同体，学校充分发挥行政管理层教师的先锋模范作用，注重选拔业务精、专业强、肯奉献的中青年教师形成不同的项目小组，确保分工到组，分工到人，最后形成以行政管理层优秀教师为先锋，以干劲十足的中青年教师为重点的教师合作共同体。另一方面，通过教学理念、教学资源等的共享，在线及时解决教学问题，实际帮助到教师的专业素养的提高。"3S"课程对传统的教学模式提出了巨大的挑战，同时也对教师的管理能力、合作能力、专业素质提出了相应的挑战，为了应对课程发展和改革所带来的改变，教师们在此过程中不断攻坚克难，革故鼎新，通力合作，克服了一个又一个难题。其次，教师共同体将为学校的发展提供动力，有助于完善学校教育教学改革的师资建设，激发教师的创新能力，提高教师的责任感，不断提高教育教学的质量，从根本上推进学校教育教学改革的实施，提高学校的办学水平。如走班制的实施，教师们从一开始的杂乱无章到现在的井然有序，期间克服了种种困难，从纪律保障到评价反思，教师们用自己的专业智慧化解了一个又一个困难，学校教师的育人能力得到普遍提升。

另外，教师共同体的构建与应用将对学生人才培养提供帮助，教师的发展与学生的培养关系密切，教师共同体将为学生建立隐形的有型的教师团队，为人才培养保驾护航，提供多重保障。如面临教师资源缺乏和学生科学素养有待提高的难题时，学校积极地加强梯队建设：吸纳一部分新加入的学生，保留少数优秀熟练的老学生，形成"传帮带"（由老学生带领指导新学生），一方面弥补了学校资源的缺乏，另一方面又在"传帮带"中提高了学生的核心素养。

二、校长领导力领航学校发展

校长是学校发展的领头羊、领路者，聚合"3S"特色课程的优势，需要发挥校长领导力的引领与辐射作用。校长领导力是指学校管理者统率、带领团队，并与团队交互作用，从而实现学校发展目标的能力。在校长领导力的诸多方面中，校长的课程领导力是校长的核心领导力之一。课程领导力就是以校长为核心、教师为基础的课程领导共同体，以学校课程文化建设、课程的设计与开发、组织与实施、管理与评价为载体，以提升学校的课程教学质量，促进学生、教师、校长、课程、学校文化的发展为目标，在学校的课程改革与实践行动中体现出来的教育思想、教育哲学以及课程理解、规划、执行、管理、评价和创新等方面的能力。校长的课程领导力不仅是推进课程改革的重要保障，也是促进学校自主发展和校长、师生全面发展的一个重要途径。

李文华校长倡导教育合伙人的课程理念，希望学校全体教师成为三种人：成为学校发展不可或缺的最重要的合伙人，成为学校团队伙伴中最有善意和最给力的人，成为学生成长过程中最有爱心有责任感的助力人，用思维众筹的方式让每个教师参与到学校"3S"特色校本课程的组织管理中来（见表6），倡导像工程师一样"精打细算"，积极驱动教师的内生力，根据每位教师擅长的领域为其打造相应的"3S"课程，让每位教师在"3S"课程中实现自己的独特价值。课程分配注重个体发展的同时，又注重团队协作。近三年来，我校形成了由刘红教师牵头的魅力班主任团队、由周娟梓教师牵头的骨干班主任团队、由何凌教师带头的青年班主任团队；形成了语文、数学、综合学科的教研新社群，开辟了"靓师开讲"专栏，组织开展近千人次的各类教师座谈，形成了三十余个教师团队，收集了四百多条不同建议，让学校课程管理"1+1>2"，改变一家之言，达成多元共识。"3S"课程实施至今，每个学期学校都会根据师生反馈作出相应调整，努力呈现出"自我价值+团队奉献+持续更新"的团队样态。

表6 校级"3S"特色课程安排（以 2019 年 2-6 月为例）

课程名称	人数	辅导教师	地点
舞蹈社团	60	熊俊 胡樱	舞蹈室
街舞	20	胡樱	报告厅
戏曲	36	吴春	戏曲教室
戏剧	25	刘小玲	戏剧室
打击乐	15	席思明	鼓房
管弦乐	80	张亚丹	东一楼
合唱	50	杨婷婷	合唱室
篮球	15	夏添	篮球场
足球	12	周晶晶	足球场
田径	30	周益、王娅娜、张鹏	操场
击剑	60	魏劲松	下层广场
乒乓球	28	涂德明	茶歇间
羽毛球	45	邱欢	花桥校区
高尔夫	45	庄凌	高尔夫球场
非遗舞狮	16	曾珊	操场
非遗草编	50	李豫	教室
球操	30	王月	数学广场
足球	60	周晶晶	操场
版画	25	田波	美术教室
布贴画	30	陈雪	三（2）班教室

续表

课程名称	人数	辅导教师	地点
沙瓶画	30	王 晶	四(1)班教室
机器人魔盒	25	余 波	机器人室
动漫制作	30	赖 珺	计算机房
微电影	30	汤 薇	计算机房
3D	25	翁扬宇	3D 打印室
车 模	30	杨 洪	四(3)班教室
空 模	30	王 咏	四(4)班教室
科技制作	30	吴世武	四(5)班教室
海 模	30	李 露	四(6)班教室
建 模	30	王爱玲	四(7)班教室
发明制作	20	杨 锐	实验室
围 棋	40	田英侠	东三楼围棋教室
社会实践	30	赵 雯	三(4)班教室
自然拼读3	30	扶 蕾 李 雪	三(5)班教室
英语绘本	30	欧阳曦 陈晓瑜	三(8)班教室
英语剧团	30	王 丹	实验室
思维创想	50	罗惠琴	三(6)班教室
思维创想	50	周晓菲	四(8)班教室
思维创想	50	于 杰	东五楼
思维创想	50	周银林	东五楼
阅读创想	50	何 凌 戚 怡张 莉邬丽恒	三(7)班教室
阅读创想	50	余彩霞程 琼侯 敏吴 恋	四(2)班教室
创想课程	五、六年级	各班正、副班主任	各班教室
家长课堂	一、二年级	各班正、副班主任	各班教室

三、专业发展：教育价值初显成效

在"3S"特色校本课程的研究过程中，我们还着力推进教育现代化，打造智慧课堂，在网络学习空间的教学应用与管理应用上已是常态。基于互联网的智能校园，有力推动了教师们自我角色的转变，由单一的知识传授者变为资源调动者、情景制造者以及课堂重构者，由被动管理者变为自我引导者、自觉前行者、自发行动者，让教师们切身感受到教育信息化带来的价值。也正因此，学校 2017 年成为教育部、中央电化教育馆共同授牌的全国"网络空间人人通"校长、骨干教师培训基地。截至目前，学校已四次承办、接待全国近1800名校长、骨干教师培训。2016年，我校的"同成网络教研"案例获全国案例一等奖。

近三年来，我们组织了三百多人次的教师外出学习，包括澳大利亚（12人次）、德国（9人次）、韩国（8人次）、美国（6人次）、奥地利和匈牙利（4人次）等国际间的交流和北京、上海、杭州、广州、扬州、乌鲁木齐、西安等数十个省市等地的国内学习活动。我们聘请了近百位行业内各类专家，指导教育教研活动三百余次，覆盖全校100%教师，让每个"我"都绽放独特的精彩，让每个"我们"都拥有向上的合力。

近年来，学校教师队伍整体素质不断提高，骨干教师队伍比例不断扩大，智慧型、创新型教师纷纷涌现，如创造"追求深度、打造亮度、讲究力度"的新时期班级管理理念和方法的全国模范教师、市功勋班主任刘红；大胆教改、营造思品社会大课堂的市十大魅力教师沈丽莎；在全市率先引进机器人兴趣小组项目并取得骄人成绩的余波教师等。而近一年，雷春获全国信息技术与学科整合课一等奖，程嫚获全国NOC教学实践评优课一等奖，刘捷飞获全国深度教学评优课一等奖，田洁获评湖北省荆楚好教师，盛丽君获武汉市教师素养大赛特等奖，田焰获武汉市作文课一等奖，彭衡岚获武汉市最燃教师提名奖……学校现有在职教师198人。其中，特级教师、中学高级教师17人；省骨干教师25人，市、区学科带头人和优秀青年教师92人，占教师总数的五成以上。现有全国模范教师1人，省十大师德标兵1人，省、市五一劳动奖章获得者3人，省特级教师2人，市教师五项技能比赛状元1人，市十大魅力教师1人、市十佳班主任1人……截至目前，学校在编教职工在全国、省、市、区各类先进评比中，82%的教师获得过先进教师、优秀班主任、师德标兵等光荣称号。教师论文（案例）国家级获奖37人，省市级获奖131人，区级获奖169人。

第三节　学校办学水平的整体提升

推进"3S"特色课程"建设以来，学校整体呈现出如下四个方面突出的优势：教师专业成长整体提升，教育科研强校成效显著，教育信息化水平全市领先，教育教学高效优质。学校的办学水平不断提升，内涵发展不断充盈，家长、社会的满意率、美誉度逐年上升，社会影响不断增强。学校先进的人本管理、顺畅的运行机制、和谐的校园文化，促进了学校的健康、快速、可持续发展！

学校秉承"创造师生共同成长的教育"的指引，围绕"空间有真爱、教师有梦想、学生有未来"的发展目标，先后荣获全国教育科研示范学校、全国首批教育信息化建设工程基地学校、国家级语言文字规范化示范学校、全国信息技术创新与实践活动先进单位、全国学校后勤服务先进单位、中央教科所先进学校、省中小学办学水平示范学校、省办学实力50强、省绿色学校、省教改名校等荣誉称号，与美国、英国、法国、澳大利亚、德国等十几个国家和地区的教育行政部门、学校进行过友好交流，毕业的学子们也不断走入哈佛大学、耶鲁大学、麻省理工大学、清华大学、北京大学等国际知名学府继续深造！全体育才二小人希冀着在同成教育的浪潮中，让育才二小的品牌焕发出蓬勃的生命活力，成为武汉基础教育现代化发展的标杆和成功范本。

一、多维联动，开发"3S"课程体系

我校课程变革从最初的一门一门校本课程开发的"点状"水平到现如今的多维联动，有体系的开发"3S"课程，将课程、教学、管理与师生发展融为一体，实现文化建构与创生层次的课程变革。以学生学习需求为中心开发内容，整合家长资源进课堂，实行走班制授课，让课程更好地连接生活、连接活动、连接一切可能要素，真实让核心素养"落地"，更好地促进师生素养整体提升。

我校近年来认真按照国家关于深化课改的新要求，践行同成教育理念，扎实推进国家课程校本化、校本课程体系化及课程开发与教学改革一体化建设。不断完善课程结构，进行"项目学习课程""整合课程"等建设，增强课程结构的均衡性、综合性和选择性。教师在践行"异步同成"教学模式过程中，通过选择、改编、补充、拓展等方式，对国家课程和地方课程进行再加工、再创造，优化课程功能，以凸显生本，更加适应学生个性发展的要求。这一过程提升了教师的科研水平，同时深化了教师对新课程理念的认识。

在"3S"课程开发实施的过程中，学校组成资源开发小组，引领相关学科教师聚力攻关，并加强与专家、家长、社区人士的沟通、交流与合作，生成储备丰富的教育资源；加大场馆建设力度；建立完善校本课程评价体系。为实施好十余门选修课程，学校克服学生多、班额大的困难，充分利用校内外资源，让学生选择自己喜欢的课程，三、四年级实行"走班制"，每周四下午3：40—5：00，三、四年级近1200名学生自主选择课程，打破班级甚至年级界限，走进不同的功能教室或活动场馆，完成各自所选课程学习。此外，在一、二年级还聘请了部分家长进入综合实践活动日的整班教学课程中，打造了内容丰富、形式多样的家长创想课堂，拓展了课程师资源，实现课内奠基、课外拓展，更好地开发学生潜能，促进学生全面发展。

二、异境同成，情境育人润物无声

教育家李吉林说："情境教育扩大了学生视野，拓宽教育空间，开设了最令他们喜爱课程，启迪学生智慧，并与道德、审美教育结合，让他们感受、思索、顿悟。"我校构建"异境·同成"德育策略，从理论灌输向情境育人过渡，让新颖的、别致的、合适的情境成为课堂教学的常态，以此锻造学生、滋养学生、成就学生，尊重师生的个性差异，发挥美德课程优势，精心准备、周密策划，充分发挥师生的智慧与才干，开发学生们喜欢的具有艺术、时尚、教育等元素的校园节日，通过创设符合学生发展需要的环境、氛围，让学生在切身的情境体验和实践中逐步端正态度，内化品质，培养相应的意识和能力，从而引导他们朝着"有梦想、有爱心、有智慧、有担当"的学校育人目标不断前进。比如我校在认真落实教育常规的基础上，做到每月有主题、每周有主题，让主题活动常态化，力求常规教育情境化，开展的主题情境教育活动有元旦"嗨翻校园"、三月"微爱志愿服务"、四月"感恩先烈"、五月"育二最美学生评比"、六月"学生诗词大会""美食DIY"、九月"敬师长"、十月趣味体育节等，让学生们的校园生活情境皆能育人。

三、拓展学习，重构校园空间文化

拓展学习，重构校园空间文化是打破学习界限，追求课程的场所化、场域化和场景化。在面对教育新形势时，打破空间束缚，深挖校园文化宝库，发挥课程价值，能使其成为学校最宝贵的教育资源。每个学生在这里都能够得到高度个别化支持，打开边界，成为跟社会与世界建立连接的无边界的区域。从对受教育者的影响程度来讲，隐性课程对学生身心发展的影响意义重大。它是学生思想意识形成的重要诱因，是进行道德教育的重要手段，是学生主体成长发展的重要精神食粮。将显性课程与隐性课程相结合，二者互为补充、相互作用，使得某些课程由显性不断向隐性课程发展，而重构校园空间文化正是物质性的隐性课程。

育才二小基于适合师生需要的原则，让环境融入教育，对空间功能进行再造和巧妙运营，让空间最大程度地满足不同学生的多元发展需要。学校通过各种资源的重组，建立新型的互动教育关系，变他人模式为使用者模式，让有道德的学习和成长处处发生。

1. 让每个学生都是校园的主角

每个学生都是独特的生命体，都享有教育的权利。因此，我们根据儿童生理、心理的特点，设计适合他们的独特的"世界图景"，尊重每个学生的成长需要，尽最大可能让每个学生都能站到学校的正中央，让他们知道在学习成长的过程中，自己并不是配角，而是主角。

学校设置"HAPPY 湾"和"K 乐堡"两处开放式的青少年健身训练活动区，种类丰富的健身器材能够帮助学生们锻炼身体、缓解压力、增强自信、塑造性格；增设了互动式非遗公园，打造了三苑（戏苑、品苑、艺苑）、一园（感恩园）、一馆（校史馆）、一池（山水园林池）、一石（文化石）的校园文化，通过学校建筑造型、绿色植物造景、人文景点设置，让一山一水会讲话、一草一木有思想、一墙一景即文章，"亭台楼阁古韵浓，琴棋书画继传统。梅兰竹菊真君子，师生同成共筑梦"。精心设计的校园环境，让学生们在快乐的氛围中感受到传统文化的熏陶、智慧的启迪、生命的滋养和尚美崇真的情趣。在时尚先进的现代化创意坊场馆中，从环境到课程再到活动，无不渗透着育才二小的教育基因，学生们在多元选择、自我探寻、开发潜能、知识重塑中，从编程、虚拟课堂、微电影制作等有趣的课程中充分感受着创造未来的愉悦。

2. 让每个细节都有教育的味道

在校园改造过程中，学校重塑空间价值观念，让环境成为德育学习的"透镜"：学校开设了开放式的"悦读天地""电子悦读空间"，最大限度地让校园空间成为学生成长的有机组成部分，学生们身处其间，自主享受电子阅读的乐趣，自愿共享读过的好书，自觉归还借阅的书籍。学校改建的数学广场，不仅关注学习方式的场景性和多变性，让学生们拓展思维，放飞想象力，加强他们对知识的深度理解和灵活运用，为学生们提供了充分展示的场域，让学生们发布和分享自己的学习作品。在数学广场，所有的交流都可涂改、可更替，这样的互动让不知名的"我"和不认识的"你"在这里相遇，交流的空间展示出生命成长的气息与活力。

学校尽可能地让每一个物理空间都释放出教育能量。例如，在学校的下层广场增设了电子"海报区"，学生可直接上网搜索、点击学校的"3S"校本特色课程的80种不同学科的相关内容，供他们了解后选修；通过扫描"海报区"的二维码还可以进入教师个人云空间，让更多的人能够充分了解教师的教育智慧，成为教师们进行云空间交流的互动平台；电子班级牌通过软件设置，让家长们关注学生成长的每个瞬间，多维度数字化评价让德育管理可视化……总之，空间资源化、宜学化，使校园处处都成为学习的场域，释放出育人的活力，让学生们在校园转角或者抬头便能与知识和智慧相遇。

学校空间作为校园中的"第三位教师"，因学习而来，为成长而在。要有效提高学生的存在感和学习能力，就要创设和利用校园里的每一处空间，让这些司空见惯的物理空间变成促进学生发展和成长的学习空间。这样，每一个学生都能在潜移默化中和快乐的玩耍中自发地学、自由地学、主动地学，在强烈的归属感和幸福感中，实现蜕变和成长，犹如盎然春意中勃发的枝条，舒展愉悦地生长。

四、追求卓越，持续优质高位发展

学校"3S"特色课程促进了学生的全面发展和教师的专业成长，教育质量不断提高，办学水平不断提升，社会影响不断增强，内涵发展不断充盈，为社会提供的教育服务品质逐年提高。

1. 教育科研强校成效显著。学校被评为中央科教所教育科研先进单位。"十五"期间，学校致力"探索创新教育规律，培养学生创新能力"的研究；"十一五"期间，学校进行"小学教师专业发展的自我设计研究——"成功型教师"成长的基本策略"的研究；"十二五"期间，学校开展市教科规划重点课题"基于"同成教育"理念的小学教师文化建设研究"。"十三五"期间，我校通过"基于核心素养的小学'3S'特色课程建设理论与实践研究"，培养学生的核心素养和关键能力、优化课程结构，完成"立德树人"根本任务。

2. 教育信息化水平全市领先。我校作为全国信息技术创新与实践先进单位，在全市率先为每个班级配备电子白板，建成现代化云教室，构建"同成网络"学区，逐步推进实现学校、学区的教育信息化，为教育、教学、管理等各方面工作搭建现代化交流平台。

3. 教育教学高效优质。学校先后荣获全国教育科研示范学校、全国信息技术创新与实践活动先进单位、中央科教所教育科研先进单位、省中小学办学水平示范学校、省办学实力50强、省教改名校等称号。学校与《中国德育》《中国教育报》《长江日报》《楚天都市报》以及湖北电视台等数十家媒体保持着密切的联系。近三年来，学校的"3S"特色课程相关活动信息被媒体报道多达三十余次。

学生核心素养的培育，是新时代教育的重大使命，是教育工作的一项长期任务。经过三年来锲而不舍地倾力打磨，我校3S特色课程的实践研究逐渐形成了具有一定科学性、创新性、实用性和有效性的阶段性成果。今后我们将一如既往，砥砺前行，进一步融入同成教育精神文化元素，加大校本化课程研探实施力度，注重建立健全聚焦学生核心素养培养的课程评价机制，促使育才二小"3S"特色课程品牌效应日臻彰显，为培养实现中华民族伟大复兴有担当的下一代不懈奋斗，共同谱写更加华美悦耳的乐章！

表7　2017-2019年"3S"特色课程新闻报道（节选）

媒体名称	刊登的版面或播出的频道以及时间	新闻标题	记者
长江日报	2017 年 3 月 30 日	央视三度聚焦 武汉"戏曲进校园"	王娟
中国青年网	2017 年 3 月 30 日	央视三度聚焦 武汉"戏曲进校园"	王娟
楚天金报	2017 年 7 月 12 日	牙签弩伤人案开庭 小小法官来判案	董圆圆
长江网	2017 年 7 月 12 日	江岸区小学第三片 学生模拟法庭开庭	李卫中
今日头条	2017 年 7 月 14 日	江岸区小学生模拟法庭判案， 角色扮演中快乐学法	
湖北日报	2017 年 7 月 19 日	江岸区小学第三片学生 模拟法庭开庭	李卫中
长江日报	2017 年 9 月 4 日	"数学广场"成别样舞台 学生"打擂"让课间更有趣	邓小龙、 许巍巍
长江日报	2017 年 9 月 4 日	特别的图书角	邓小龙、 许巍巍
楚天金报	2017 年 9 月 30 日	我是小小戏曲家 传承楚剧你我他	董园园
长江网	2017 年 10 月 25 日	信息技术与学科融合 让学生在情景之中学习	
长江日报	2017 年 10 月 26 日	无纸化生态化课堂来了	向洁
武汉晚报	2017 年 10 月 26 日	无纸化生态化课堂来了	向洁
长江日报	2017 年 11 月 24 日	小学校园"大智慧"	
长江日报	2017 年 11 月 24 日	这个"云课堂"让全国教师频点赞	邓小龙
武汉晚报	2017 年 11 月 24 日	全国 300 多位教师来汉 "抢座"取经	向洁
今日头条	2017 年 12 月 28 日	品味戏曲神韵，彰显文化精粹 江岸校园戏曲"苗子"形成梯队	向洁

续表

媒体名称	刊登的版面或播出的频道以及时间	新闻标题	记 者
掌上武汉	2018 年 3 月 23 日	【见微】育才二小开展安全教育主题活动	曾小曼、纪勇
楚天都市报	2018 年 3 月 23 日	汉警快骑校园"快闪",小学生超爱这样的交通安全教育课	贺俊
楚天都市网	2018 年 5 月 19 日	这些小学生每周到阳光小屋,与残疾人"同上一节课"	贺俊
楚天都市网	2018 年 5 月 19 日	小学生模拟法庭像模像样,生动演绎校园真实案件	贺俊
湖北日报	2018 年 5 月 20 日	小学生庭上变身"大法官"居民庭下接受教育	夏中华
掌上武汉	2018 年 5 月 21 日	【见微】助残行动 你我同行育才二小微爱志愿服务队进社区	曾小曼
掌上武汉	2018 年 5 月 21 日	【见微】模拟法庭进社区小小法官来断案	曾小曼
大江金岸	2018 年 5 月 22 日	江岸小学生庭上变身"大法官"居民庭下接受教育	夏中华
掌上武汉	2018 年 6 月 8 日	【见微】武汉市育才第二小学打造精彩社团活动	曾小曼
长江日报	2018 年 8 月 7 日	请家长当教育"合伙人"	向洁
天天快报	2018 年 12 月 21 日	两校近百小棋手交流围棋,你来我往中颇有大家风范	贺俊
微信公众号:大武汉戏码头	2018 年 12 月 21 日	夏青玲亲授的楚剧课,你不来听听吗?	
湖北日报	2019 年 1 月 4 日	大学教师给小学生"上课"	
长江网	2019 年 1 月 4 日	育才二小 3S 课程精彩纷呈大学教师给小学生"上课"	

2017 年 3 月 30 日　第 16 版

央视三度聚焦 武汉 "戏曲进校园" （长江日报）

央视三度聚焦 武汉"戏曲进校园"

发稿时间：2017-03-30 06:15:40　来源：长江日报　中国青年网

三十中戏曲班的同学们表演水袖功 记者刘洪洋 摄

本报讯（记者王娟）丰富多彩的活动，不仅让孩子们多角度认识了戏曲的魅力，也引来央视的关注。连日来，央视戏曲频道《戏曲采风》栏目持续在汉拍摄我市中小学推广戏曲广播体操，这已经是央视在不到一年内第三次聚焦武汉"戏曲进校园"活动。

3月27日至29日，《戏曲采风》栏目先后在育才小学、长春街小学、育才二小、七一中学、八十一中、三十中等六所中小学进行了拍摄。在武汉三十中的拍摄现场，同学们展示的戏曲广播体操在体操动作中融合了"小云手""单拉山膀""错步"等戏曲身段，和传统体操相比更

数据可视化

2017 年 3 月 30 日　央视三度聚焦 武汉 "戏曲进校园" （中国青年网）

169

武汉楚剧院与武汉市育才第二小学共建楚剧基地

武汉楚剧院公众号 2017-07-10

武汉楚剧院与武汉市育才第二小学共建楚剧基地

为了深入贯彻执行宣传部、市教委文件，落实"戏曲进校园"的精神，武汉市育才第二小学与武汉楚剧院夏青玲工作室合作，于6月20日在育才二小成立了"楚剧教学基地"。楚剧是湖北地方剧种，它唱腔委婉动听，表演朴实优美，生活气息浓厚，具有浓郁的地方特色。通过"楚剧教学基地"实践活动，使学生了解地方戏剧，感受地方戏曲和民族文化，激发学生热爱祖国文化、热爱家乡的美好情感。弘扬戏曲这门国粹艺术，感受古老艺术的魅力。

同时培养学生们的表演才能，挖掘学生自身潜能，以及观察、模仿、合作等能力。

2017 年 7 月 10 日
武汉楚剧院与武汉市育才第二小学共建楚剧基地（武汉楚剧院公众号）

2017 年 9 月 4 日
"数学广场"成别样舞台 学生"打擂"让课间更有趣（长江日报）

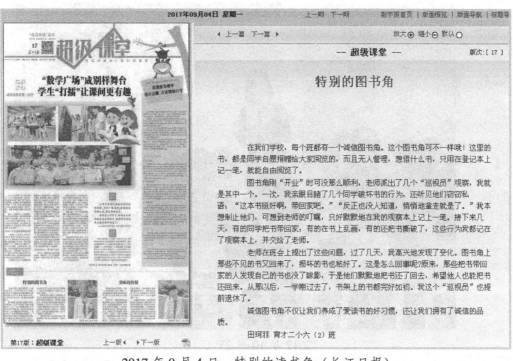

2017 年 9 月 4 日　特别的读书角（长江日报）

首页　新闻　武汉　天下　观点　社会　政事　深度　财经

论坛 | 视频 | 图片 | 城区 | 环保 | 公益 | 青春 | 楚才 | 地产

您的当前位置：新闻中心 ＞ 24小时 ＞ 本网原创　　　　　　　　　设置

信息技术与学科融合　让学生在情景之中学习

2017-10-25 12:00　　来源：长江网　　调整字体　A⁻ A⁺

　　长江网10月25日讯(通讯员 李洁)10月25日上午，武汉市江岸区信息技术特色校展示暨信息技术与学科深度融合教学研究活动在武汉市育才第二小学未来教室隆重举行，　趣聊百家姓 初探自家门 、 Unit 4 School 、 设计制作我们的桥 等网络教学展示课和教师空间展示，受到了与会嘉宾的好评。

2017 年 10 月 25 日

信息技术与学科融合 让学生在情景之中学习（长江网）

2017 年 10 月 26 日　无纸化生态化课堂来了（大众网）

2017 年 10 月 26 日 无纸化生态化课堂来了（武汉晚报）

2017 年 11 月 24 日　小学校园"大智慧"（长江日报）

2017年11月24日 全国300多位教师来汉"抢座"取经（武汉晚报）

今日头条　首页 / 文化 / 正文

転发

微博

Qzone

微信

品味戏曲神韵，彰显文化精粹 江岸校园戏曲"苗子"形成梯队

[原创] 武汉晚报 2017-12-28 20:17:27

头条号 / 武汉晚报

　　武晚传媒·武汉晚报12月28日讯（记者向洁 通讯员邹复新 李洁）猜戏曲灯谜，画梨园书签，戏曲广播体操"斗"起来……今天，武汉市七一中学师生同台共唱传统文化大戏，为历时近一个月的戏曲节活动画上圆满句号。

　　据了解，七一中学是我市26所"戏曲进校园"示范学校之一。自2016年6月开展双曲进校园活动以来，围绕"戏曲氛围进校园""戏曲知识进校园""戏曲活动进校园""戏曲课堂进校园"四大环节全方位开展戏曲文化传承活动，在全校学生中普及京剧、豫剧、越剧、黄梅戏等戏种的知识和表演。戏曲夏令营、戏曲人物脸谱绘画、戏曲社团受到广大学生的热捧，并在全市中小学戏曲大赛中崭露头角。

　　无独有偶。今天，武汉市楚剧院基地校挂牌仪式暨"金色童年 筑梦逐梦"文艺汇演在武汉市育才第二小学举行。

　　育才二小的孩子们带来的楚剧组合《咏梅》一开场便得到了现场观众的一致叫好。在短短两个月的训练中，楚剧苗苗们将戏曲动作展示得有模有样。而由武汉市楚剧院优秀青年演员们所带来的楚剧经典唱段《推车赶会》，向大家传播了楚剧的魅力与优美，在不知不觉中将传

2017 年 12 月 28 日　品味戏曲神韵，彰显文化精粹 江岸校园戏曲
"苗子"形成梯队（今日头条）

武汉掌上武汉 手机客户端下载

【见微】育才二小开展安全教育主题活动

来源： 时间： 2018-03-23

武汉经济广播记者曾小曼、纪勇，通讯员乐钢、胡蕴芬、李洁发回报道：

3月22日下午14:40，育才二小的操场上一片沸腾，几位身着制服的交警带着他们帅气的汉警快骑机动车闪亮登场。 作为育才二小3S课堂之家长课堂的系列课程，一年级6班的家长们积极响应，结合学校近期开展的安全教育主题活动，进一步增强学生们交通安全意识，普及交通法规及日常行为规范。一（6）班夏一惟同学的爸爸邀请了他的同事——来自武汉市交管局特勤大队汉警快骑机动队的交警们，为一（6）班的孩子们带来了一场别开生面的交通安全教育课。

2018 年 3 月 23 日 【见微】育才二小开展
安全教育主题活动（掌上武汉）

楚天**都市网**   热闻   报料
www.ctdsb.net

湖北

汉警快骑校园"快闪"，小学生超爱这样的交通安全教育课

2018-03-23 11:31:52 来源：楚天都市报—看楚天 评论：0 字号+

　　楚天都市报3月23日讯（记者贺俊 通讯员李洁）3月22日下午，6位帅气的汉警快骑与他们的机车潇洒亮相后，武汉市育才第二小学的校园沸腾了。这堂别开生面的交通安全教育课下来，不仅是交警们收获了一群小粉丝，学生们也在游戏中学到了交通知识。

2018 年 3 月 23 日　汉警快骑校园"快闪"，小学生超爱
这样的交通安全教育课（楚天都市报）

武汉 掌上武汉

【见微】助残行动 你我同行 育才二小微爱志愿服务队进社区

来源： 时间： 2018-05-21

记者曾小曼，通讯员李洁报道：

武汉市育才第二小学微爱志愿服务队长期坚持开展为社区奉献爱心活动。在第28个全国助残日到来之际，学校微爱志愿者服务队的师生们又来到阳光小屋，与学员们开展了联欢活动。

同学们展示了他们的美术作品，共同演绎了手语操《国家》。活动受到了劳动街道联保驻领导、江岸区教育局领导、社区居民、学校师生代表和家长代表们等等许多爱心人士的关注与参与。

2018 年 5 月 21 日　【见微】助残行动 你我同行
育才二小微爱志愿服务队进社区（掌上武汉）

都市网 楚天
www.ctdsb.net

热闻　报料

输入

湖北

这些小学生每周到阳光小屋，与残疾人"同上一节课"

2018-05-19 21:25:21　来源：楚天都市报·看楚天　评论：0　字号+

　　楚天都市报5月19日讯（记者贺俊 通讯员李洁）5月18日下午，武汉市江岸区劳动街惠中社区的"阳光小屋"里，上演着温馨一幕：育才第二小学四（5）班的孩子们，与社区里的残疾人一起表演手语节目，大家纷纷拿出自己的"看家本领"，交谈说笑，亲密得就像一家人。

　　这份特殊的同学缘来自于一个偶然。劳动街道是江岸区教育局初教科科长林金桃"联包驻"包保单位，本学期初，她在走访过程中发现了"阳光小屋"。这里集中着社区里的残疾人群体，他们有的残肢，行动不方便；有

2018 年 5 月 19 日　这些小学生每周到阳光小屋，
与残疾人"同上一节课"（楚天都市网）

都市网 www.ctdsb.net

热闻　报料

湖北

小学生模拟法庭像模像样，生动演绎校园真实案件

2018-05-19 21:26:28　来源：楚天都市报·看楚天　评论：0　字号+

　　楚天都市报5月19日讯（记者贺俊 通讯员乐钢 李洁）"一个小小的玩具也会让人坐牢，好可怕，以后在玩的时候一定要注意安全。"5月18日，武汉市育才第二小学在江岸区劳动街惠中社区，开展"牙签弩伤人案"的少年模拟法庭活动，扮演"被告李成飞"的学生边子轩深有感触，并提醒社区居民注意这些身边容易忽视的法律盲区。

　　劳动街惠中社区的会议室被临时布置成法庭的样子，育才第二小学四（9）班的孩子们分别扮演审判长、审判员、公诉人、辩护人、被告、法警等角色，随着法槌敲响，模拟法庭正式开审"牙签弩伤人案"。

　　这是之前发生在国内一所小学的真实案件，模拟法庭对此案情审理过程进行了再现。根据"案情"，学生李

2018 年 5 月 19 日　小学生模拟法庭像模像样，
生动演绎校园真实案件（楚天都市网）

【见微】模拟法庭进社区 小小法官来断案

来源： 时间： 2018-05-21

记者曾小曼、通讯员李洁报道：

"我没有想到一个小小的玩具会坐牢，好可怕啊！我们以后玩东西一定要特别注意安全。"18日，"法庭"上，未满十岁的"被告人"充满懊悔的稚嫩童音，深深触动"旁听席"上数百名大人的心灵。

2018 年 5 月 21 日 【见微】模拟法庭进社区
小小法官来断案（掌上武汉）

江岸小学生庭上变身"大法官" 居民庭下接受教育
大江金岸 2018-05-22

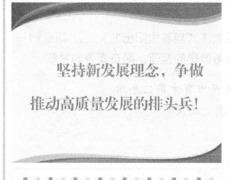

"现在宣布开庭......"近日，随着"审判长"一记法槌敲响，一场别开生面的"模拟法庭"庭审在江岸区劳动街道惠中社区党群服务中心三楼会议室拉开序幕。

现场，审判长、审判员、公诉人、辩护人、被告、法警等13个角色，全部由育才第二小学学生扮演。扮演法官的小学生身穿法袍，他们就两名小学四年级学生"被告"玩"牙签弩"致人只眼终身残疾而形成重伤一案，开展模拟法庭活动。

2018 年 5 月 21 日 江岸小学生庭上变身"大法官"
居民庭下接受教育（大江金岸）

【见微】武汉市育才第二小学打造精彩社团活动

来源:　时间:　2018-06-08

　　经济频率记者曾小曼，通讯员李洁报道:

　　7号下午，育才二小的二楼报告厅内座无虚席——这里正在举办一场别开生面的校园艺术社团展演活动。

　　活动开场，由育才二小打击乐团带来的打击乐表演《向着太阳出发》，让观i众们一同感受灵魂的律动，触碰音乐的节拍，孩子们伴随着鼓槌的起落，敲击青春的赞歌。

2018 年 6 月 8 日　【见微】武汉市育才第二小学

打造精彩社团活动（掌上武汉）

2018 年 8 月 7 日　请家长当教育"合伙人"（长江日报）

长江网

www.cjn.cn 权威门户 武汉首页

数字报 | 长江日报 | 武汉晚报 | 武汉晨报 | 新闻热线

首页 新闻 武汉 天下 观点 社会 政事 深度 财经

论坛 | 视频 | 图片 | 城区 | 环保 | 公益 | 青春 | 楚才 | 地产 | 舆

您的当前位置：新闻中心 > 24小时 > 本网原创   设置首页

育才二小3S课程精彩纷呈 大学教师给小学生"上课"

2019-01-04 19:32 来源：长江网  调整字体

　　长江网1月4日讯（通讯员李洁摄影报道）"看到这张图片，你们能联想什么？""从这个故事中，大家可以看出，这是一只什么样子的狼？"……1月4日，武汉市育才二小三(3)班教室热闹非凡，来上课的不是该班语文老师，而是华中师范大学文学院语言学博士、江汉大学国学、对外汉语教师蒙正国文《论语》教师、武汉市十佳阅读推广人杨红。

2019 年 1 月 4 日　育才二小 3S 课程精彩纷呈
大学教师给小学生"上课"（长江网）

夏青玲亲授的楚剧课，你不来听听吗？

原创：戏小白 大武汉戏码头 2018-12-21

12月21日下午，2018年"戏曲进校园·千校千场"活动走进了育才二小，这也是本年度楚剧进校园的最后一场演出。

武汉楚剧院两位优秀青年演员表演了楚剧折子戏《葛麻》。武汉楚剧院国家一级演员、中国戏剧最高奖"梅花奖"得主夏青玲在本场活动中带来了楚剧科普课程，并且与育才二小戏剧社团、楚剧社团的小朋友们亲密互动！

据了解，2017年6月，育才二小与武汉楚剧院夏青玲工作室合作成立了"楚剧教学基地"。基地开展实践活动一年多来，不仅培养了学生们的戏曲表演才能，也使学生们了解了地方戏曲，激发了他们热爱祖国、热爱家乡的美好情感。

夏青玲带来楚剧科普课程

2018 年 12 月 21 日

夏青玲亲授的楚剧课，你不来听听吗？（微信公众号：大武汉戏码头）

快报 天天快报

两校近百小棋手交流围棋，你来我往中颇有大家风范

楚天升学宝
2018-12-21 15:15

关注

楚天都市报讯（记者 贺俊 通讯员 李洁 沈丽莎）虽然只是一二年级的小学生，但当他们端坐在围棋前，各执黑棋和白棋"厮杀"时，俨然两军对阵般严肃。12月20日下午，武汉市育才第二小学和钟家村新区分校开展了一次别开生面的围棋交流活动，两校派出了近百名"小棋手"，参与校队选手角逐和低年级选手练兵。

记者看到，育才二小的下层广场里，30张崭新的课桌椅一字排开。国家一级裁判、省级教练周世军宣布开始，双方队员互相交换小礼物后，分坐棋盘两端开始对弈，

2018年12月21日　两校近百小棋手交流围棋，
你来我往中颇有大家风范（天天快报）

后　记

　　《导向育人功能的3S课程建设》这本书是在我校"基于核心素养的小学'3S'特色课程建设理论与实践研究"重点课题研究基础上形成的成果，目的是进一步深化核心素养培育实践与研究，创造具有国际影响、富有中国特色的学生核心素养。

　　在形成这本书的过程中，学校行政、教师十分努力，凝聚了全体教职员工的心血，既归纳总结了三年来潜心研究探索的成果，又吸收了国内外同行的最新思想，应该说学校的课程改革是站在了时代教育的制高点，站在了教育的最前沿。我们拓展了核心素养落地的新载体，创新了核心素养培育的新途径，将核心素养培育提升到了一个新的高度。

　　本书的出版，特别要感谢关心支持我校的领导与专家，课题指导专家华中师范大学教育学院郭元祥博士生导师，湖北大学教育学院靖国平院长，特级教师郭凤麟、柯尊信、马红等提出了不少具体意见，出版社提供了不少帮助，在此一并表示衷心的感谢。

　　需要说明的是在本书编写过程中，参阅了一些资料，有些作者实在联系不上，也难以一一注明，请谅解。

　　由于水平有限，加之时间仓促，书中难免有些不足或错误，请读者在使用过程中多提宝贵意见，以便今后修订。

李文华

2019 年 9 月